Stuart Sandeman

Erst mal tief durchatmen

Stuart Sandeman

Erst mal
tief durchatmen

Dein *Atemcoaching* um Stress abzubauen,
Schmerzen zu lindern und Emotionen zu meistern

Aus dem Englischen von Astrid Ogbeiwi

VAK Verlags GmbH
Kirchzarten bei Freiburg

Verlag und Übersetzerin haben sich um eine geschlechtergerechte Sprache bemüht. Aus Gründen der besseren Lesbarkeit wurden zum Teil die weibliche und die männliche Form gewählt; alle Angaben beziehen sich selbstverständlich auf Angehörige aller Geschlechter.

Bibliografische Information der Deutschen Nationalbibliothek
Die Deutsche Nationalbibliothek verzeichnet diese Publikation in der Deutschen Nationalbibliografie; detaillierte bibliografische Daten sind im Internet abrufbar über: *http://dnb.d-nb.de*

VAK Verlags GmbH
Eschbachstraße 5
79199 Kirchzarten
Deutschland
www.vakverlag.de

© VAK Verlags GmbH, Kirchzarten bei Freiburg 2024
Übersetzung: Astrid Ogbeiwi
Lektorat: Irene Klasen
Layout: Richard Kiefer
Satz: Vollnhals Fotosatz, Neustadt/Donau
Covergestaltung: Kathrin Steigerwald, Hamburg
Covergrafik: © Adobe Stock/Iuliia
Illustrationen: Andrew Joyce
Druck: Friedrich Pustet GmbH & Co. KG, Regensburg
Printed in Germany
ISBN: 978-3-86731-276-9

Für Tiff. Danke, dass du mich geleitet hast.
Und für dich, die Leserin, den Leser. Danke, dass du da bist.

Inhaltsverzeichnis

TEIL 2:

TIEFERGEHENDE ARBEIT

TEIL 3:

OPTIMIEREN

Einführung

Wie atmest du gerade?

Ändere nichts daran.

Beobachte nur und denke eine Minute lang daran.

Atmest du durch die Nase?

Machst du flache Atemzüge?

Weitet sich deine Brust stärker als dein Bauch?

Ist dein Körper beim Atmen irgendwo angespannt?

Diese Fragen wirken vielleicht trivial, aber die Antworten können dir sehr viel sagen. Wie viel Energie du hast. Unter wie viel Stress du stehst. Wie dein allgemeiner emotionaler Zustand ist. Sie sind sogar der Schlüssel zur Heilung von Traumata.

Und das ist bloß deine Atmung in den letzten sechzig Sekunden.

Dies ist ein Buch übers Atmen. Es geht darum, wie die Kraft der Atmung dir helfen kann, deinen Tag in den Griff zu bekommen, deine Vergangenheit loszulassen und dich bestmöglich zu entfalten. Es geht um die Lektionen, die ich aus persönlicher Erfahrung, uralter Weisheit und exakter Wissenschaft gelernt habe. Und es geht darum, wie Menschen aus allen Lebensbereichen entdeckt haben, dass etwas, das sie Tag für Tag ununterbrochen tun, ihr Gehirn neu vernetzen und ihr Denken und Fühlen verändern kann.

In diesem Buch findest du Übungen, die dich mit neuer Energie aufladen, dich zur Ruhe kommen lassen und deine Leistung auf allen Gebieten verbessern. Du lernst, wie du dich besser konzentrieren, deine Kreativität steigern und deinen Flow finden kannst. Du bekommst Werkzeuge an die Hand, mit denen du Stress und Ängste abbauen, Schmerzen lindern und Verluste überwinden kannst. Und du wirst sehen, wie du deine Atmung nutzen kannst, um dich von Gewohnheiten, Mustern und Glaubenssätzen zu befreien, die dich bremsen.

Du findest auch Geschichten: von Menschen, die am Rande der Verzweiflung standen und ihr Glück wiedergefunden haben, von Menschen, die mehr im Leben brauchten – um Ängste zu überwinden, Visionen zu erfüllen oder Ziele zu erreichen. Und du hörst meine Geschichte, denn ich bin keineswegs unvoreingenommen dazu gekommen. Ich war skeptisch. Ich hatte große Zweifel, ob etwas scheinbar so Alltägliches wie das Atmen eine solche Wirkung haben könnte. Vieles, was ich in den letzten Jahren gelernt habe, hat meine vorgefassten Meinungen in Frage gestellt und mich gezwungen, ein bisschen kritischer darüber nachzudenken, wie ich lebe. Wie wir *alle* leben.

Durch diesen Prozess habe ich unglaubliche Veränderungen erlebt und faszinierende Ideen kennengelernt. Manche sind gut erforscht, andere anekdotisch, wieder andere gut untersucht, aber bisher lediglich Hypothesen. Und obwohl ich zu der Einsicht gelangt bin, dass viele Kulturen die Heilkraft des Atems schon seit Jahrtausenden kennen, gilt mein Interesse dem, was bewiesen werden kann. Mein Verständnis dieses Gebiets, das zu meiner Lebensaufgabe geworden ist, gründet zum größten Teil auf Wissenschaft und Praxis. Das soll sich in diesem Buch widerspiegeln. Es ist pragmatisch und wissenschaftlich, leicht zugänglich und macht Spaß. Im Verlauf des Buches stelle ich dir zahlreiche Atemübungen vor, die dein Denken und Fühlen verändern werden. Manchmal sind es schnelle Lösungen, andere Male tägliche Übungen für dauerhaftere Resultate.

Wer du auch bist, dieses Buch hilft dir, in deinem Leben körperlich, geistig und emotional zu wachsen. Es hilft dir, den Zusammenhang zwischen deiner Atmung, deinem Fühlen, Denken, Handeln und deiner Leistungsfähigkeit herzustellen. Es zeigt dir, wie du dysfunktionale Atemmuster resetten und deine Emotionen mit Hilfe der Atmung steuern kannst, anstatt dich von ihnen steuern zu lassen. Es ergründet, wie sich deine Atmung bei Schmerzen, Stress, Müdigkeit, Angst, Trauer, Trauma und Traurigkeit verändert.

Hier also mein Versprechen für dich: Egal, welche Erfahrungen du gemacht hast, du kannst lernen, wie du auf eine bessere Gesundheit, bessere Leistungsfähigkeit und ein besseres Leben hin atmen kannst. Du kannst lernen, eine engere Beziehung zu dir selbst, zu anderen und zur Welt zu entwickeln. Du kannst alles, was dir nicht gutgetan hat, hinter dir lassen und dich entfalten. Also ... legen wir los.

ATME EIN.
ATME AUS.

Du kannst lernen,
auf eine bessere
Gesundheit,

●

bessere
Leistungsfähigkeit
und ein besseres
Leben hinzuatmen.

Fangen wir an ...

Autorinnen und Autoren haben immer die Hoffnung, dass ihr Buch im Leben ihrer Leserinnen und Leser etwas bewegen könnte. Oft wurzelt diese Hoffnung in einer eigenen Erfahrung – einem Ereignis, das uns in irgendeiner Hinsicht verändert hat. Bei mir war das jedenfalls so. Ich habe etwas erlebt, das mein Leben verändert hat und wofür ich nach Antworten gesucht habe.

Wie ich wieder angefangen habe, zu atmen

Ich drückte ihre Hand dreimal. Das war unser Code. *Ich bin da. Ich bin bei dir. Ich liebe dich.* Ich musste für sie stark sein. Doch während ich über den Schreibtisch hinweg dem Arzt zuschaute, wie er seine Notizen las, atmete ich kaum. Mein Knie zuckte nervös.

Vor wenigen Monaten hatte meine Freundin Tiff einen erbsengroßen Knoten in ihrer Brust entdeckt. Bis dahin hatten wir ein richtig tolles Leben geführt. Sie war 30, lebensfroh und modebegeistert. Ich war 31, DJ und absolut sorgenfrei. Doch dann kam der Krebs auf unsere Party und ließ die Nadel heftig über die Platte unseres Lebens schrammen. Jetzt saßen wir hier, in wortlosem Schweigen, in der Onkologie des UCLA Medical Center in Los Angeles, und warteten darauf, dass der Spezialist uns die Nachricht überbrachte.

Es dauerte vielleicht nur ein paar Sekunden, bis der Arzt etwas sagte, aber es fühlte sich an wie Stunden. Er holte tief Luft und bereitete uns damit auf das vor, was er zu verkünden hatte.

„Die Scans zeigen, dass Ihr Krebs metastasiert hat. Wir haben Tumore in Leber, Milz und Gehirn gefunden."

Die westliche Kultur ermutigt uns nicht zur Beschäftigung mit dem Tod, solange wir noch quicklebendig sind. Wenn man dann erfährt, dass ein Mensch, den man liebt, sterben könnte, ist das deshalb schwer zu verarbeiten. Ich tat dasselbe wie immer: alle Anzeichen von Schwäche verbergen, meine Gefühle verdrängen und mit der Situation so umgehen, wie ich es nicht anders kannte. Stark sein. Hart bleiben. Ich drehte mich zu Tiff. Sie hatte Tränen in den Augen.

„Den besiegen wir!", sagte ich.

Stark zu sein, war für mich selbstverständlich. Ich bin in Schottland und mit den Kinder-Abenteuerbüchern um den draufgängerischen Teddybär Tough Ted aufgewachsen. Ich hatte *Rocky*-Poster an der Wand. Mit vier habe ich angefangen, Judo zu trainieren, und mit 16 hatte ich den schwarzen Gürtel; ich war jahrelang schottischer Meister. So habe ich gelebt. Der Krebs war bloß ein weiterer Gegner.

Tiff stammte aus Taiwan, war aber in New York aufgewachsen. Sie war klug, unglaublich belesen und clever. Sie konnte sich behaupten. Gemeinsam waren wir entschlossen, den Ärzten zu zeigen, dass sie sich irrten.

In dem Jahr nach dem Gespräch im UCLA Medical Center taten wir, was wir nur konnten. Wir reisten von L.A. nach New York, von London nach Taipeh, immer auf der Suche nach einer Heilungsmöglichkeit. Wir gingen zu Fachleuten, Beratern und Ärztinnen. Wir suchten sogar Heilerinnen, Schamanen und Mönche auf. Wir versprachen einander, für alles offen zu sein und alles auszuprobieren. Doch nichts schien zu wirken. Ihre Gesundheit ließ immer mehr nach.

Und dann, sechs Monate später, geschah etwas Wunderbares. Es hatte den Anschein, als zahlte sich der Cocktail aus Chemo und Operation, Safttrinken und Meditation aus. Tiff zeigte erste Anzeichen der Genesung. Die Ärzte sagten, so etwas hätten sie noch nie gesehen. Es schien, als wäre sie dem Tod von der Schippe gesprungen. Ihre Gehirntumore waren verschwunden, ihre Anfälle hatten aufgehört, und ihr Lächeln war wieder da. Es war, als ob eingetreten wäre, was kein Arzt für möglich gehalten hatte – dass es Tiff tatsächlich wieder *besser ging*.

Dadurch ermutigt, verließ ich kurz ihr Krankenbett. Ich musste das undichte Dach meiner Wohnung reparieren; ich schob das schon seit Monaten vor mir her, und es würde nicht lange dauern. Aber auf dem Rückweg, mit Blumen in der Hand, sah ich vier verpasste Anrufe und eine SMS von Tiffs Mutter. Mir wurde angst und bange. Irgendwie wusste ich schon vor dem Öffnen, was in der Nachricht stand.

„Komm so schnell wie möglich. Tiffs Herz hat ausgesetzt."

Und dann:

„Die Ärzte können nichts tun."

Es war der 14. Februar 2016. Sie tat ihren letzten Atemzug an einem Valentinstag.

Eine zufällige Begegnung

Nachdem Tiff gegangen war, konnte ich nicht denken. Ich konnte nicht fühlen. Ich stürzte mich auf die ganzen praktischen Angelegenheiten nach dem Tod: ihre Mutter unterstützen und die Beerdigung organisieren. Als alles vorbei war, machte ich dicht. Ich wusste nicht, wie ich meine Gefühle zum Ausdruck bringen sollte. Ich wusste nicht, wie ich mit dem Verlust umgehen sollte. Ich schwankte zwischen Wutausbrüchen und völligem Rückzug. Ich dachte, alles und jeden von mir wegzustoßen, sei eine Möglichkeit, mit meiner Trauer umzugehen, war es aber nicht. Ohne Tiff konnte ich mich nicht auf die Welt einlassen oder meinen Platz darin finden. Das Bild der Stärke, das ich immer gezeigt hatte, bekam Risse. Ich brauchte etwas anderes.

Bisher hatte ich mich immer für einen logischen Denker gehalten und fand das gut. Ich kam aus der Welt von Leistung und Wissenschaft. Ich habe nicht nur Judo trainiert, sondern auch Mathematik an der Universität studiert und später im Finanzwesen gearbeitet. Selbst als ich beruflich einen drastischen Wechsel vollzog und das Chaos auf dem Börsenparkett gegen das Nomadenleben eines DJ eintauschte, tat ich das mit offenen Augen: Ich sammelte Informationen, schätzte das Risiko ein, vollzog den Wechsel und beobachtete dann die Ergebnisse. So habe ich das immer gemacht. Tiffs Tod hat mir auf denkbar tragischste Weise gezeigt, dass diese Vorgehensweise Schwächen hat.

Acht lange Wochen nach Tiffs Tod fand ich mich zufällig mit meiner Mutter in einem Atem-Workshop wieder. Den hatte ich ihr zum Muttertag geschenkt. Wir zogen die Schuhe aus und betraten einen in natürliches Licht getauchten Raum mit hohen Decken und bunten Stickbildern an den Wänden. Stimmungsvolle Musik erfüllte den Raum; es war, als würden die Pflanzen und Statuetten singen. Ich konnte den Duft von Räucherstäben aus Palo Santo riechen, dem „heiligen Holz“, das die Schamanen bei Tiffs Heilungssitzungen verwendet hatten.

„Hallo“, sagte eine lächelnde Frau ganz in Weiß. „Du musst Stuart sein. Komm, nimm Platz im Sharing-Circle.“

Ein Redekreis! Mein Blick fiel auf den Rest der Gruppe. Ich hatte keine Lust mehr. *Mein Gott*, dachte ich, *ich hasse sowas*. Kann man es mir übelnehmen? Im letzten Jahr hatte ich so viele Medizinmänner und Heilerinnen gesehen, dass es für den Rest meines Lebens reichte, und alle hatten behauptet, sie hätten Wundermittel für sämtliche Leiden. Meine Toleranz für alles, was auch nur entfernt „spirituell“ wirkte, war erschöpft – und das war, *bevor* mir der „herzförmige Stein“ in die Hand gedrückt und ich gebeten wurde, „meine Intention zu teilen“.

„Ich bin Stuart“, sagte ich kleinlaut. Ich habe vor kurzem meine Freundin an den Krebs verloren. Deshalb ist meine Intention wohl, äh, dass mir ein wenig leichter wird.“

Bei allem Zynismus war ich doch dankbar für die liebevollen und stärkenden Blicke, die ich daraufhin erntete, auch wenn mir das Ganze zugleich ziemlich unangenehm war. Aber wenn das bisherige Geschehen bei diesem Workshop mich noch nicht hatte aus meiner Komfortzone holen können, dann ganz sicher das, was als Nächstes kam. Mir wurde eine Atemmethode gezeigt, die daraus bestand, auf dem Rücken zu liegen und abwechselnd heftig zu atmen und etwas zu vollführen, was aussah wie ein Wutanfall. *Wenn Tiff mich jetzt bloß sehen könnte*, dachte ich.

Es lief New-Age-Trance-Musik, und alle im Raum fingen an zu schnaufen und zu keuchen. Ich öffnete ein Auge, um mich zu vergewissern, dass das Ganze kein ausgeklügelter Streich war. Aber meine Mutter konnte sich offenbar darauf einlassen, und der Workshop war mein Geschenk für sie. Ich wollte für sie da sein, so wie sie für mich da gewesen war. Ich musste einfach nur mitspielen. Mitgefangen, mitgehangen.

Nach ein paar Runden Atmen, Schütteln und Schreien passierte etwas ziemlich Skurriles. Ich spürte, wie elektrischer Strom durch meinen ganzen Körper floss, wie die Schwingungen, die man spürt, wenn man vor einer riesigen Festivalbox steht. Hinter meinen Augenlidern tanzten und blitzten Lichter. Eine riesige Gefühlswelle brandete in mir auf. Und dann weinte ich zum ersten Mal, seit ich denken konnte. Ich weinte und weinte und weinte. Und ich spürte nicht nur, wie die Last der Trauer von mir abfiel, sondern auch, wie sich eine lebenslange Anspannung, die ich unbewusst mit mir herumgetragen hatte, in Luft auflöste. Ich spürte eine starke Präsenz um mich herum und hatte das deutliche Gefühl, dass Tiff da war und meine Hand hielt. Ich bekomme immer noch eine Gänsehaut, wenn ich daran denke. Es war gespenstisch. Es war kraftvoll. Es war lebensverändernd.

Selbst in meiner Trauer wusste ich, dass meine Erfahrung nicht logisch war. Nichts davon ergab einen Sinn. Meine rationale Seite sah nur zwei Möglichkeiten: Entweder hatte ich völlig den Verstand verloren oder jemand hatte mir ein Halluzinogen in mein Getränk geschmuggelt.

Ich fragte eine der Anleiterinnen, was passiert war. War meine Erfahrung normal? Was hatte ich gerade durchlebt? Ihre Amethyst-Ohrringe schimmerten im Licht. Sie lächelte. „Du warst im Kontakt mit dem Geist." Mehr sagte sie nicht. Manchen Leuten hätte diese Antwort vielleicht genügt, mir aber nicht. Ich musste wissen, was passiert war, und zwar so, dass mein Gehirn es verstehen konnte. Ich hatte Fragen, die eine Antwort erforderten. Es war Zeit, an die Arbeit zu gehen.

Die Welt des Atmens

Nie hätte ich mir vorstellen können, dass etwas so Einfaches wie Atmen meine Trauer heilen und mein Leben verändern könnte. Ich meine, echt jetzt? Das, was wir sowieso den ganzen Tag tun? Wie soll sich etwas ändern, bloß weil man das anders macht? Atmen hatte ich mir nie als Instrument oder Praxis vorstellen können. Ich hatte immer viel *zu viel zu tun* um zu atmen. Und wenn mir jemand gesagt hätte, ich solle *einfach durch Tiffs Krebs hindurch atmen*, hätte der entweder eine entsprechende Antwort von mir bekommen oder ich hätte demonstrativ die Augen verdreht.

Und doch hat mich in dem Jahr nach dieser Muttertags-Session eine regelmäßige Atempraxis nicht nur von dem Schmerz und der Unsicherheit der Trauer befreit. Auch meine Energie nahm zu, mein Kopf wurde klarer und mein Fitnesslevel ging durch die Decke. Meine Albträume hörten auf und mein Schlaf wurde tiefer. Sogar die Stimme in meinem Kopf klang allmählich etwas wohlwollender. Ich konnte wieder nach vorne schauen. Ich hatte wieder Hoffnung für mein Leben.

Je mehr ich lernte, übte und beobachtete, desto überzeugter wurde ich. Ich hatte nicht den Verstand verloren. Niemand hatte mir etwas in die Wasserflasche getan. Die Befreiung, die ich erfahren hatte, die Fähigkeit, meine Gefühle in Bezug auf Tiffs Tod und mich selbst zum Ausdruck zu bringen und zu verstehen, die Fähigkeit, mich mit einem kraftvollen Zustand zu verbinden, der tiefer war als jede Meditation, die ich bisher kennengelernt hatte, lag in der Kraft der Atmung. Wenn sie mir geholfen hatte, dann konnte sie auch anderen helfen.

Ich stürzte mich tief in die Welt der Atmung. Ich erlernte eine Reihe von Atemtechniken – ja, davon gibt es einige: manche sehr pragmatisch und wissenschaftlich, andere eher spirituell und mystisch. Ich las wissenschaftliche Fachzeitschriften. Ich lernte Atemexperten kennen. Ich trieb mich mit Coaches, Yogis, Heilern und Gurus herum. Während alle Welt schlief, schaute ich Dokumentarfilme, vertiefte mich in Bücher oder in die Praxis. Ich war wie besessen.

Lange war nichts anderes mehr wichtig. Die ganze Energie, Entschlossenheit und Begeisterung, die mich jahrelang beim Judo und im Beruf angetrieben hatten, flossen in diese neue Mission. Ich hatte das Gefühl, dass Tiff an meiner Seite war und mich immer weiterdrängte, und ich wollte sie stolz machen. Ich entwarf den möglichst direktesten Weg, wie Menschen durch Atmen glücklicher und gesünder werden können. Nach zwölf Monaten eröffnete ich meine eigene kleine Praxis mit dem Ziel, mehr Menschen die lebensverändernde Kraft des Atmens näherzubringen. Klient für Klient, Klientin für Klientin durchliefen die Menschen wundersame Verwandlungen. Ich beobachtete, wie stressgeplagte städtische Angestellte zur Ruhe kamen. Ich sah, wie schrecklich schüchterne Kinder selbstbewusst wurden. Ich bekam mit, wie Menschen im Klammergriff einer Depression wieder glücklich wurden und optimistisch in die Zukunft blickten. Sogar chronisch schlaflosen Menschen konnte ich helfen, die Nacht durchzuschlafen. Junge und Alte, Skeptische und Aufgeschlossene legten die Last negativer Gefühle ab, die sie jahrelang mit sich herumgetragen hatten.

Trotzdem machte ich mir nicht vor, dass das, was ich bei meinen Klientinnen und Klienten sah und selbst erlebt hatte, bereits ausreichend erforscht wäre. Ich wusste, dass viele Kulturen und Traditionen die Atmung seit langem einsetzen, damit die Menschen mit den Giftpfeilen des Schicksals besser fertig werden konnten. *Qi* im Chinesischen, *Prana* im Sanskrit, *Ka* in Ägypten, *Nefesh* und *Ruach* im Hebräischen, *Psychē* und *Pneuma* im Griechischen, *Anima* und *Spiritus* im Lateinischen, *Mana* in Polynesien, *Orenda* in den irokesischen Sprachen … Selbst in der Bibel haucht Gott Adam Leben ein. Alle betonen die Bedeutung der Atmung für Körper und Geist und ihre Verbindung zu etwas Tieferem. Aber ich war noch nicht zufrieden. Ich musste auf dem Wissen, das ich bereits angesammelt hatte, weiter aufbauen. Wenn ich so vielen Menschen wie möglich helfen wollte, musste ich die Lücken in unserem kollektiven Kenntnisstand auffüllen und Daten sammeln, wo ich nur konnte. Es war klar, dass während dieser Atemsitzungen etwas Kraftvolles mit den Menschen geschah, so wie auch mit mir etwas Kraftvolles geschehen war. Die Menschen erlebten Veränderungen in ihrem Wohlbefinden, konnten tiefe Traumata lösen, entdeckten ihre Fähigkeit, die nächsten Schritte zu tun, und gewannen neue Erkenntnisse über ihr Leben. Aber was genau in Körper und Geist geschah, war immer noch unklar. Meine Suche nach Antworten war noch nicht zu Ende.

Ein weltbekannter Wissenschaftler und inzwischen guter Freund, Dr. Norman Rosenthal, ermutigte mich, die Erfahrungen meiner Klientinnen und Klienten zu protokollieren und zu versuchen, die Vorgänge in den

Sitzungen besser zu verstehen. Die vorhandenen Informationen waren lückenhaft. Diese Lücken wollten wir schließen. Das soll nicht heißen, dass die moderne Wissenschaft das Heilungspotenzial der Atmung nicht begreift, aber es gibt auch vieles, was wir noch herausfinden müssen. Es ist faszinierend zu beobachten, wie Lehren aus alten Traditionen und Philosophien, die einst als mystisch galten, allmählich wissenschaftlich Sinn ergeben. Im weiteren Verlauf des Buches wirst du Norm kennenlernen und mehr über unsere Erkenntnisse lesen.

Inzwischen habe ich verstanden, dass unser Atem die Brücke zwischen unserem physischen, mentalen und emotionalen Zustand bildet. Er ist ein wirkungsvolles Instrument zur Verbesserung unserer Gesundheit, zur Heilung von negativen Ereignissen in unserer Vergangenheit und sogar zum Erreichen höherer Bewusstseinszustände. Er ist der Schlüssel zu der Tür, die Bewusstes und Unbewusstes miteinander verbindet. Wenn wir das eine steuern können, können wir auch das andere steuern.

Und Atemarbeit ist nicht etwa nur der spirituellen Elite oder Sharing-Circles vorbehalten. Du brauchst keinen Guru, Meister oder Sensei. Die Atmung gehört ganz dir, und wenn du weißt, wie man sie nutzt, kannst du das überall, vom Kloster auf dem Berggipfel bis zum morgendlichen Zug zur Arbeit. Es spielt keine Rolle, ob du sie einsetzt, weil du entspannen, ein Ziel erreichen oder dich verändern willst. Du bestimmst.

Unser Atem ist die Brücke zwischen unserem physischen, mentalen und emotionalen Zustand.

Die Kraft der Intention

Eines musst du allerdings noch tun, bevor wir weitermachen. Und das hat mit Intention zu tun.

Wie gesagt, ich war ziemlich zynisch, als ich bei der Muttertags-Atemsitzung gebeten wurde, „meine Intention zu teilen". Vielleicht bist du das auch. Aber ich habe inzwischen gelernt, dass man, wenn man sein Leben grundlegend verändern will, mit einer Intention beginnen muss. Erst als ich mich festgelegt habe – als ich die Absicht gefasst habe, „mich leichter zu fühlen" –, ist etwas in Bewegung gekommen. Das wünsche ich mir auch für dich. Eine positive Intention führt zu einer positiven Einstellung. Eine positive Einstellung ebnet den Weg nach vorn.

Wenn du eine Intention fasst, kannst du deine körperliche, mentale und emotionale Energie fokussieren. Ich stelle mir das gern so vor, wie wenn man sein Fahrtziel in Google Maps eingibt oder ein Ziel anvisiert. Wenn du nicht weißt, wohin du willst, fährst du am Ende womöglich nur im Kreis herum. Intentionen haben die Kraft, deinen Körper und dein Denken positiv zu verändern. Sie sind die Saat dessen, was du erreichen willst. Mit ihnen bereitest du dich darauf vor, die Veränderung zu sein, die du in der Welt sehen willst.

Mit einer Intention gehst du eine Vereinbarung mit dir selbst ein, deine Widerstände zu überwinden und dich zu verändern. Das ist nicht immer einfach. In diesem Prozess kann es Phasen geben, in denen du dich unsicher oder außerhalb deiner Komfortzone fühlst. Es kann Phasen geben, in denen du nicht weiterlesen kannst, sondern einfach verarbeiten musst, was du erfahren hast. Es kann Phasen geben, in denen du Abschnitte erneut lesen musst. All das ist in Ordnung. Nicht umsonst heißt es „Atem-ARBEIT". Wenn du Ergebnisse erzielen willst, musst du daran arbeiten.

Aber das ist dein Moment, deine Chance für einen Schritt nach vorn. Dies ist *die* Gelegenheit für dich, mehr über dich selbst zu erfahren und ein körperliches, mentales und emotionales Level zu erreichen, das du vielleicht nie für möglich gehalten hättest. Das ist dein Mondflug. Ich werde dich bei jedem Schritt begleiten, aber es liegt an dir. Du kannst das Buch weglegen und gehen oder du kannst sagen: „Ja, Stuart, ich bin dabei" und weiterlesen.

Fasse deine Intentionen

Wenn du deine Intentionen setzt, dann gehe dabei so sehr ins Detail, wie du möchtest. Sie sind allein für dich bestimmt. Denke an dein Leben, deine Gesundheit, deine Gewohnheiten, deine Arbeit, deine Beziehungen, deine Umwelt. Denke an deine Gedanken und deine Gefühle. Überlege, wer du sein möchtest.

Ich habe hier ein paar Fragen aufgelistet, mit denen du deine Intentionen präzisieren und klarer definieren kannst. Die Antworten fallen dir vielleicht nicht auf Anhieb ein. Aber nimm dir die Zeit und mache diese Übung einfach immer wieder, so oft du kannst. Du wirst merken, dass sich die Antworten im Laufe des Buches verändern oder in dir klarer herauskristallisieren.

* Wie möchtest du dich fühlen, wenn du morgens aufwachst? *Zum Beispiel: gut erholt, energiegeladen und voller Vorfreude auf den neuen Tag.*

* Wie möchtest du während des Tages denken und fühlen? *Zum Beispiel: fokussiert, optimistisch und gelassen.*

* Wie möchtest du dich fühlen, wenn du abends ins Bett gehst? *Zum Beispiel: entspannt, stolz und dankbar für das, was ich an diesem Tag gemacht habe.*

* Was möchtest du loslassen? Wovon möchtest du dich befreien? Und wie wirst du dich fühlen, wenn du losgelassen hast? *Zum Beispiel: Ich möchte meine schlechten Atemgewohnheiten, meine Grübelei und meine Sorgen loslassen. Dann werde ich mich lebendiger und innerlich ruhiger fühlen.*

* Was sind die Herausforderungen in deinem Leben? *Zum Beispiel: ständige Kreuzschmerzen, finanzielles Chaos und eine schwierige Beziehung.*

* Was soll in dein Leben kommen? *Zum Beispiel: mehr Freude, innere Ruhe und Zuversicht.*

- Wie möchtest du in deiner Familie, für deinen Partner oder deine Partnerin, im Freundes- und Kollegenkreis sowie in deinem weiteren Umfeld vermehrt sein können? *Zum Beispiel: Ich möchte es nicht immer allen rechtmachen wollen und das Selbstvertrauen finden, meine Meinung zu sagen. Ich möchte anderen leichter vertrauen können, freundlicher sein und die Menschen in meinem Umfeld unterstützen.*

- Was brauchst du, damit du besser zu dir kommen kannst? *Zum Beispiel: mehr Zeit für mich und das, was ich gerne tue.*

- Was wünschst du dir für deine Umwelt? Zum Beispiel: Ich möchte, dass die Welt friedlich und ausgeglichen ist.

In einem letzten Schritt musst du deine Intentionen im Hier und Jetzt verorten. Wenn du immer „vorhast" oder „möchtest", ist dein Blick stets in die Zukunft gerichtet. Das ist so, als würdest du dir die Karotte ständig vor die Nase halten – das erzeugt zwar Vorwärtsbewegung, die Karotte erreichst du aber womöglich nie. Wenn du deine Intentionen aber in Sätze umwandeln kannst, die jetzt wahr sind, gibt dir das die Karotte sozusagen in die Hand und erzeugt mehr Energie und Fokus in der Gegenwart.

Erstelle anhand deiner Antworten auf die oben gestellten Fragen drei Sätze (oder Affirmationen) und achte darauf, dass sie alle im Präsens und positiv formuliert sind (ich bin, ich entscheide mich für, ich glaube und so weiter).

Zum Beispiel:

- Ich bin dankbar und optimistisch.

- Ich entscheide mich für Zuversicht und Selbstvertrauen.

- Ich nehme mir Zeit für das, was ich gerne tue.

KAPITEL 1

Atmen, Denken und Fühlen

Atmen ist Energie

Ich möchte, dass du jetzt aufhörst zu atmen.

Genau. Halte den Atem an.

Lies weiter, bis ich dir sage, dass du wieder atmen kannst.

Es wird dich nicht überraschen, dass Atmen für dich überlebenswichtig ist. Du kannst tagelang ohne Wasser auskommen. Du kannst Wochen ohne Nahrung auskommen. Aber atme etwa drei Minuten nicht, und schon wird's kritisch. Selbst jetzt, während dieser relativ kurzen Atemunterbrechung, fühlst du dich wahrscheinlich ein bisschen unwohl. Also Schluss mit der Quälerei.

Atme ein.

Dein ganzes Leben ist ein Tanz des Atems. Es ist das Erste, worauf deine Mutter lauscht, wenn du geboren wirst. Es ist das Letzte, was deine Lieben von dir mitbekommen, wenn du stirbst. Direkt vor deiner Nase spielt ein Orchester aus Körpersystemen rund 20 000-mal am Tag eine Sinfonie, während dein Herz und deine Lunge im Duett Energie in deinen Körper und Leben in deine Zellen bringen.

Moment mal, Energie? Mir hat man immer gesagt, Essen sei unser Treibstoff. Dir wahrscheinlich auch. Wahrscheinlich meinst du, dass deine Energie an normalen Tagen aus der Nahrung kommt, die du zu dir nimmst. Das stimmt allerdings nur zum Teil. Die häufigste und effektivste

Methode, die Nahrung, die du zu dir nimmst, in eine verwertbare Energiequelle aufzuspalten, erfordert Sauerstoff, der wiederum Atmung erfordert. So gesehen stammen also zwei Drittel deiner Energie aus der Luft, die du atmest. Und da der meiste Abfall in den Zellen aus Kohlendioxid besteht, bedeutet das, dass etwa 70 Prozent der Abfallprodukte deines Körpers beim Ausatmen über die Lunge ausgeschieden werden – der Rest wird über Haut (Schweiß), Nieren (Urin) und Darm (Stuhl) hinausbefördert.

Wenn wir das Ganze aufs Wesentliche reduzieren, geht es beim Atmen genau darum: Energie aus deiner Umgebungsluft rein, Abfall raus. Okay, es ist ein bisschen komplizierter. Aber für uns ist das erst einmal ein guter Ausgangspunkt.

Was du tust = Wie du atmest

Wenn Atmen dir Energie gibt, dann hängt die Art und Weise, *wie* du atmest, davon ab, wie viel Energie du brauchst. Das erleben wir jeden Tag. Nehmen wir an, du biegst nach einem langen Arbeitstag um die Ecke und siehst, dass der letzte Bus, der dich nach Hause bringen würde, gerade an der Haltestelle abfahren will. Du rennst los und versuchst, ihn noch zu erwischen. Was passiert mit deiner Atmung? Ja nun, die Muskeln in deinen Beinen brauchen mehr Energie, also beschleunigt sich deine Atmung und dein Herz schlägt schneller, um mehr Sauerstoff in deine fleißig arbeitenden Zellen zu pumpen und das dabei entstehende überschüssige Kohlendioxid auszuleiten. Wahrscheinlich musst du danach erst einmal wieder zu Atem kommen, um dich zu erholen, weil du immer noch Kohlendioxid produzierst. Und wenn du am Abend ins Bett gehst, verlangsamt sich deine Atmung, damit dein Geist zur Ruhe kommt und die Anspannung aus deinem Körper weicht, sodass du leichter einschlafen kannst. Deine Atmung wird also durch das beeinflusst, was du gerade tust. Das ist das erste.

Sauerstoff + Glukose = Energie

Der Sauerstoff aus der Luft wird zu deinen Zellen geleitet, wo er sich mit Glukose verbindet und Adenosintriphosphat entsteht. ATP ist eine Energiequelle, mit der deine Zellen ihre vielen Funktionen erfüllen können. Damit kann dein Gehirn elektrische Impulse senden, dein Herz schlagen, deine Augen können sehen, deine Muskeln sich zusammenziehen und du kannst dich bewegen und wachsen. Bei diesem Prozess, der als aerobe Atmung bezeichnet wird, entstehen außerdem Kohlendioxid, Wasser und Wärme, die beim Ausatmen aus dem Körper abgegeben werden.

Diese Veränderung unserer Energie durch den Atem findet nicht nur in Situationen statt, in denen wir bewusst entscheiden, dass wir uns mehr oder weniger bewegen müssen. Dein Gehirn sucht dein Umfeld ständig nach Anzeichen für Sicherheit oder Gefahr ab. Es versucht, dich am Leben zu erhalten. Es liest in deiner Umgebung Tausende sozial- und umweltbezogene Hinweise aus und wählt automatisch die Art der Atmung – schnell oder langsam, tief oder flach – die deinem Körper die benötigte Energie gibt, damit er auf deine Umgebung reagieren kann, ohne dass du darüber nachdenken musst. Außerdem überwacht dein Gehirn das Signal, das es von deinem Atemmuster erhält, um eine entsprechende körperliche und emotionale Reaktion auszulösen: Wachsamkeit, Stress, Entspannung, Aufmerksamkeit, Begeisterung oder Angst. Sogar im Austausch mit anderen registrierst du Gesichtsausdruck, Tonfall, Körperbewegungen und vieles mehr. Auch das verändert deine Atmung.

All das geschieht, weil es eine Verbindung zwischen deiner Atmung und dem sogenannten autonomen Nervensystem (ANS) gibt. Diese Verbindung sorgt dafür, dass deine Atmung in Stresssituationen kurz und flach wird und dein Herz pocht und Sauerstoff in deine Muskeln pumpt, damit du einsatzbereit bist. Sie gehört zu den Alarmglocken, die wir als Menschheit schon seit Jahrmillionen haben, damit wir uns außer Gefahr bringen können. Das ANS ermöglicht dir aber auch lange, langsame Atemzüge, damit du dich ausruhen, erholen und deine Zellen reparieren kannst, wenn du in Sicherheit bist.

Klingt zu nerdig? Lass dich davon nicht abschrecken! Fachsimpeln wir lieber gemeinsam ein bisschen. Denn mit diesem Wissen wirst du bald verstehen, wie effektiv deine Atmung dein Denken und Fühlen verändern kann. Doch zuerst werfen wir mal einen Blick aufs Gehirn.

Atmen ist die Brücke

Es spielt keine Rolle, ob du unverbesserlich perfektionistisch, kontaktfreudig und optimistisch, introspektiv und introvertiert oder ganz anders bist – deine Persönlichkeit und dein Verhalten ergeben sich aus den verschiedenen Ebenen deines Geistes: Bewusstsein, Unterbewusstsein und Unbewusstes.

Das Bewusstsein enthält die Gedanken, Erinnerungen, Gefühle und Wünsche, die dir jederzeit bewusst sind, einschließlich der Dinge, die du über dich und deine Umgebung weißt. Es ist das Gewahrsein, das du auch jetzt beim Lesen hast. Es ist der Aspekt unseres Geistes, über den wir nachdenken und mit anderen sprechen können.

Das Unterbewusstsein liegt dicht unter der Oberfläche unseres Bewusstseins. Es enthält alles, was uns jederzeit zu Bewusstsein gebracht werden könnte. Wenn ich dich zum Beispiel fragen würde, was du zum Frühstück gegessen hast, wie dein Haustier heißt oder wie deine Hausnummer lautet, würdest du dich daran erinnern können. Dein Unterbewusstsein speichert deine Erinnerungen und die erinnerten Erfahrungen. Wenn du eine Gewohnheit entwickelst oder etwas wiederholt praktizierst, wird es in deinem Unterbewusstsein gespeichert und Teil deines Verhaltens.

Das Unbewusste enthält Gedanken, verdrängte Gefühle, verdeckte Erinnerungen und Gewohnheiten, die außerhalb deines Bewusstseins liegen. Es ist der Ursprung deiner primitiven Instinkte, Triebe, Wünsche und

Motivationen. Hier speicherst du Kindheitserinnerungen, Emotionen und sogar negative Erlebnisse, die zu schmerzhaft, peinlich, beschämend oder belastend sind, als dass du dich damit auseinandersetzen könntest. Dein Unterbewusstsein vergräbt sie tief im Unbewussten, um dich zu schützen. Wenn dein Gehirn ein Haus ist, ist dein Unbewusstes der verschlossene Keller unter der Treppe. Es speichert die Grundüberzeugungen, Ängste und Unsicherheiten, die dein heutiges Verhalten prägen.

Was hat das mit der Atmung zu tun? Wie ich bereits erwähnt habe, ist die Atmung eine der wenigen lebenswichtigen Körperfunktionen, die sowohl vom Bewusstsein als auch vom Unbewussten gesteuert werden. Mit deinem *Bewusstsein* kannst du den Atemfluss steuern – beschleunigen, verlangsamen oder ganz anhalten – oder du kannst ihn von allein laufen lassen und an dein Unbewusstes abgeben (was ziemlich praktisch ist, denn an hektischen Tagen würdest du das Atmen sonst womöglich glatt vergessen). Während du die Funktionen des bewussten Verstandes wahrscheinlich nachvollziehen kannst, ist dein Unbewusstes, wie der Name schon sagt, jener Teil deines Gehirns, der dir höchstwahrscheinlich nicht bewusst ist, obwohl er tagtäglich dein Verhalten, deine Gedanken, deine Gefühle und deine Atmung beeinflusst.

Eine Geschichte mit zwei Seiten

Dein autonomes Nervensystem (ANS) wird vom Unbewussten gesteuert. Die Art und Weise, wie du atmest, beeinflusst dein ANS und bewirkt, dass du zwischen zwei Zuständen pendelst: aktiv und in Ruhe. Diese beiden Zustände hängen davon ab, welcher Anteil deines ANS dominanter ist. Wenn zum Beispiel eine Bedrohung entdeckt wird, löst du den einen Anteil des ANS aus, den sogenannten *Sympathikus*. Denke dir „S" für „Stress"; es ist der Modus, der gemeinhin als „Kampf oder Flucht" bezeichnet wird. Dieser Stresszustand löst eine schnelle, kurze und flache Atmung aus – und wird durch sie ausgelöst. Er tritt auch auf, wenn du dich körperlich anstrengst (wenn du zum Beispiel zum Bus rennst). Auf der anderen Seite gibt es den Anteil des ANS, der als „Parasympathikus" bezeichnet wird. Denke dir „P" für „Pause"; das ist der sogenannte „Rest & Digest"-Modus, in dem du ausruhst, verarbeitest und reparierst. Dieser entspannte Zustand löst eine langsame, sanfte und tiefe Atmung aus – und wird durch sie ausgelöst. Er tritt ein, wenn du dich entspannst, erholst und schläfst.

Sobald du diese Anteile und die entsprechenden körperlichen, mentalen und emotionalen Zustände, die sie hervorrufen, verstehst und erkennst, kannst du deinen Atem einsetzen, um zwischen ihnen hin und her zu wechseln oder sie auszugleichen.

Wir müssen uns unbedingt klarmachen, dass keiner der beiden Zustände besser ist als der andere. Du musst beide Zustände nutzen, je nachdem, in welcher Situation du dich befindest. Es kann aber auch sein, dass du in einem Zustand festhängst oder zu häufig lieber den einen als den anderen Zustand einsetzt. Vielleicht hast du das Gefühl, dass du ständig „an" bist und mal den „Aus"-Knopf drücken musst, oder dass du nicht mehr richtig in Schwung kommst und einen Energieschub brauchst. Oder vielleicht musst du einfach dein Gleichgewicht finden und lernen, den Tempomat einzuschalten.

Selbst der Buddha war im Stress

Stress ist unvermeidlich. Sogar der Buddha hat Stress empfunden. In einem Sympathikus-Zustand übernimmt das Angstzentrum deines Gehirns, die Amygdala, das Kommando und signalisiert den Nebennieren, Stresshormone in den Blutkreislauf auszuschütten, um deinen Körper auf Touren zu bringen. Dadurch schlägt dein Herz schneller und kräftiger, dein Blutdruck steigt und deine Muskeln spannen sich an. Deine Pupillen werden weit und deine Bronchien öffnen sich, damit mehr Luft einströmen kann. Deine Atmung wird schnell, kurz und flach und sauerstoffreiches Blut wird in die Körperregionen umgeleitet, die es bei intensiver körperlicher Anstrengung brauchen. Du kommst ins Schwitzen. Diese Sympathikus-Antwort führt dazu, dass du schneller und impulsiver reagierst. Deine Sinne verändern sich. Du nimmst Dinge, auch Menschen, eher als Bedrohung wahr. Sogar dein Hörsinn verändert sich und wird schärfer.

Wenn dein Sympathikus dominiert oder du in diesem Zustand feststeckst, schaltet alles, was im Notfall nicht gebraucht wird, auf „Flugmodus" – deine Verdauung, deine Sexualorgane, sogar deine höheren exekutiven Hirnfunktionen – Verstand, Gedächtnis und Kreativität – werden heruntergefahren. Deine gesamte Energie wird darauf verwendet, dich am Leben zu erhalten.

Diese Art der Antwort war einst ausschlaggebend für unser Überleben als gesamte Art. Wenn du in eine Zeitmaschine steigen und 40.000 Jahre zurückreisen würdest, in die Zeit, als deine Vorfahren nomadisierende Jäger und Sammler waren, würdest du merken, dass sie die gleichen Gefühle hatten wie du. Ihr Leben war zwar härter als deins – kein fließendes Wasser, keine Essens-Lieferdienste, kein Netflix und kein Chillen – aber in vieler Hinsicht waren sie unkomplizierter. Für sie ging es hauptsächlich darum, Nahrung zu finden und in Sicherheit zu bleiben.

In Sicherheit zu bleiben, bedeutete oft, Raubtieren aus dem Weg zu gehen. Die Atmung unserer Vorfahren dürfte dabei eine große Rolle gespielt haben. Wenn sie beim Beerenpflücken einem Grizzlybären begegneten, leiteten ihre Sinne – was sie sehen, hören und riechen konnten – Informationen an ihr Gehirn weiter. In Sekundenbruchteilen analysierte und registrierte ihr Gehirn die Bedrohung und löste dann den Sympathikus aus: Das Atemzentrum erhöhte die Atemfrequenz und sorgte für einen Energieschub, der Körper wurde mit Stresshormonen überflutet, das Herz pochte und das Gehirn wurde in höchste Alarmbereitschaft versetzt. Ihre Verdauungs- und Fortpflanzungsorgane schalteten ab (ebenso alles andere, was bei einem Bären-Notfall nicht gebraucht wird), und sauerstoffreiches Blut floss zu ihren Muskeln, sodass sie entweder davonrennen und sich in Sicherheit bringen oder sich auf einen Kampf vorbereiten konnten, den sie – seien wir ehrlich – wahrscheinlich verlieren würden. Wenn du ständig mit irgendwelchen Mitteilungen bombardiert wirst oder krampfhaft deine To-Do-Liste abarbeiten musst, kannst du in diesen gestressten Sympathikus-Zustand geraten. Dann ist es, als müsstest du den ganzen Tag vor Grizzlybären davonlaufen.

Einfach mal runterkommen

Der Parasympathikus-Zustand hingegen ist der, in dem wir alle sein möchten – wahrscheinlich, weil wir in unserer schnelllebigen Welt ständig unter zu viel Stress leiden. Wer möchte nicht cool, ruhig und gelassen sein?

Dieser Zustand wird gemeinhin als „Rest and Repair"-Modus bezeichnet, in dem du ruhst, verarbeitest und Reparaturen vornimmst. Deine Atemfrequenz verlangsamt sich, sodass dein Gehirn und dein Körper Energie sparen können. Dein Herzschlag wird langsamer, dein Blutdruck sinkt, deine Muskeln entspannen sich, die Verdauung setzt ein, und deine Zellen reparieren und regenerieren sich. Dieser Modus hilft dir, Nahrung zu verdauen, tief zu schlafen, Sex zu haben, dich sicher und entspannt zu fühlen. Wenn der Parasympathikus dominiert, wird auch der Frontallappen im Gehirn aktiviert, der eine wichtige Rolle bei höheren kognitiven Funktionen spielt. Er ist entscheidend für Planung, Entscheidungsfindung, Kreativität, Schlussfolgern und Urteilsvermögen. Mit anderen Worten, im Parasympathikus-Zustand bist du ruhig genug, um deine Reaktion auf äußere Reize zu überdenken, anstatt reflexartig zu reagieren.

Wenn du jedoch zu lange und zu oft in diesem Zustand bist, kannst du deine Motivation verlieren und bekommst nichts mehr auf die Reihe. Die Ursache dafür ist oft ein traumatisches Erlebnis oder eine lange und schwierige Phase, wenn du zum Beispiel Mühe hast, einen Job zu finden. Ich hatte Klienten, die an Depressionen, Beziehungslosigkeit und Lethargie litten und aus dem Parasympathikus-Zustand nicht mehr herauskamen. Aber auch hier gilt, dass der Parasympathikus in beide Richtungen wirken kann – er kann auch zu Depressionen führen und dazu, dass man sich aus anderen Gründen in sich zurückzieht. Ich will das anhand einer dritten Reaktion genauer erklären.

Sich tot stellen

Es gibt noch eine dritte wichtige Reaktion, von der du vielleicht schon gehört oder die du sogar schon erlebt hast: Erstarren. Auch so könnten unsere Vorfahren reagiert haben, wenn sie einem Grizzlybären gegenüberstanden: Sie erstarrten, bewegten sich nicht mehr und stellten sich tot. Manchmal war das tatsächlich die sicherste Option. Diese Reaktion haben wir auch heute noch. Fachlich gesehen ist es eine Stressreaktion, aber sie gehört zum parasympathischen Anteil des ANS. Du erstarrst, wenn dein Unbewusstes glaubt, dass dir weder Kampf noch Flucht zur Verfügung stehen, und du völlig überfordert bist oder in der Falle sitzt. Das ist keine bewusste Entscheidung. Das primitive Gehirn übernimmt und macht dich unbeweglich und gefühllos. Der mit Wucht anbrandende Stress sorgt dafür, dass sich der Parasympathikus wieder einschaltet, um dich ruhig zu stellen: Dein Herzschlag verlangsamt sich und die Atmung verkürzt sich oder kommt ganz zum Stillstand. Es kann sogar sein, dass du durch dieses plötzliche Herunterfahren ohnmächtig wirst. Das ist die letzte Hoffnung deines Gehirns, dass die Bedrohung – etwa der gute alte Grizzlybär – das Interesse an dir verliert und sich verzieht, oder dass du, falls du doch in seinem Maul landest, nichts spürst.

Aber welche Rolle spielt diese Reaktion im modernen Leben? Es wird vermutet, dass das Erstarren eine Form des psychischen Schutzes ist, der verhindert, dass du etwas Überwältigendes oder Traumatisches bewusst erleben musst. Du schaltest komplett ab und ziehst dich in dich zurück. So kannst du vielleicht nicht verhindern, dass etwas passiert, aber du hast die Chance, dich vor dem Schmerz zu schützen, indem du ihn tief in deinem Unbewussten wegschließt. Manchmal leben Menschen, die eine traumatische Kindheit durchgemacht haben, in diesem abgeschalteten Zustand. Das führt dazu, dass sie sich als Erwachsene kaum noch an diese Zeit in ihrem Leben erinnern können.

Wenn jemand depressiv ist, steckt er oft in diesem Zustand fest, in einem Dauerzustand parasympathischen Erstarrens. In geringerem Ausmaß kann das auch in sozialen Situationen passieren, wenn Menschen merken, dass sie sich aus lauter Angst völlig in sich zurückziehen. Ich habe früher eine lähmende Form dieser Erstarrungsreaktion erlebt, wenn ich in der Schule oder an der Uni vor Publikum sprechen musste. Deshalb habe ich mich sogar geweigert, die Hochzeitsrede für einen guten Freund zu halten.

Sowohl der Sympathikus als auch der Parasympathikus deines Nervensystems sind ständig aktiv, aber häufig ist einer dominanter. Das natürliche Zusammenspiel beider sorgt dafür, dass deine Atmung und dein Herzkreislaufsystem schnell auf verschiedene Situationen reagieren können. Es ist ein bisschen wie beim Tauziehen. Dein Sympathikus zerrt ständig an dir, will dich in höchste Alarmbereitschaft versetzen und versucht, deine Atmung zu beschleunigen und deinen Herzschlag zu erhöhen, um dich zum Handeln zu bewegen. Stell dir den Sympathikus als den überfürsorglichen, übervorsichtigen Freund vor, der dich so sehr liebt, dass er dich immer beschützen will: „Tu dieses nicht, pass auf bei jenem, lass uns lieber abhauen, hier ist es nicht geheuer."

Dein Parasympathikus ist das genaue Gegenteil. Er versucht, deine Atmung zu verlangsamen und deinen Herzschlag zu drosseln. Er ist der Freund, der aus lauter Liebe zu dir möchte, dass du gelassen bist, dich entspannst und in Ruhe dein Essen verdauen kannst: „Jetzt chill doch mal, entspaaann dich, setz dich hin, mach mal Pause, verdau dein Essen und ruh dich aus." Beide Freunde brauchst du in deinem Leben in unterschiedlichen Momenten.

Zwar ist es heute sehr unwahrscheinlich, dass du einem Bären begegnest, aber diese instinktiven Reaktionen wirken sich immer noch tagtäglich auf dich aus. Ich möchte dir an einem Beispiel zeigen, wie das im Alltag aussehen könnte. Der Vormittag war unfassbar hektisch, deshalb lässt du alles stehen und liegen und gehst in die Mittagspause. Kein Wölkchen am Himmel – ausnahmsweise mal – der perfekte Tag für einen entspannten Spaziergang. Du kaufst dir irgendwo ein Sandwich und gehst in einen nahen Park. Und obwohl das Sandwich wenig berauschend (und überteuert) ist, dominiert dein Parasympathikus. Du bist entspannt.

Du erreichst die Straße am anderen Ende des Parks, schaust nach links und rechts und willst sie überqueren. Doch genau in dem Moment, in dem du auf die Straße trittst, hörst du ein lautes „Ding, ding, ding"! Du wirfst den Kopf herum und siehst etwas Rotes aufblitzen. Wie aus dem Nichts ist ein Radfahrer aufgetaucht. Dein Sympathikus schaltet sich ein und Stresshormone durchfluten deinen Körper.

Ohne nachzudenken, holst du tief Luft durch den Mund – ein erster Auslöser für deinen Sympathikus. Deine Verdauung stoppt und dein Herz klopft und schickt sauerstoffreiches Blut zu deinen Beinmuskeln. Deine Zellen wandeln diesen Sauerstoff in Energie um, deine Beinmuskeln ziehen sich zusammen, und mit einem Satz bist du wieder auf dem Gehweg in Sicherheit. Hier atmest du erleichtert auf und schaltest wieder um auf Parasympathikus. Dein Puls sinkt, du beruhigst dich und widmest dich wieder der Verdauung deines (wenig berauschenden) Mittagessens.

Auch wenn du dich nicht in einer körperlich gefährlichen Situation befindest (wie etwa beim Überqueren einer viel befahrenen Straße), wirken sich diese Antworten deines ANS trotzdem täglich auf dich aus. Das liegt daran, dass dein Unbewusstes nicht zwischen einem stressigen Erlebnis, das in deinem Umfeld stattfindet, und einem stressigen Erlebnis, das allein durch deine Gedanken erzeugt wird, unterscheiden kann. Beide Erlebnisse lösen dieselbe Reaktion aus. Das heißt, wenn du ständig über die Vergangenheit nachgrübelst, alte Fehler durchkaust oder dir Sorgen um die Zukunft machst, kannst du in einer Stressantwort des Sympathikus mit entsprechend gestresster Atmung stecken bleiben. Möglicherweise kommst du sogar aus diesem stressigen Atemmuster gar nicht mehr heraus. Für dein Gehirn ist das so, als würden ständig die Alarmglocken schrillen. Ebenso gilt dass, wenn du dich in dich zurückziehst, bis mittags nicht aus dem Bett kommst und völlig unmotiviert bist, es sein kann, dass du im Parasympathikus-Zustand feststeckst.

Die negative Gedankenschleife

2005 veröffentlichte die *US National Science Foundation* einen Artikel mit einer Zusammenfassung von Forschungsergebnissen über die Anzahl der Gedanken, die man pro Tag so hat. Es wurde festgestellt, dass von den 12.000 bis 60.000 Gedanken, die ein durchschnittlicher Mensch täglich hat, 80 Prozent negativ, und etwa 95 Prozent wiederholte Gedanken sind. Dieser unbewusste sogenannte negative Bias, also die Neigung zu negativen Gedanken, ist kein menschlicher Designfehler. Ganz im Gegenteil – er ist ebenfalls ein Überlebensinstrument, ein festsitzender Instinkt. Bist du schon einmal mitten in der Nacht aufgewacht, hast gedacht, jemand sei im Zimmer, bist fürchterlich erschrocken, hast das Licht angemacht und festgestellt, dass es nur ein Mantel war, der an der Tür hing? Wir sind alle in höchster Alarmbereitschaft, und als Spezies sind wir das schon seit Jahrtausenden, um Risiken abzuschätzen: die Tiger und Bären, die uns normalerweise nicht mehr bedrohen. Die unbewusste Neigung zu negativem Denken ist uns einprogrammiert. Das bedeutet, dass wir zumeist in einer Schleife negativen Denkens feststecken, die stressige Atemmuster auslöst.

Atmen, Denken und Fühlen

Untersucht man das ANS unter diesem Aspekt, zeigt sich das grundlegendste Prinzip der Atemarbeit: Wie du atmest, beeinflusst wie du denkst und fühlst, aber wie du denkst und fühlst, beeinflusst auch wie du atmest. Es ist eine Rückkopplungsschleife. Ich will sie mit dir Schritt für Schritt durchgehen. Das Denken findet im Kopf statt. Gefühle entstehen im Körper, ausgelöst durch deinen Atem. Deine Gedanken und Gefühle verändern die Art und Weise, wie du atmest, und deine Atmung verändert die Art und Weise, wie du dich fühlst, was wiederum verändert, wie du denkst.

Wenn deine Gedanken und deine Gefühle miteinander übereinstimmen, entsteht daraus dein Daseinszustand. Wenn du also ängstliche Gedanken hegst und dich ängstlich fühlst, befindest du dich im Sympathikus-Modus. Dein Herz rast, du atmest kurz, flach und ängstlich, und dein Zustand ist „Ich bin ängstlich".*

Diese „Zustandsschleife" kannst du meist auf zweierlei Art und Weise durchbrechen. Du kannst entweder anders denken, indem du die ängstlichen Gedanken akzeptierst oder durch positivere ersetzt, was schwierig sein kann, wenn du Angst hast. Oder du kannst anders atmen, um dein Körpergefühl zu verändern, sodass es nicht mehr mit deinen Gedanken übereinstimmt und deine Zustandsschleife durchbrochen wird. Dein Gehirn sagt: „Halt mal, ich bin *nicht* ängstlich. Mein Herz rast nicht, meine Atmung ist entspannt." Diese Schleife gilt für jeden Zustand, ob positiv oder negativ. Wenn du zum Beispiel ruhig atmest, entsteht ein Gefühl der Ruhe und es folgen ruhige Gedanken.

In diesem ganzen Buch werden wir daran arbeiten, anders zu denken und zu fühlen. Denn die Wahrheit ist: Wenn du in einer Schleife feststeckst, steckst du in einem Zustand fest. Vielleicht empfindest du diesen Zustand sogar als Teil deiner Persönlichkeit und identifizierst dich damit. Das liegt daran, dass ein Zustand, der eine Woche anhält, zu einer Stimmung wird. Eine Stimmung, die über Monate anhält, wird zu einem Temperament. Ein Temperament, das jahrelang anhält, wird zu einem Persönlichkeitsmerkmal.[1] Das bedeutet, dass manche Persönlichkeitsmerkmale darauf zurückgehen können, wie du einmal geatmet hast. Mit anderen Worten: Ein Teil deines Charakters, der sich dauerhaft und zutiefst persönlich anfühlt, könnte mit nur einem einzigen Atemzug begonnen haben.

---

* Bitte beachte, dass es Fälle gibt, in denen sehr starke negative Gefühle durch biologische Faktoren oder Störungen ausgelöst werden. Wenn du stark darunter leidest, suche dir bitte professionelle Unterstützung.

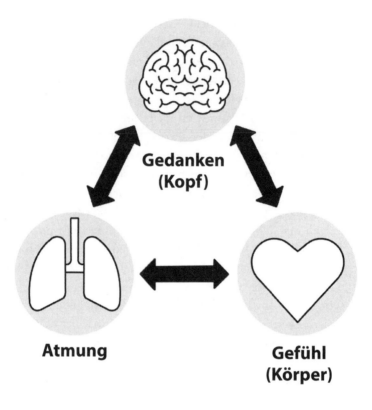

Gedanken (Kopf)

Atmung

Gefühl (Körper)

Das alles zeigt einfach, wie wichtig es ist, auf deine Atmung zu achten. Denn indem du deine Atmung steuerst, kannst du dich wieder mit deinem Unbewussten verbinden, die Kontrolle über deine Gedanken und Gefühle erlangen und positive Veränderungen in deinem Leben bewirken.

Da aber dein Unbewusstes die automatische Kontrolle über deine Atmung hat, müssen wir erforschen, was dort einprogrammiert wurde.

Wenn deine Gedanken und deine Gefühle miteinander übereinstimmen, entsteht daraus dein Daseinszustand.

Dein Päckchen

Hast du schon mal ein Baby atmen sehen? Babys sind Atemgurus. Wenn du einem Baby beim Atmen zuschaust, siehst du ein Beispiel für die perfekte Atmung, für die Yogis, Sängerinnen, Schauspieler und andere Künstlerinnen jahrelang trainieren. Solange ein Baby nicht weint, atmet es ausschließlich durch die Nase. Bei jedem Einatmen dehnt sich der untere Teil seines Rumpfs wie ein Ballon aus. Zuerst bläht sich der kleine Bauch, dann weiten sich die kleinen Rippen und zuletzt hebt sich die Brust. Das Ausatmen ist entspannt. Es ist effizient. Es ist mühelos.

In jenem ersten Moment, so scheint es, verankert dein Atem das Leben in deinem Körper, und von da an beginnst du deinen Lebensweg. Aber wie du bald erfahren wirst, atmen die meisten Menschen dysfunktional, ob sie es wissen oder nicht. Was ändert sich also in späteren Jahren? Wenn wir doch zumeist mit perfekter Atmung geboren werden, was kommt dann zwischen Kindheit und Erwachsenenalter dazwischen, sodass wir von Meistern zu Amateuren werden? Das Leben kommt dazwischen. Im Laufe unseres Lebens machen wir Erfahrungen, die sich darauf auswirken, wie wir atmen. Es sind nicht nur die Stressoren und negatives Denken. Wie wir atmen, kann auch von anderen Faktoren beeinflusst werden – Körperhaltung, Verletzungen, Krankheit, um nur einige wenige zu nennen.

Nur ganz selten denken wir darüber nach, wie sich unsere Körperhaltung auf unsere Atmung auswirkt. Genauso wenig denken wir darüber nach, welche Auswirkungen ein stressiger Job auf unsere Atmung hat oder – umgekehrt – unsere Atmung auf unseren Stresslevel. Und natürlich machen wir uns meist keine Gedanken darüber, wie unsere Atmung durch die verschiedenen Erfahrungen im Laufe unseres Lebens beeinflusst wird, sei es, dass wir als Kind angeschrien wurden, weil wir unsere Hausaufgaben nicht gemacht haben, dass wir vom Fahrrad gefallen sind, dass wir etwas ausbaden mussten, wofür wir gar nichts konnten, oder dass wir etwas Traumatisches wie eine Trennung, eine Scheidung oder einen Todesfall erlebt haben. Alle deine früheren Erfahrungen, egal wie wichtig oder unbedeutend sie dir erscheinen mögen, haben Auswirkungen darauf, wie du heute atmest.

Ich möchte dir ein Beispiel geben. Darf ich vorstellen, meine Schwestern Jane und Anna. Wenn Jane einen Hund sieht, empfindet sie ihn als Bedrohung. Sie sieht, wie der Hund sie anschaut und seine großen, scharfen Zähne fletscht, und sie hat das Gefühl, dass er sie gleich angreift. Ihr Sympathikus wird aktiviert. Stress durchflutet ihren Körper, ihre Atemfrequenz steigt rapide an und ihr Herz schickt sauerstoffreiches Blut in ihre Beine. Wie ein geölter Blitz rennt sie zur Tür.

Anna dagegen: Wenn sie denselben Hund sieht, strahlt sie. Sie sieht ihn lächeln und lächelt zurück. Sie erinnert sich daran, wie gern sie als Kind mit Milo, dem Hund der Familie ihrer Freundin, gespielt hat, und Freude durchströmt ihren Körper, ihr Atem geht frei. Sie rennt los, um den Hund hinter den Ohren zu kraulen.

Was ist hier passiert? Warum verhalten sich Jane und Anna in der gleichen Situation so unterschiedlich? Offensichtlich hat Jane Angst vor Hunden. Als sie noch klein war, hat der kläffende Terrier des Nachbarn sie einmal in die Hand gebissen, als sie ihn streicheln wollte. Anna hingegen erinnert sich gerne ans Herumtollen im Garten mit Milo. Sie empfindet alle Hunde als loyal und liebevoll.

Deine Lebenserfahrungen prägen deine Wahrnehmungen und damit auch die Art und Weise, wie du atmest und dich in deiner Welt bewegst. Selbst wenn Jane und Anna eineiige Zwillinge wären, würden ihre Lebenserfahrungen sie doch einzigartig machen und sie würden unterschiedliche Glaubenssätze entwickeln. Und das würde sich unweigerlich darauf auswirken, wie sie atmen.

Wenn das Leben beginnt, startest du also quasi mit einem leeren Päckchen auf dem Rücken. Im Laufe deines Lebens werden deine Erfahrungen wie Steine in dieses Päckchen geworfen – Kiesel, Geröllbrocken und Backsteine. Manchmal pfeffern auch andere Menschen ihre Backsteine in deinen Rucksack.

Dieses Päckchen haben wir alle. Selbst die erfahrensten Zen-Mönche haben es. (Natürlich ist ihres leicht und ordentlich gepackt.) Unser Päckchen wird mit der Zeit meist immer schwerer, so schwer, dass wir nicht einmal mehr sehen können, wohin wir gehen. Vielleicht quillt es sogar über. Das Leben wird zum Kampf, und wir kommen nicht mehr vorwärts.

Die Kiesel, Geröllbrocken und Backsteine in diesem Päckchen häufen sich in Form von körperlicher Anspannung an. Wenn du überfordert bist, kannst du so tun, als gäbe es das Päckchen nicht oder als wäre es gar nicht so schwer, wie es in Wirklichkeit ist. Mit anderen Worten, indem du deine Gefühle unterdrückst oder verdrängst, kannst du so tun, als wären sie weg. Aber das ist ein Sicherheitsmechanismus, der dich vor einem unkontrollierten Ausbruch dieser Gefühle oder vor emotionalem Schmerz schützen soll. Dieser Prozess läuft unbewusst ab und übernimmt die Steuerung deiner Atmung.

Du hast bereits gelernt, dass es bei der Atmung um Energie geht und dass sie die Brücke zwischen dem bewussten und dem unbewussten Teil der Psyche bildet. Bleibt sie sich selbst überlassen, triggert sie einen der beiden Anteile des autonomen Nervensystems – den Sympathikus oder den Parasympathikus. Diese beeinflussen, wie du denkst und dich fühlst: „an" oder „aus", gestresst oder entspannt. Indem du deine Atmung steuerst, kannst du wählen, in welchem ANS-Zustand du sein möchtest, und so deinen Daseinszustand verändern.

Das alles soll heißen: Wenn du verstehst, wie du atmest und die Grundlagen der Atemarbeit erlernst, kannst du das Päckchen mit den Steinen einen Moment ablegen. Du kannst lernen zu antworten, anstatt zu reagieren. Du kannst dein Befinden in jeder Situation selbst in die Hand nehmen. Die Übungen in Teil 1: *Schnelle Lösungen*, helfen dir, rasch Veränderungen vorzunehmen, um deinen Stress in Gelassenheit, deine Überforderung in Ausgeglichenheit zu verwandeln und sogar deine Schmerzen zu bewältigen.

Natürlich kommt das Leben immer noch dazwischen, und du musst dein Päckchen wieder aufnehmen. Aber mit mehr Praxis und den Übungen in Teil 2: *Tiefergehende Arbeit* lernst du, wie du es vollständig von allen früheren Erfahrungen, die sich bis heute auf dich auswirken, leeren und einen Neuanfang machen kannst. Du wirst dein Selbstempfinden neu vernetzen, über die Bewältigung des Alltagsstresses hinausgelangen und die Grundursache dessen angehen können, was dir heute zu schaffen macht. Und wenn du das getan hast – wenn das Päckchen leer ist – wirst du dich leichter fühlen, besser schlafen, mehr Energie haben und weniger Stress verspüren. Du wirst zur besten Version deiner selbst, unbelastet von negativen Erfahrungen aus der Vergangenheit, reaktiven Mustern und einschränkenden Glaubenssätzen.

Sobald du weißt, wie du dein Päckchen leeren kannst, kannst du dich mit der Verbesserung deiner Atmung befassen. In Teil 3: *Optimierung* zeige ich dir, wie du deinen Atem nutzen kannst, um deine Leistung und deinen Fokus in allen Lebensbereichen zu verbessern, damit du mehr erreichen, präsenter sein und dich mit deiner Umwelt stärker verbunden fühlen kannst.

Damit du das alles zusammenbringen kannst, musst du jetzt anfangen, genau darauf zu achten, wie du atmest. Das kann dir viel darüber verraten, wie du denkst und fühlst, und das wiederum macht den Weg frei für Veränderungen.

TEIL 1:

_____

SCHNELLE LÖSUNGEN

KAPITEL 2

Was deine Atmung über dich aussagt

Wie atmest du?

Offenbar haben wir als gesamte Art die Fähigkeit verloren, richtig zu atmen. Du meinst vielleicht, mit deiner alltäglichen Atmung sei alles in Ordnung. Aber viele haben schlechte Atemgewohnheiten angenommen, und wir alle haben in unserem Unbewussten frühere Erlebnisse gespeichert, die unsere Atmung einschränken. Wenn deine Atmung aus dem Gleichgewicht ist, ist fast ausgeschlossen, dass du dich gut fühlen, klar denken, gut schlafen, Krankheiten überwinden oder von Bewegungs- und Gesundheitsprogrammen profitieren kannst. Wenn du nicht richtig atmest, erhalten deine Zellen, dein Gehirn und deine Organe nicht den Treibstoff, den sie für eine optimale Gesundheit brauchen. Dein Körper muss Überstunden machen, um Giftstoffe auszuscheiden. Schlechte Atmung macht uns müde, gestresst und ängstlich und beeinträchtigt unsere körperliche, mentale und emotionale Gesundheit.

Die gute Nachricht ist: Das lässt sich ändern. Mit Gewahrsein fängt alles an. Deines Atems gewahr zu sein bedeutet, dein unbewusstes Atemmuster zu beobachten. Beim Atemgewahrsein schaust du durch das Schlüsselloch deines Unbewussten und erkennst, wie dein Gehirn und dein Körper auf die Realität reagieren, die sie wahrnehmen. Wenn du

Atemgewahrsein beherrschst und es den Tag über immer wieder einsetzt, merkst du, welche Übungen du machen musst, um deine Atmung zu verändern und damit auch, wie du dich fühlst.

Atemgewahrsein kann man überall und in jeder Situation praktizieren. Also versuchen wir es gleich einmal. Das Wichtigste ist, dass du während dieser Übung nicht versuchst, deine Atmung zu verändern. Sei ein neutraler Beobachter. Sei eine Atem-Detektivin. Versuche, auf jedes kleine Detail zu achten, während ich dich anleite.

ÜBUNG 2

Atemgewahrsein

* Halte inne. Nimm dir einen Moment Zeit.
* Wie ist deine Körperhaltung? Bist du vornübergebeugt oder angespannt? Ist deine Brust offen?
* Wie ist deine Kleidung? Sitzt sie locker oder engt sie dich dein?
* Nun spüre die Luft um dich herum. Welche Temperatur hat die Luft? Wie ist sie beschaffen?
* Folge der Luft in deinen Körper hinein. Atmest du durch Nase oder Mund?
* Versuche, jetzt noch nichts zu ändern. Ich möchte, dass du der Beobachter, die Beobachterin deines eigenen Atems bist.
* Wie fühlt es sich an, einfach zu sein und zu atmen?
* Welche Muskeln arbeiten, um Luft in deinen Körper zu bringen?
* Welche Körperteile bewegen sich beim Einatmen? Welche Körperteile bewegen sich beim Ausatmen?
* Wenn du kannst, leg eine Hand auf die Brust und die andere auf den Bauch. In welche Hand dehnt sich dein Atem zuerst aus?

- Atmest du in den Bauch oder atmest du in die Brust?

- Sieh nach unten, wenn du einatmest. Wölbt sich dein Bauch nach außen oder zieht er sich in Richtung Wirbelsäule zurück?

- Verändere überhaupt nichts, folge einfach deinem Atem.

- Gehen deine Schultern beim Einatmen nach oben?

- Sind irgendwelche Spannungen in deinem Körper? Im Gesicht, im Nacken?

- Sind irgendwelche Spannungen in deinem Geist/deinen Gedanken?

- Ist dein Geist umtriebig oder ruhig?

- Kannst du beim Atmen deinen Herzschlag spüren?

- Kannst du deinen Atem ein- und ausströmen hören oder ist er still?

- Wenn deine Gedanken abschweifen, ist das in Ordnung; lenke sie einfach wieder auf deinen Atem.

- Sei einfach bei deinem Atem.

- Was kommt zuerst? Dein Einatmen oder dein Ausatmen?

- Atmest du schnell? Atmest du langsam?

- Atmest du tief? Oder flach?

- Liegt zwischen deinen Atemzügen ganz von selbst eine Pause oder ringst du um Luft?

- Werde dir möglicher Veränderungen in deiner Atmung gewahr.

- Geht sie glatt und regelmäßig oder ein bisschen abgehackt?

- Ist deine Ausatmung kontrolliert, gezwungen oder entspannt?

- Sammle so viele Informationen wie nur möglich darüber, wie du atmest.

- Dann kehre mit deiner Aufmerksamkeit wieder in deinen Raum zurück.

- Nimm dir einen Moment Zeit und schreibe alles auf, was dir an deinem Atem aufgefallen ist, also zum Beispiel *Nase/Mund, Bauch/Brust, schnell/langsam, flach/tief, sein Rhythmus, sein Fließen* und so weiter.

Ian

Sobald du dir deiner Atmung gewahr wirst, merkst du vielleicht auch, wie andere Menschen atmen. Als Ian durch die Tür meiner Londoner Atemarbeits-Praxis trat, konnte ich sofort sehen, dass er nicht funktional atmete. Aber so seltsam das klingen mag, ich musste die ganze Zeit an Kapitän Cook denken.

Bis eben hatte ich noch mit einem Freund telefoniert, der vor Kurzem nach Hawaii gezogen war. Begeistert erzählte er mir die Geschichte, wie Kapitän Cook und seine Mannschaft 1778 auf der Insel ankamen und wie die Hawaiianer dachten, der Grund für die blasse Haut ihrer Besucher sei, dass sie nicht richtig atmeten. Sie änderten sogar die allbekannte Begrüßung – „Aloha", was so viel wie „die Gegenwart des Atems" bedeutet – in „Haole": *ha* bedeutet Atem, und *ole* bedeutet kein. „Kein Atem" ist bis heute ein umgangssprachlicher Ausdruck, mit dem die Einheimischen Ausländer (wie meinen Freund) bezeichnen. Eingezwängt in weiße Kniebundhosen und enge Westen mit goldenen Knöpfen, die bis zum Hals geschlossen waren, konnte Cook und seine Mannschaft bestimmt nicht frei atmen, und die Hawaiianer müssen das gesehen haben. Jetzt stand Ian da, Führungskraft in einem Konzern, in einem gut sitzenden Anzug, mit zugeknöpftem Hemd und eng schließender Krawatte. Ich konnte schon sehen, dass er sehr aufrecht, steif und angespannt war. Und ich konnte förmlich hören, wie seine Gedanken davonschwirrten und noch beim Eintreten seine To-Do-Liste durchgingen.

„Meine Frau hat mir gesagt, Sie sind der Mann, der mich wieder hinkriegt", meinte er. Er meinte nicht, dass mit seiner Atmung etwas nicht in Ordnung war. Seine Frau habe ihn wegen seiner Schlaflosigkeit zu mir geschickt, erklärte er, aber er sei trotzdem hoch leistungsfähig. Morgens um sechs war er mit seinem CrossFit-Training fertig, um halb acht saß er mit einem Kaffee in der Hand an seinem Schreibtisch, darauf folgte Tag für Tag ein Meeting nach dem anderen, während seine Smartwatch jede seiner Bewegungen aufzeichnete. Doch obwohl es ihm tagsüber anscheinend glänzend ging, war er abends immer müde und hatte zunehmend weniger Energie und Motivation. Wenn er ins Bett ging, starrte er stundenlang an die Decke.

Eine schlechte Atmung ist so,

als würdest du an einem heißen Tag deine Winterklamotten tragen.

Alles andere als funktional

Gleich und gleich erkennt sich. Ich habe jahrelang so gelebt wie Ian – als Kapitän Cook. Ich führte ein schnelles, erfolgsorientiertes Leben in Uniform – und mein Stress wurde durch diese Uniform noch verschlimmert, egal ob es sich um Business-Anzug und Krawatte oder die Skinny Jeans handelte, die ich als DJ trug. So wie Ian und mir geht es Vielen. Und es gibt immer noch unzählige Leute, die in seliger Unwissenheit darüber leben, wie dysfunktional ihre Atmung geworden ist. Schlechte Atmung ist so, als würdest du an einem heißen Sommertag deine Winterklamotten tragen, ohne es zu merken (und ohne zu wissen, dass du deine Shorts dabeihast). Es macht alles ein bisschen schwieriger.

Zwar leidet angeblich jeder Zehnte unter „Atemstörungen"[1], aber die Definitionen des Begriffs variieren, und die tatsächliche Zahl ist wahrscheinlich viel höher. Fachleute gehen davon aus, dass die Prävalenz allein der chronischen Rhinitis in der Allgemeinbevölkerung bei bis zu 40 Prozent liegen könnte.[2] Und bevor du jetzt sagst: „Rhinitis? Komisches Wort, das habe ich nicht", solltest du wissen, dass Rhinitis – eine Entzündung in der Nasenhöhle, die oft durch Viren, Allergene oder Staub verursacht wird – besser unter ihrem Hauptsymptom bekannt ist: verstopfte Nase. Hinzu kommen die flach Atmenden, die Menschen, die beim Tippen die Luft anhalten, die zu schnell oder unregelmäßig atmen, diejenigen, die regelmäßig tief aufseufzen und häufig gähnen, Leute, die in die Brust atmen oder Personen mit geräuschvollem, schwerem Atemmuster, Menschen, deren Atmung im Schlaf aus- und wieder einsetzt oder die beim Sport kurzatmig sind … du verstehst schon. Man kann mit Fug und Recht behaupten, dass unsere Atmung insgesamt als Menschheit alles andere als funktional ist.

Nimm dir jetzt einen Moment Zeit und achte noch einmal auf deine Atmung. Wie atmest du beim Lesen? Wenn wir sitzen, lassen wir oft die Schultern nach vorne fallen und machen einen runden Rücken, was das Ein- und Ausströmen des Atems behindert. Geht es dir auch so? Wenn ja, dann rolle die Schultern zurück, richte deine Wirbelsäule auf, korrigiere deine Haltung, atme tief ein, spüre, wie sich dein Bauch hebt, atme langsam, entspannt und lang aus und lies weiter.

Trotz der engen Beziehung zwischen der Art und Weise, wie wir atmen, und der Art und Weise, wie wir den ganzen Tag über denken und fühlen, suchen nur wenige Menschen medizinische Hilfe für ihre Atmung, wenn sie ängstlich sind, sich nicht konzentrieren können, wenig Energie haben oder sogar komplexere Emotionen wie Trauer durchleben. Unsere Atmung sehen wir anders als zum Beispiel chronische Rückenschmerzen oder andere offensichtlich „körperliche" Beschwerden, die sich negativ auf unser Leben auswirken. Wenn du nicht gerade unter einem körperlichen Atemproblem wie Asthma leidest, könnte ich wetten, dass du noch nie auf die Idee gekommen bist, mit deinem Arzt oder deiner Ärztin über deine Atmung zu sprechen, und dass du deine Atmung auch nicht mit mentalen oder emotionalen Beschwerden in Verbindung gebracht hast.

Die Möpse unter den Primaten

Man könnte behaupten, dass wir im Vergleich zu unseren Vorfahren, den Primaten, alle dysfunktional atmen. Als wir uns vom Affen zum Menschen entwickelt haben, hat sich unsere Atmung nicht mit uns weiter-, sondern zurückentwickelt. Vor zwei bis drei Millionen Jahren wuchs das Gehirn unserer Primatenvorfahren, was bedeutete, dass es mehr Platz im Schädel benötigte. Wie beim Zusammenstoß tektonischer Platten wurde unser Gesicht kürzer, unser Mund schrumpfte und unsere Atemwege verengten sich. Unsere Nasenhöhlen schoben sich nach außen, wodurch unsere funktional eingeschränkte, hervorstehende Nase entstand, und unser neuer, vertikaler Luftfilter war mehr Bakterien und Krankheitserregern in der Luft ausgesetzt. Der große Fortschritt bei der Entwicklung des menschlichen Gehirns ging mit einem Rückschritt bei unserer Atemfunktion einher. Die Natur hat zwar unseren Verstand priorisiert, dabei aber eines der besten Mittel, die wir haben, um ihn unter Kontrolle zu halten, hintangestellt. Es ist, als wären wir die Möpse unter den Primaten geworden.

Luftqualität

Unsere suboptimalen Rüssel zeigen ihre Schwächen, wenn die Luft, die wir einatmen, mit Bakterien und Schadstoffen belastet ist. Da die Luftqualität durch vermehrte Schadstoffemissionen und andere menschliche Einflüsse weltweit sinkt, werden zunehmend mehr Menschen unter den Symptomen einer verstopften Nase leiden. Dies soll einerseits unsere Lungen vor der Aufnahme von verschmutzter Luft schützen, führt aber im Endeffekt dazu, dass wir ungeschützt durch den Mund atmen. Tatsächlich sind bereits die meisten Menschen davon betroffen: Laut dem *Health Effects Institute* (US-amerikanisches unabhängiges und gemeinnütziges Unternehmen, das die gesundheitlichen Auswirkungen der weltweiten Luftverschmutzung erforscht; Anm. d. Verlags) leben im Jahr 2018 95 Prozent aller Menschen an einem Ort, an dem die Luftverschmutzung die unbedenklichen Grenzwerte überschreitet.[3] Das ist eine echte Mahnung, mehr darauf zu achten, welche Auswirkungen deine Lebensweise auf deine Umgebungsluft haben könnte. Es geht nicht nur darum, wie du atmest, sondern auch, was du atmest.

Atem ist Leben

1948 gab der US-Kongress eine Studie über die Einwohner der Stadt Framingham, Massachusetts, in Auftrag. Die *Framingham Heart Study*, wie sie später genannt wurde, war ein Mammutprojekt; sie begann mit 5.209 Männern und Frauen und umfasst inzwischen die dritte Generation von Teilnehmenden. Im Rahmen der ursprünglich von Dr. Thomas Royle Dawber geleiteten Studie wurde vieles entdeckt, was wir heute über Herzkrankheiten wissen. Dabei haben die Wissenschaftlerinnen und Wissenschaftler allerdings auch herausgefunden, dass der wichtigste Indikator für die Lebenserwartung nicht die Gene, die Ernährung oder der Umfang der täglichen Bewegung sind. Es sind die Lungenkapazität und die Gesundheit der Atemwege. Forschende an der *University of Buffalo*, New York, kamen zu einem ähnlichen Ergebnis, als sie für eine Untersuchung des Zusammenhangs zwischen Lungenfunktion und Sterblichkeit 1.195 Männer und Frauen über 29 Jahre begleiteten.[4] Sie stellten fest, dass die Lungenfunktion „ein langfristiger Prädiktor für die Gesamtüberlebensrate bei beiden Geschlechtern ist und als Instrument zur allgemeinen Gesundheitsbeurteilung genutzt werden kann". Wenn ich wissenschaftliche Arbeiten wie diese lese, muss ich an ein Sanskrit-Sprichwort denken: „Atem ist Leben, und wenn du gut atmest, wirst du lange leben auf Erden."

Unsere Nase hat sich auch weiterhin fortentwickelt, um sich an verschiedene Klimata anzupassen.[5] Bei den Menschen, die in warmen und feuchten tropischen Regionen siedelten, wurde die Nase breiter und flacher, um die Umgebungsluft zu kühlen. Die Menschen, die sich in Europa ansiedelten, entwickelten viel längere und schmalere Nasen, um der eingeatmeten Luft Wärme und Feuchtigkeit zuzuführen.

Obwohl die moderne Wissenschaft inzwischen belegt, dass die Hawaiianer und viele andere Kulturen Recht haben, wenn sie uns auf die Bedeutung der Atmung hinweisen, bleibt der Zusammenhang zwischen Atmung und guter körperlicher und psychischer Gesundheit immer noch weitgehend unbeachtet. Nur eine kleine, wenn auch wachsende Anzahl von Ärztinnen und Ärzten entwickelt Behandlungspläne rund um die Atmung, und in der Gesellschaft fehlt weithin das Verständnis für den Einfluss der Atmung auf unser Denken und Fühlen. Das Gute ist, dass sich das allmählich ändert.

„Atem ist Leben, und wenn du gut atmest, wirst du lange leben auf Erden."

Sprichwort aus dem Sanskrit

Das Tüpfelchen auf dem i

Meistens atmen wir schlecht, und das wirkt sich negativ auf unser Denken und Fühlen aus. Und das Tüpfelchen auf dem i: Unsere Atemmuster sind ansteckend.

Hast du schon einmal bemerkt, dass du die Körpersprache eines Freundes oder einer Freundin spiegelst, wenn ihr euch unterhaltet, indem du vielleicht die Arme verschränkst oder die Beine übereinanderschlägst, um es ihm oder ihr gleichzutun? Normalerweise geschieht dies unterbewusst oder unbewusst, aber vielleicht hast du auch schon beobachtet, dass Staatsoberhäupter bei Besprechungen bewusst die Körpersprache ihres Gegenübers nachahmen, um ein gutes Verhältnis aufzubauen. Bei unserer Atmung ist es nicht anders. Häufig spiegeln wir die Atemmuster anderer, um eine Verbindung zu ihnen aufzubauen. Damit sagen wir nonverbal: „Ich empfinde dasselbe wie du", ein unwillkürlicher Ausdruck von Empathie. Und da die Atmung unsere Gefühle beeinflusst, bedeutet das Spiegeln der Atemmuster einer anderen Person, dass wir ihr auf einer ähnlichen emotionalen Ebene begegnen. Das Spiegeln der Atmung ist ebenfalls ein evolutionäres Überlebenstool und gehört zu unserer Veranlagung – wir müssen auf die Bedürfnisse unserer Nachkommen eingehen, und unsere gesamte Art ist zum Überleben auf Zusammenarbeit in der Gruppe angewiesen.

Vielleicht ist dir das selbst schon einmal aufgefallen, etwa wenn du mit einer Freundin sprichst, die zu spät und ganz aufgeregt zum Abendessen oder zum Kaffee gekommen ist. Du registrierst ihr gerötetes Gesicht, ihr Keuchen und Schnaufen, ihre unregelmäßige Atmung. Unbewusst verändern sich deine Sinne. Dein Gehirn schließt daraus, dass das, was ihr Stress bereitet hat, auch für dich eine Bedrohung darstellt. Dein Puls steigt, um mit ihrem gleichzuziehen, und euer Atemrhythmus synchronisiert sich. Du begegnest ihr auf ihrer physiologischen und emotionalen Ebene.

Das funktioniert auch umgekehrt. Warst du schon einmal in der Nähe eines Menschen, bei dem du ganz ruhig wurdest, aber nicht so recht wusstest, warum du dich bei ihm so zen-mäßig fühlst? Oder bei jemandem, bei dem du sofort gute Laune bekamst und das Gefühl hattest, du platzt gleich vor Positivität? Das liegt wahrscheinlich daran, dass du ihre Energie und ihr Atemmuster übernommen hast. Da Atmen ansteckend ist, umgibst du dich wahrscheinlich mit Menschen, die ähnliche Atemmuster haben wie du. Aber auch das Gegenteil ist möglich, und du fühlst dich zu Menschen hingezogen, die ganz anders atmen als du, in der Hoffnung, dass sie deine eigenen, vielleicht dysfunktionalen Atemmuster durchbrechen und dir helfen, dich so zu fühlen wie sie.

Sehr häufig übernehmen auch Kinder die dysfunktionalen Atemgewohnheiten ihrer Eltern. Buchstäblich „wie der Vater, so der Sohn". So gibt eine Generation von schlecht Atmenden ihre schlechten Atemgewohnheiten an die nächste weiter. Und das alles geschieht, ohne dass du es bewusst wahrnimmst. Das gilt allerdings in beide Richtungen. Wenn du deine Atmung beherrschst, kannst du ein positives Beispiel für andere Menschen und für die nächste Generation sein.

Hüte dich vor Nicht-Gähnern

Hast du dich schon einmal gefragt, warum sich ein Gähnen wie ein Lauffeuer in einem Raum ausbreitet? Wie Atmen ist auch Gähnen ein Echophänomen. Deshalb solltest du vielleicht auf diejenigen achten, die nicht mit dir „mitgähnen". Ein wissenschaftliches Team der *Baylor University* in Waco, Texas, hat 135 Studierende angeworben und ihre Persönlichkeit auf psychopathische Züge untersucht sowie sie anschließend einem Experiment zum ansteckenden Gähnen unterzogen.[6] Und weißt du was? Die Studienteilnehmenden mit hohen Punktwerten auf der Psychopathie-Skala gähnten viel seltener, da sie weniger Empathie zeigten.

ÜBUNG 3

Finde deinen Atem-Archetyp

An der Art und Weise, wie jemand atmet, kannst du viel ablesen. Instinktiv nimmst du die veränderte Körperhaltung, den veränderten Gesichtsausdruck und möglicherweise sogar die veränderte Atmung eines Freundes oder einer Freundin wahr, die etwas Belastendes tun muss, und weißt sofort, dass etwas nicht stimmt. Du weißt vielleicht nicht genau, was, aber du erkennst intuitiv an ihrer Atmung, dass etwas passiert ist. Jedes Atemmuster hat eine emotionale Signatur. Wenn du also verstehst, wie der Atem fließt (oder nicht fließt), kannst du dir ein besseres Bild davon machen, was du oder jemand anderer fühlt. Jedes Atemmuster – schnell, langsam, eingeschränkt, unregelmäßig – entspricht einer Art zu denken, zu fühlen und zu sein.

Vielleicht hast du das selbst schon bemerkt. Vielleicht ist dir aufgefallen, dass sich deine Atmung im Laufe des Tages verändert, wenn du verschiedene Emotionen verspürst. Möglicherweise hast du gemerkt, dass sich deine Atmung verändert, wenn du aufgeregt, glücklich oder traurig bist, wenn du lachst oder sogar weinst. Vielleicht ist dir sogar aufgefallen, dass du manchmal den Atem anhältst, wenn du dich auf eine Textnachricht oder E-Mail konzentrierst. Man könnte wirklich sagen, dass die Beobachtung deines Atemmusters, indem du die Aufmerksamkeit auf deinen Atem lenkst, wie wir es zu Beginn dieses Kapitels in Übung 2 getan haben, wie das Erforschen einer Landkarte ist: eine Darstellung des körperlichen, geistigen und emotionalen Gebiets, in dem du dich zum jeweiligen Zeitpunkt befindest. Deine Atmung verrät dir, wie dein Unbewusstes deine aktuelle Welt wahrnimmt, und sie gibt dir sogar Aufschluss über deine früheren Erfahrungen, indem sie dir zum Beispiel zeigt, wovor du Angst hast. Janes Angst vor Hunden wurde in ihrer Art zu atmen sichtbar.

Wenn du dich und andere in deinem Umfeld beim Atmen beobachtest, wirst du Unterschiede in Tiefe, Geschwindigkeit, Länge und Körperregion bemerken. Probiere es gleich einmal aus. Gehe nicht so weit, dass du wegen Voyeurismus verhaftet wirst, aber schaue, was du wahrnehmen kannst. Vielleicht fällt dir auf, dass jemand nur durch den Mund atmet. Vielleicht siehst du, dass jemand den Atem anhält. Vielleicht fällt dir auf, dass jemand so eine krumme Haltung einnimmt, dass sich der Bauch nur eingeschränkt ausdehnen und wieder zurückziehen kann. Vielleicht siehst du aber auch, dass jemand super zen-mäßig und entspannt wirkt, eine schöne, offene Haltung hat und sein Atem leicht ein- und ausströmt.

Atemmuster sind von Mensch zu Mensch unterschiedlich. Doch auch wenn die Atmung individuell einzigartig ist, gibt es gemeinsame Atemstile, die leicht zu erkennen sind. Die Körperhaltung spielt eine wichtige Rolle dabei, uns in eine dieser Kategorien einzuordnen. Im Folgenden beschreibe ich einige der häufigsten Atemmuster und ihre Ursachen. Beides habe ich erstmals durch die international bekannte Yogalehrerin Donna Farhi und ihr Buch *The Breathing Book: Good Health and Vitality*

Through Essential Breathwork kennengelernt. Alle diese Atem-Archetypen tragen die Ursachen für dysfunktionale Atmung in sich. Diese können körperlicher Natur sein (Körperhaltung, Verletzungen, Krankheiten) oder mit unseren Gefühlen zusammenhängen (Stress, Denkgewohnheiten, frühere Erfahrungen). Das mag seltsam klingen, aber es ist superwichtig, dass du erkennst, dass dein Unbewusstes, das von deinen Erfahrungen geprägt ist, deinen Atem steuert.

Bevor du die folgenden Beschreibungen liest, möchte ich dich bitten, deine Antworten auf die Übung zum Atemgewahrsein am Anfang dieses Kapitels noch einmal durchzugehen oder innezuhalten und deine Atmung zu überprüfen. Versuche dann herauszufinden, ob du deinen Atemtyp und dein „Atemanhalte-Muster" erkennen kannst. Vielleicht passt du nicht genau in eine Schublade, vielleicht merkst du, dass du eine Kombination aus zwei oder mehreren Mustern bist, oder du erkennst sogar, dass deine Atmung vor einem bestimmten Ereignis in einen dieser Archetypen passt, etwa vor einem schwierigen Gespräch, einem großen Auftritt oder wenn du ganz ins Lernen vertieft bist. Mit etwas mehr Gewahrsein fällt es dir möglicherweise leicht, die mit diesen Archetypen verbundene Atmung zum Teil zu korrigieren. Wenn du dein Atemmuster aber schon eine Weile hast, fühlt es sich wahrscheinlich ganz „normal" an. Ein paar schnelle Lösungen finden wir gleich, von hartnäckigeren Atemmustern kannst du dich dann mit den Übungen in den späteren Kapiteln befreien. Aber unser erster Schritt ist Gewahrsein. Finden wir also deinen Archetyp.

Brustatmung

Was ist das?
Wie der Name schon sagt, werden bei der Brustatmung die kleinen Zwischenrippenmuskeln angesprochen und nicht das Zwerchfell – der große, kuppelförmige Muskel direkt unter dem Rippenbogen. Da diese Zwischenrippenmuskeln klein sind, führt ihr kurzer Bewegungsradius zu einem flacheren Atemfluss. Dadurch erhöht sich die Atemfrequenz und es entsteht ein ständiger Stress- oder Angstzustand. Außerdem ermüden diese kleinen Muskeln leicht, was deine sportliche Leistungsfähigkeit einschränken kann.

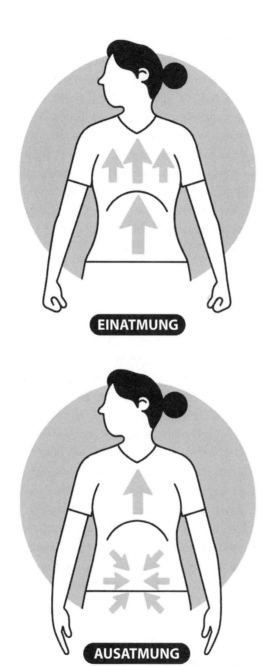

EINATMUNG

AUSATMUNG

Wie kommt es dazu?

Brustatmung entsteht ganz von selbst, wenn du Angst hast, gestresst bist oder erschrickst. Stell dir noch einmal vor, du wärst vom Gehweg auf die Straße getreten und fast mit einem Radfahrer zusammengestoßen – du schnappst nach Luft und atmest hoch in die Brust. Dieses erschrockene Atmen ist Brustatmung. Wenn du feststellst, dass du standardmäßig in die Brust atmest, kann das ein Anzeichen für Dauerstress sein. Es kann auch mit Ängsten und tiefergehenden Ursachen wie Unzulänglichkeitsgefühlen, einem geringen Selbstwertgefühl oder tief verwurzelten Ängsten zusammenhängen. Auch wenn du den ganzen Tag am Schreibtisch arbeitest, enge Kleidung trägst oder den Bauch einziehst, um schlanker zu wirken, kann dies zu gewohnheitsmäßiger Brustatmung führen.

Was bewirkt sie?

Brustatmung verursacht chronische Verspannungen im oberen Rücken, in den Schultern und im Nacken, die auch nach einer Massage wiederkehren, solange du weiter in die Brust atmest. Sie kann zu chronischen Verspannungen im Bauch und zu einer mangelhaften Durchblutung der Unterleibsorgane führen. Weil dein primärer Atemmuskel, das Zwerchfell, kaum beteiligt ist, wird der Blutfluss zum Herzen beeinträchtigt. Wenn du den Bauch einziehst, um den Anschein einer schlanken Taille zu erwecken, hat das genau den gegenteiligen Effekt: Die Anspannung schränkt die Durchblutung ein, die für eine gute Verdauung notwendig ist, während die unzureichende Beteiligung der richtigen Atemmuskeln die Aufnahme von Nährstoffen und die Ausscheidung von Abfallprodukten behindert. Das macht eine Gewichtsabnahme schwierig, wenn nicht sogar unmöglich. Psychologisch gesehen, sind Menschen, die in die Brust atmen, gedanklich oft sehr unruhig, was zu Ängsten und Stress führt und wahrscheinlich der Grund dafür ist, dass Brustatmung mit Herzleiden und hohem Blutdruck in Verbindung gebracht wird. Du atmest dann ungefähr so, wie wenn du einen nervenzerfetzenden Thriller anschaust – nur eben ständig.

Teste dich:

Lege eine Hand auf den Bauch und die andere auf die Brust. Atme, spüre und beobachte. Was bewegt sich stärker? Brust oder Bauch? Wenn sich dein

Brustkorb zuerst bewegt, atmest du wahrscheinlich in die Brust. Brustatmung kann auch damit verbunden sein, dass sich deine Schultern auf und ab bewegen und dein Oberkörper angespannt ist.

Umgekehrte Atmung

Was ist das?

Bei der umgekehrten Atmung dehnt sich der Brustkorb beim Einatmen ebenfalls vor dem Bauch aus, aber bei diesem Muster zieht sich der Bauch beim Einatmen zur Wirbelsäule hin zurück und fällt beim Ausatmen wieder nach vorne. Es ist eine Art Wippbewegung zwischen Brust und Bauch, aber umgekehrt zur natürlichen Richtung, bei der sich der Bauch beim Einatmen noch vor der Brust ausdehnt. Bei der umgekehrten Atmung verläuft die Atembewegung von hinten nach vorne: Der Bauch entspannt sich nie, und der Beckenbodenmuskel zieht sich beim Einatmen zusammen. Die umgekehrte Atmung schränkt das Einströmen von Luft in den Körper ein, sodass Menschen mit dieser Atmung das Gefühl haben, durch die Nase nicht genug Luft zu bekommen. Deshalb ist diese Atmung oft mit Mundatmung verbunden, was noch mehr Stress verursacht.

Wie kommt es dazu?

Einengende Kleidung, etwa enge Gürtel und Jeans, kann schuld sein. Es könnte auch an einem schwachen Zwerchfell liegen, das wie jeder Muskel an Kraft verliert, wenn es nicht regelmäßig genutzt wird. Gründe können auch Stress, Schock oder Angst sein, die das Zwerchfell lähmen und seine natürliche Bewegung verhindern. Ich habe festgestellt, dass hinter diesem Muster oft psychische Gründe stecken, die häufig in Kindheitserlebnissen wurzeln, worauf wir später noch eingehen werden.

Was bewirkt sie?

Menschen mit umgekehrter Atmung verfügen meist über eine schlechte Koordination, können ungeschickt sein und wirken oft steif oder unbeholfen, vor allem bei körperlichen Aktivitäten wie Tanzen oder Sport. Das liegt daran,

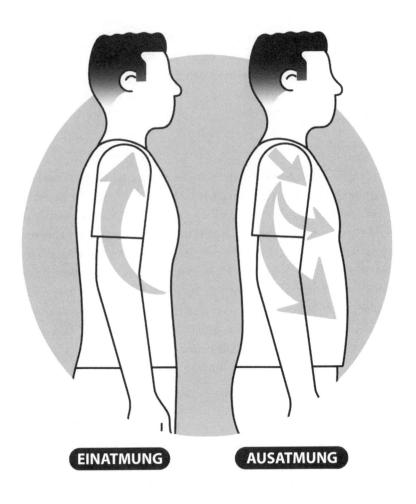

EINATMUNG   **AUSATMUNG**

dass eine ihrer grundlegenden Körperbewegungen – das Atmen – in gewisser Weise auf dem Kopf steht. Umgekehrte Atmung verursacht chronische Verspannungen im oberen Rücken, in Nacken und Kiefer. Sie kann zu Blähungen, Verdauungsstörungen und Sodbrennen führen und das Gefühl vermitteln, dass du einen Kloß im Hals hast. Auf mentaler Ebene kann sie zu Desorientierung und Verwirrung führen. Menschen mit extremer umgekehrter Atmung wirken oft abwesend und es fällt ihnen schwer, das Positive in ihrem Leben zu sehen.

Teste dich:

Menschen mit umgekehrter Atmung können oft nicht gut spüren, wie ihr Atem fließt, deshalb möchte ich, dass du deinen Körper beim Atmen besonders gut beobachtest. Lege eine Hand auf deinen Bauch und beobachte, ob dein Bauch beim Einatmen nach innen geht und zur Wirbelsäule zieht. Sinken dann beim Ausatmen deine Schultern und dein Brustkorb in sich zusammen und drückt dein Bauch nach außen? Wenn ja, atmest du umgekehrt.

Zusammengesackte Atmung

Was ist das?

Menschen mit zusammengesackter Atmung atmen in einer gebeugten, in sich gekehrten Haltung ein und aus, die ihren Atem nach unten drückt. Die Schultern sind schützend nach vorne gerollt, der Brustkorb zieht nach unten und die Körpermitte hat keinerlei Spannung, wodurch der Eindruck eines geblähten Unterleibs mit geringem Muskeltonus entstehen kann.

Wie kommt es dazu?

Zusammengesackte Atmung kann eine Folge allgemeiner Haltungsprobleme sein. Menschen, die sich immer zu Kleineren herunterbeugen, stellen vielleicht irgendwann fest, dass sie so atmen. Obsessive Smartphone-Nutzung kann zu einem „Smartphone-Nacken" führen, weil die Menschen ständig auf ihren Bildschirm schauen. Ähnlich geht es Personen, die den ganzen Tag an Schreibtisch und Computer sitzen oder Auto fahren. Mit der Zeit kann deine Körperhaltung in sich zusammensacken, sodass du dieses Atemmuster entwickelst. Zusammengesackte Atmung kann auch die Folge früherer negativer Erfahrungen sein: Du ziehst Brustkorb und Schultern ein, um dich vor emotionalem Schmerz zu schützen. In manchen Fällen kann zusammengesackte Atmung auch die Folge von Traumata oder Missbrauch sein; der Geist entwickelt eine Überlebenstechnik, bei der er sich von den Empfindungen unterhalb des Halses abkoppelt. Zusammengesackte Atmung kann eine Folge von Problemen mit dem Körperbild sein und sich bei Menschen entwickeln, die mit dem Gefühl aufgewachsen sind, nicht mit ihrem Körper verbunden zu sein – wie ein „Kopffüßler".

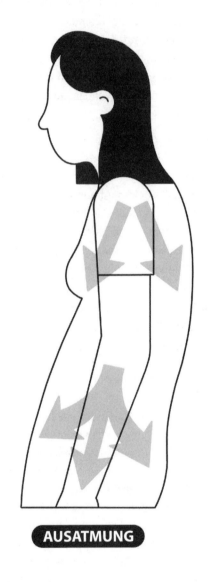

AUSATMUNG

Was bewirkt sie?

Es gibt zwei Arten von zusammengesackter Atmung: Manche Betroffene seufzen und japsen, oft in dem Bemühen, mehr Luft in die Lunge zu bekommen. Häufig leiden sie unter Müdigkeit, Kopfschmerzen und Kurzatmigkeit. Mental und emotional können sie niedergeschlagen, verschlossen und pessimistisch wirken. In manchen Fällen können Menschen mit zusammengesackter Atmung aber auch munter und lebhaft sein, allerdings nur vom Hals an aufwärts. Diese Menschen haben ein schlechtes Körpergefühl und leben oft vor allem im Kopf, in einer Gedankenwelt, in der der Körper zu nicht viel nütze ist und die Lebendigkeit in ihren Augen und ihrem Gesicht nicht widerspiegeln kann. Bei beiden Arten der zusammengesackten Atmung werden Herz und Lunge schlecht durchblutet, was zu gesundheitlichen Komplikationen führen kann.

Teste dich:

Lasse deinen Brustkorb zusammensacken, die Schultern nach vorne sinken und den Bauch heraushängen. Kommt dir das bekannt vor? Wir achten nicht immer auf unsere Körperhaltung. Frag deshalb deine Mitmenschen, ob ihnen auffällt, dass du die Schultern nach vorne fallen lässt oder dich vornüberbeugst. Wenn dir häufig gesagt wird, dass du gerade sitzen oder stehen sollst, dann ist das wahrscheinlich ein Archetyp, den du häufig erlebst.

Erstarrte Atmung

Was ist das?

Menschen mit erstarrter Atmung haben die Tendenz, die Bewegung ihres Atems anzuhalten und sein Ein- und Ausströmen zu bremsen. Stell dir deine Körperhaltung vor, wenn du zusammenzuckst oder im Winter ohne Jacke draußen bist. Dies ähnelt der Körperhaltung bei der erstarrten Atmung, denn Menschen, die so atmen, neigen dazu, ihre Atmung zu drosseln und unbewusst den Atem anzuhalten. Bei der gesunden Atmung gibt es zwischen Ein- und Ausatmen eine ganz kurze, natürliche Pause. Stell dir das wie eine Mikropause zwischen den Atemzyklen vor. Wenn diese Pause unbewusst länger als eine Sekunde dauert, dann könnte dein Atem erstarrt sein.

Wie kommt es dazu?

Erstarrte Atmung kann nach einer Phase schneller, flacher Atemzüge auftreten (die meist stressbedingt sind). Diese schnellen, flachen Atemzüge verringern die Kohlendioxidmenge im Körper, sodass er den Atem anhält, um das Gleichgewicht wiederherzustellen; ein Seufzer bringt den Zyklus wieder in Gang. Viele Menschen, vor allem zielstrebige Typen, können nach dem Motto „Ich atme, wenn ich fertig bin" auch in dieses Muster verfallen. So kann es zum Beispiel passieren, dass sie den Atem anhalten, bis sie eine E-Mail abgeschickt haben. Chronische erstarrte Atmung kann auch das Resultat tiefsitzender Ängste sein – Angst, gesehen oder gehört zu werden; Angst, im Leben voranzukommen; Angst, die Vergangenheit loszulassen. In extremen Fällen kann das Erstarren von Körper und Atmung auch ein unbewusster Schutzmechanismus sein, um mit überwältigenden Gefühlen fertig zu werden. Diese Art der Atmung sehe ich oft bei Menschen mit PTBS.

Was bewirkt sie?

Erstarrte Atmung bringt das chemische Gleichgewicht im Körper durcheinander, was wiederum zu einem unregelmäßigen Atemmuster führen kann – schnelles Atmen, nicht atmen, periodische tiefe Seufzer – immer wieder. Es ist, als ob du fehlende Atemzüge nachholen müsstest. Erstarrte Atmung kann dein Energielevel senken und deine Arbeitsfähigkeit beeinträchtigen. Auf mentaler Ebene kann das unwillkürliche Anhalten des Atems deine Zeitwahrnehmung verzerren. Menschen, die chronisch den Atem anhalten, können emotionslos und rigide sein.

Teste dich:

Achte auf deinen Körper. Geht deine Atmung fast unmerklich? Achte darauf, ob du merkst, ob Luft ein- und ausströmt. Spannst du deine Muskeln an, etwa so, wie wenn dir kalt ist? Wenn du das nächste Mal an einem schwierigen Projekt oder unter Zeitdruck arbeitest, achte auf deinen Atem. Merkst du, dass du „vergisst" zu atmen, etwa wenn du eine E-Mail oder eine wichtige Nachricht schreibst?

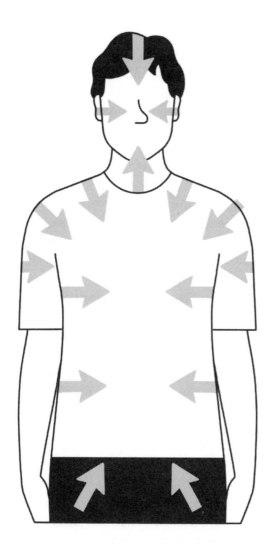

Hastige Atmung

Was ist das?

Menschen mit hastiger Atmung schnappen nach dem nächsten Atemzug, ohne die natürliche Pause zwischen Ein- und Ausatmung zuzulassen. In gewisser Weise ist hastige Atmung das extreme Gegenteil der erstarrten Atmung, da die natürliche Pause verkürzt ist. Menschen mit chronisch hastiger Atmung lassen andere häufig nicht ausreden und beenden stattdessen ihre Sätze, fallen anderen ins Wort, um ihren Standpunkt klarzumachen, oder kommen beim Sprechen außer Atem.

Wie kommt es dazu?

Hastige Atmung kann bei Konflikten, Auseinandersetzungen oder Konfrontationen auftreten – immer dann, wenn jemand überstürzt seine Meinung anbringen will. Zu dieser Form der Atmung kann es auch kommen, wenn jemand sehr aufgeregt ist, viele Ideen hat und sich kaum zurückhalten kann. Chronisch hastige Atmung kann auch auf ein echtes Bedürfnis zurückgehen sich zu beweisen, gehört zu werden oder im Mittelpunkt zu stehen; diese Menschen versuchen stets, ihre Gedanken und ihre Meinung zum Ausdruck zu bringen und kommen rasch vom Hölzchen aufs Stöckchen. Ein Erlebnis in der Kindheit könnte in ihnen die Überzeugung gefestigt haben, dass sie ausgeschlossen oder nicht beachtet werden, wenn sie sich nicht einmischen, was zu diesem Atemmuster führt. Es kann sich auch um eine Vermeidungsstrategie handeln, damit man nicht ganz präsent sein muss.

Was bewirkt sie?

Menschen mit hastiger Atmung entwickeln tendenziell einen schnelleren Atemrhythmus und damit auch einen höheren Blutdruck. Sie sprechen oft schnell und laut und können beim Sprechen außer Atem kommen. Da dieses Muster unserem Körper und Geist zwischen den Atemzyklen keine Ruhepausen gönnt, fühlen sich Menschen mit hastiger Atmung oft stark eingespannt, gehetzt und unter Druck gesetzt. Zuhören fällt ihnen häufig schwer, und Stille und Schweigen sind ihnen eher unangenehm. Es kann

Deutsche Post 🏤

ANTWORT

VAK Verlags GmbH
Eschbachstraße 5
79199 Kirchzarten
Deutschland

Absender:

Name

Straße / Hausnr.

PLZ   Ort

Land

Telefon

Telefax

E-Mail

☐ **Bitte schicken Sie mir regelmäßig die neuen VAK-Kataloge**

☐ **Ich möchte Ihren E-Mail-Newsletter abonnieren:**

Sie erhalten von uns eine Bestätigungs-E-Mail.
Erst nach der Bestätigung dieser E-Mail bekommen
Sie den gewünschten Newsletter zugeschickt.

_____

(meine E-Mail-Adresse)

Bitte senden Sie mir einmalig:

☐ **Die aktuellen VAK-Kataloge**
Buchprogramm
(Bücher rund um Gesundheit, Ernährung,
Lernen, Neues Bewusstsein, Kinesiologie)

und X-Sachen-Katalog
(Lernen, Gesundheit, Ernährung, Psychologie,
Haushalt und Umwelt, Kinesiologie)

Diese Karte entnahm ich dem Buch:

Mein Kommentar:

Besuchen Sie uns auf unserer Website: www.vakverlag.de

schwierig für sie sein, sich zu entspannen und das Leben so zu akzeptieren, wie es gerade ist.

Teste dich:
Beobachte beim nächsten Gespräch deine Atmung. Unterbrichst du andere? Willst du deine Geschichte unbedingt loswerden? Achte darauf, ob du dir selbst Pausen zugestehst und ob du dein Gegenüber seine Sätze beenden lässt. Geht dir beim Sprechen oder bei Präsentationen im Job „die Puste aus"?

Kontrollierte Atmung

Was ist das?
Die kontrollierte Atmung ist ziemlich funktional. Während du dieses Buch liest, wirst du deinen Atem immer wieder kontrollieren, denn dadurch kannst du deine Gedanken und Gefühle steuern. Wenn ich aber vom Archetyp der kontrollierten Atmung spreche, meine ich damit die Atemweise von Menschen, die gewohnheitsmäßig ihre Ausatmung kontrollieren. Wir wollen unsere Ausatmung nur dann kontrollieren, wenn es nötig ist, nicht ständig. Das Muster der kontrollierten Atmung ist schwieriger zu erkennen, weil es wie die gesunde Atmung aussieht. Ob du es glaubst oder nicht, ich sehe dieses Muster häufig bei Yogis und Sportlern, bei denen bewusste Kontrolle ein wichtiger Teil ihres Tuns ist. Weil sie die kontrollierte Atmung so häufig anwenden, wird sie zu ihrem Standard im Alltag. Auch bei Managern und leitenden Angestellten, die für viele Menschen und verschiedene Arbeitsbereiche verantwortlich sind, kommt sie häufig vor.

Wie kommt es dazu?
Ich spreche hier häufig von „Erfolgsmenschen", weil Menschen mit kontrollierter Atmung meist großen Einfluss auf ihr Umfeld ausüben und ein ausgeprägtes Gespür für ihre Handlungsmacht und Verantwortung haben. Menschen mit kontrollierter Atmung wähnen sich häufig im Recht und setzen sich gerne durch; „entweder auf meine Tour oder gar nicht", so könnte ihr Alltagsmotto lauten. Menschen mit diesem Atemmuster können aufgrund früherer

Erfahrungen Schwierigkeiten haben, anderen zu vertrauen, weshalb sie versuchen, ihre gesamten Lebensumstände zu kontrollieren. Natürlich könnten sie ebenso gut versuchen, das Wetter zu kontrollieren. Es geht einfach nicht.

Was bewirkt sie?

Menschen mit kontrollierter Atmung verstärken ihren Mangel an Vertrauen noch – man darf den Dingen nicht einfach ihren Lauf lassen, sondern muss sie beeinflussen oder kontrollieren –, und dieses Muster kann es ihnen immer schwerer machen, Gedanken und Gefühle loszulassen. Außerdem meinen sie, ständig etwas tun zu müssen, und es fällt ihnen schwer, einfach nur zu sein. Große Schocks oder Katastrophen können sie empfindlich treffen, weil sie sie nicht kontrollieren können, was wiederum bedeutet, dass große Ereignisse sie überfordern können. In extremen Fällen können Menschen mit kontrollierter Atmung Angst vor Tätigkeiten entwickeln, über die sie keine oder nur wenig Kontrolle haben, zum Beispiel Fliegen.

Teste dich:

Wohin fließt dein Atem? Scheint dein Atem in der Mitte zwischen Brust und Bauch zu beginnen? Scheint sich dieser mittlere Teil deines Rumpfs vor allen anderen zu heben? Untersuche nun deine Ausatmung. Ist sie kontrolliert oder forciert? Stell dir vor, das Einatmen sei wie das Ziehen eines Gummibandes und das Ausatmen wie das Loslassen, sodass das Band von selbst wieder in seine Form zurückspringt, ohne dass du dich anstrengen oder es kontrollieren musst. Springt deine Ausatmung mühelos zurück oder forcierst oder kontrollierst du sie? Vielleicht denkst du bereits, dass du das unbedingt richtig hinbekommen musst? Wenn ja, dann hast du wahrscheinlich den Archetyp der kontrollierten Atmung.

Perfekte Atmung

Was ist das?

Leider gibt es die eine perfekte Atmung nicht; denn wie du atmest, hängt ganz davon ab, was du gerade tust. Auf der Suche nach der perfekten

Atmung beginne ich jedoch am liebsten mit der natürlichen Ruheatmung. Wenn du ruhst, sollte deine Atmung nicht gestresst, angespannt, schnell oder eingeschränkt sein. Die ideale Ruheatmung strömt durch die Nase ein und beginnt in deinem unteren Rumpf wie eine Welle, die nach oben rollt. Sie wirkt weitend, ist aber sanft, langsam, entspannt und mühelos. Menschen mit perfekter Atmung machen zwischen den Atemzügen eine ganz kurze Pause. Sie atmen durch die Nase aus, und ihr Atem ist entspannt. Sie üben keine Kontrolle oder Kraft aus.

Wie kommt es dazu?

Eine gesunde Atmung ist ein Zeichen für einen gesunden Geist und einen gesunden Körper. Menschen mit perfekter Atmung sind nicht unbedingt von Unglück oder Schwierigkeiten in ihrem Leben verschont geblieben (denn das ist unmöglich), aber sie haben schwierige Gefühle verarbeitet und gelernt loszulassen, was sie bremst.

Was bewirkt sie?

Perfekte Atmung versorgt deine Zellen optimal mit Sauerstoff, egal welche Aufgabe gerade ausgeführt wird. Im Ruhezustand hält die perfekte Atmung dein gesamtes System im Gleichgewicht und hilft, Giftstoffe aus dem Körper zu entfernen. Menschen mit perfekter Atmung sind konzentriert, entspannt und fröhlich. Sie können den Dingen ihren Lauf lassen, aber wenn nötig auch die Kontrolle übernehmen, und sie schaffen es, sich in stressigen Situationen nicht von ihren Gefühlen überwältigen zu lassen. Diese Art der Atmung schafft ein Gefühl von Sicherheit, Optimismus und Zufriedenheit. Wenn du so atmest, lächelst du dem Leben zu und das Leben lächelt zurück.

Teste dich:

Die perfekte Ruheatmung ist nicht in jedem Moment des Tages die perfekte Atmung für dich. Achte beim weiteren Lesen in diesem Buch auf deine Atmung in diesen fünf wichtigen Bereichen des Tagesablaufs und notiere dir, welcher Archetyp ihr jeweils am ehesten entspricht.

1. Atmung in Ruhe

2. Atmung im Laufe des Tages

3. Atmung im Schlaf

4. Atmung beim Sprechen

5. Atmung bei Sport und Bewegung

Die Erzfeinde der Atmung

Während meiner Judo-Jahre habe ich ständig meine Bauchmuskeln ange-spannt, meine Jahre in der Wirtschaft habe ich in Anzug und Krawatte am Schreibtisch verbracht und meine Jahre als DJ in engen Skinny Jeans. Ich konnte kaum atmen. Wenn du nun die folgenden Erzfeinde der Atmung kennenlernst, dann überlege dir einmal, wie es um deine Fähigkeit bestellt ist, vollständig zu atmen. Schon die Beschäftigung mit einem einzigen Erzfeind kann schnelle Erfolge bringen, damit dich die negativen Atem-Archetypen nicht mehr so fest im Griff haben.

- **Kleidung, die zu klein oder zu eng ist** – Wenn du darin nicht rennen oder tanzen kannst, kannst du darin nicht atmen! Wir alle wissen, wie es ist, wenn man sich unter dem Zwang von Schönheitsnormen oder dem neuesten Modetrend fühlt, aber um richtig atmen zu können, musst du Kleidung wählen, in der du dich bewegen kannst. Also zieh etwas Bequemes an.

- **Korrigiere deine Körperhaltung** – Lässt du dich notorisch hängen? Hast du einen Smartphone-Nacken? Beugst du dich vornüber, um mit Menschen zu sprechen, die kleiner sind als du, oder schaust du hoch, um mit Menschen zu sprechen, die größer sind als du? Mache dir deine Haltung bewusst, denn sie hat großen Einfluss auf deinen Atemfluss. Denke daran, immer aufrecht zu stehen, und die Schultern gerade zu halten (auch wenn du mit deinen Freunden schreibst).

- **Den ganzen Tag am Schreibtisch sitzen** – Wenn du den ganzen Tag zusammengekauert vor dem Bildschirm sitzt, ist es schwierig, richtig zu atmen. Achte darauf, dass du richtig sitzt: Wirbelsäule gerade, Beine nicht übereinandergeschlagen, Füße auf dem Boden – und mache Pausen, um dich zu bewegen und zu strecken.

- **Gürtel** – Wenn er beim Hinsetzen zwickt, ist er zu eng und schränkt die natürliche Bewegung deines Zwerchfells ein. Denke daran, dass sich dein Gürtel nach einer üppigen Mahlzeit etwas enger anfühlen kann, was sich auf deine Verdauung auswirkt. Lockere den Gürtel oder lasse ihn ganz weg.

- **Krawatte und zugeknöpfte Hemden** – Okay, manche Dresscodes und besondere Anlässe verlangen Hemd und Krawatte. Aber wenn du so etwas tragen musst, dann achte darauf, dass der Kragen locker sitzt, damit am Hals keine Spannung entsteht.

- **High Heels** – auch die solltest du dir für besondere Anlässe aufheben. Durch sie verlagert sich dein Schwerpunkt, was dazu führt, dass sich deine Atemmuskeln zusammenziehen und anspannen. Dies behindert das Ein- und Ausströmen der Luft.

- **BHs** – Laut zahlreichen Meldungen tragen viele Frauen – manche sagen bis zu 81 Prozent – die falsche Größe! Wenn er rote Striemen hinterlässt, ist er zu eng. Wechsle ihn.

KAPITEL 3

Mund zu und immer schön langsam

Mund zu!

Im Ernst, mach den Mund zu. Lass ihn für den Rest dieses Buches zu – und gern auch gleich für immer. Klebe ihn ab, wenn's sein muss. Nein, ich mache keine Witze. Wir kommen tatsächlich bald zum Mund-Abkleben. Ich weiß, dass es am Anfang schwierig sein kann, aber wenn du es schaffst, ist einer der schnellsten Wege, deine Atmung zu verbessern, durch die Nase zu atmen.

Mundatmung setzt ganz von selbst ein, wenn du unter Stress stehst. Sie lässt die Alarmglocken schrillen und leitet die Kampf-oder-Flucht-Reaktion deines Sympathikus ein. Also ja, manchmal rettet dir die Mundatmung das Leben – zum Beispiel vor Radfahrern und vor Bären – aber wenn du Tag und Nacht gewohnheitsmäßig durch den Mund atmest, überwältigt Stress deinen Körper und deinen Geist. Dann dominiert der Sympathikus-Anteil deines Nervensystems, dein Puls wird schneller, dein Blutdruck steigt und stressige Gedanken werden für dich zum Normalzustand. Dafür gibt es mehrere Gründe, auf die wir im Laufe dieses Kapitels noch eingehen werden. Im Moment solltest du jedenfalls einfach den Mund zu lassen.

Schätzungen zufolge atmen 30 bis 50 Prozent der Erwachsenen durch den Mund, vor allem in den frühen Morgenstunden.[1] Müssten die Nebenwirkungen gewohnheitsmäßiger Mundatmung auf einer Flasche mit Luft stehen, sähe das in etwa so aus:

WARNHINWEIS: Kann zu Asthma, Bluthochdruck, Verdauungsbeschwerden, Herzerkrankungen, Allergien, verminderter Lungenfunktion, Erschöpfung, schlechtem Schlaf, Schnarchen, Mundgeruch, Schlafapnoe, Zahnverfall, Zahnfleischerkrankungen, Funktionsstörungen des Kiefergelenks, Verengung von Zahnbogen, Kiefer und Gaumen, Verengung der Atemwege, Zahnfehlstellungen (Eng- und Schiefstand), Verlust des Lippentonus, Essgeräuschen, schlechter Aussprache, Schluckbeschwerden und Verletzungen des weichen Gewebes in den Atemwegen führen.

Ist dein Mund noch zu? Ich hoffe doch.

Gesichtsform

Wenn du durch den Mund atmest, wird auf deinen Ober- und Unterkiefer eine äußere Kraft ausgeübt, sodass die Wangenmuskeln mehr arbeiten müssen und hart werden. Je häufiger du durch den Mund atmest, desto größer ist der Einfluss dieser Kräfte, wodurch sich Gesichtsform und Zahnbögen mit der Zeit verengen können. Ein schmales Gesicht und enge Zahnbögen bedeuten weniger Platz für deine Zunge – sie sinkt auf den Mundboden, anstatt am Gaumen zu ruhen. Dadurch rutscht die Zunge beim Schlafen oder im Liegen leichter nach hinten in Richtung der Atemwege, wodurch diese blockiert werden können und es zu Atemaussetzern kommt – einer Atmungsstörung im Schlaf, die als Schlafapnoe bezeichnet wird.

Das Absinken der Zunge auf den Mundboden, wie es bei der Mundatmung auftritt, behindert bei Kindern nachweislich die Gesichtsentwicklung. Da wir nicht mehr so kräftig kauen müssen wie unsere Vorfahren, bekommt unser Kiefer nicht mehr das Training, das er für sein Wachstum braucht, vermutet man. Das führt zu schmaleren Nasengängen und einer Neigung zur Mundatmung. Wenn du aber zusätzlich zur Nasenatmung Zahnkaugummi kaust, kannst du deine Kieferknochen stärken und in deinen Atemwegen mehr Platz schaffen.

Schätzungen zufolge atmen
30 bis 50 Prozent der Erwachsenen
durch den Mund, vor allem in den
frühen Morgenstunden.

Nasefrei-Technik

Wenn du dieses Kapitel liest, denkst du vielleicht: „Moment mal, Stu. Ich kann nicht durch die Nase atmen, sie ist total verstopft." Wenn deine Nase nur vorübergehend zu ist, etwa wegen einer Allergie, einer Erkältung oder was auch immer deine Nase dicht macht, dann ist diese Übung besser als jedes mir bekannte Nasenspray. Sie wirkt dadurch, dass sie den Kohlendioxidgehalt im Körper vorübergehend erhöht und diesen so dazu zwingt, blockierte Atemwege freizumachen, um mehr Sauerstoff einzulassen. Durch Kopfbewegungen wird der Schleim, der sich in deiner Nase festgesetzt hat, gelöst.

- Atme ganz normal durch die Nase ein. (Wenn deine Nase dafür zu verstopft ist, atme wie Popeye durch einen Mundwinkel ein).

- Atme ganz normal durch die Nase (durch einen Mundwinkel) aus.

- Halte dir sanft die Nase zu und halte den Atem an.

- Neige den Kopf langsam nach links.

- Neige den Kopf langsam nach rechts.

- Neige den Kopf nach hinten.

- Neige den Kopf nach vorne.

- Komme wieder in eine neutrale Haltung.

- Atme sanft durch die Nase ein.

- Atme durch die Nase aus.

- Wiederhole dies so oft wie nötig, bis deine Nasenwege frei sind. (Wenn du beim Einatmen nach Luft schnappen musst, hast du die Luft zu lange angehalten.)

Wenn es dir immer noch schwerfällt, durch die Nase zu atmen, kann das an einem strukturellen Problem liegen. In diesem Fall empfehle ich dir, dies ärztlich untersuchen zu lassen.

Atme normal durch die Nase ein
und normal durch die Nase wieder aus.

Halte dir die Nase zu und neige
den Kopf zuerst nach links,
dann nach rechts.

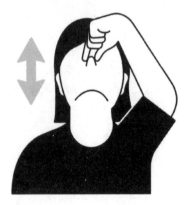

Halte dir weiterhin die Nase zu
und neige den Kopf nach hinten,
dann nach vorn.

ÜBUNG 5

Zukleben

Da deine Nase jetzt schön frei ist, möchte ich, dass du lernst, immer durch die Nase zu atmen. Die schnellste und effektivste Methode dazu sorgt oft zunächst für Stirnrunzeln. Aber vertraue mir, sie ist vielfach erprobt und hat sich immer wieder bewährt. Sie ist einfach, sie ist effektiv und sie trägt dazu bei, dass die Luft so strömen kann, wie sie sollte. Außerdem bringt sie dein ganzes System ins Gleichgewicht.

Es ist Zeit, dass du dir den Mund zuklebst. Ich weiß, das klingt ziemlich erschreckend, aber wir machen das in kleinen Schritten. Verwende kein Iso-lierband, Tesafilm oder etwas ähnlich krass Klebendes. Benutze medizinisches Klebeband mit Mikroporen, wie es in den meisten Apotheken erhältlich ist. Es ist weich und lässt sich leicht entfernen, wenn du atmen musst (und Jungs, es reißt euch nicht die Gesichtshaare aus!). Nur bei rissigen Lippen sei bitte vorsichtig.

Klebeband über dem Mund kann sich anfangs etwas unangenehm anfühlen. Wenn dir die Vorstellung Angst macht, dann beginne zunächst mit 30 Sekunden pro Tag. Sobald dir das leicht fällt, verlängere die Tragezeit, bis du das Klebeband entspannt 20 Minuten am Tag tragen kannst.

Durch die Nasenatmung verlangsamt sich deine Atmung auf natürliche Weise, sodass deine Einatmung und deine Ausatmung gleich lang werden und der Sympathikus- und der Parasympathikus-Anteil deines Nervensystems ins Gleichgewicht kommen. Warum das so ist, erfährst du in Kapitel 4. Vorerst solltest du nur wissen, dass du durch die Nasenatmung besser mit deiner Energie, deinen Gedanken und deinen Gefühlen umgehen kannst.

Zu viele Treffer kassiert

„Alter, wenn ich durch die Nase einatme, ist es, als würde ich durch einen abgeknickten Strohhalm atmen."

Das war in der ersten Sitzung mit einem meiner Klienten aus dem Kampfsport; er betreibt Mixed Martial Arts und tritt für den weltweit größten Verband UFC bei internationalen Wettkämpfen an. Allein am Klang seiner Stimme konnte ich erkennen, dass er Schwierigkeiten mit der Nasenatmung hatte. Die Nase ist der engste Teil der Atemwege, und bei blockierten Atemwegen kann es sich so anfühlen, als sei Nasenatmung fast unmöglich. Die Ursache kann eine Septumdeviation sein, also eine Verkrümmung der Nasenscheidewand zwischen den Nasenlöchern, wie sie bei Kontaktsportarten häufig vorkommt, aber auch bei jedem anderen Unfall passieren kann, bei dem die Nase betroffen ist. (Eine der häufigsten Ursachen ist komischerweise, dass man gegen eine Wand läuft.) Manchmal ist eine Septumdeviation auch angeboren. Ich würde gerne sagen, dass ich einen Zauberstab dagegen hätte, aber so etwas muss operiert werden. Wenn du am Ende dieses Kapitels glaubst, dass das bei dir der Fall sein könnte, dann sprich mit deinem Hausarzt.

Der coolste Club der Stadt

Als ich das erste Mal in Berlin war, erfuhr ich von einem legendären Türsteher namens Sven Marquardt. Er ist einer der berühmtesten Türsteher der Welt und mit Tattoos und steinerner Miene der Wächter über den Berliner Nachtclub Berghain, der berüchtigt ist für seine undurchschaubare Türpolitik. Im Berghain gibt es keine Tischreservierungen und keinen VIP-Service. Kameras sind verboten und sogar die Linsen von Smartphones werden abgeklebt. Es gibt keine Möglichkeit, auf die Gästeliste zu kommen – es sei denn, du bist einer der DJs, die dort auflegen. Viele Leute stehen stundenlang an, nur um von Sven höflich und ohne Erklärung abgewiesen zu werden. Sven ist außerdem der einzige Türsteher der Welt, der zusammen mit Hugo Boss eine T-Shirt-Kollektion entwickelt hat.

Deine Lunge ist wie das Berghain, der coolste Club der Stadt. Und deine Nase ist Sven Marquardt. Aber warum will unsere Nase nur bestimmte „Gäste" in die Lunge lassen? Naja, in der Luft, die du einatmest, sind nicht nur die Schadstoffe, über die wir in Kapitel 2 gelesen haben. Sie kann noch viel mehr enthalten – Fremdkörper, Staub, Pollen, Keime, Viren, Schimmel, organische Verbindungen, Metalle und kleine Partikel, die samt und sonders deine Lunge reizen. Zum Schutz davor filtert, reinigt und sterilisiert die Nase die Luft. Sie bringt sie in Form, bevor sie sie in den Club lässt.

Dies tut sie auf unterschiedliche Weise. Die erste Verteidigungslinie sind die kleinen Härchen in deiner Nase; sie filtern große Partikel sofort aus. Diese Haare entsprechen der Person in Svens Team, die die Warteschlange abcheckt, während du auf den Einlass wartest. Als Nächstes kommt die Schleimhaut, eine feuchte, dünne Gewebeschicht, die deine Nase von innen auskleidet und Schleim produziert, den klebrigen Rotz. Der Schleim ist wie Svens Typ, der dich abtastet und deine Taschen kontrolliert. Er nimmt Staub, Schutt, Bakterien, Pilze auf – alles, was in der Luft schwebt und den Körper belasten könnte. Wenn sich etwas darin verfangen hat, wird es entweder von den körpereigenen Abwehrkräften abgebaut, landet im Taschentuch oder – Hatschi! – du niest es aus. In den Club kommt es nicht.

Sobald die eingeatmete Luft in deine Nase geschlüpft ist und die kleinen Härchen alle größeren Partikel ausgefiltert haben, gelangt sie zu drei muschelartigen Gebilden, den sogenannten Nasenmuscheln. Sie verwirbeln die Luft, erwärmen und befeuchten sie. Lunge und Rachen vertragen keine zu trockene, zu kalte oder zu schmutzige Luft. Diese kräftigen Türsteher der Lunge sieben die Luftmoleküle aus, die in der Schlange auf Einlass warten; manche lassen sie ein, andere weisen sie ab. Dieser Prozess bedeutet, dass Luft mit der perfekten Temperatur und Feuchtigkeit in die Lunge gelangt, was Schäden am empfindlichen Lungengewebe verhindert sowie Lungenfunktion und Sauerstofftransport optimiert. Eine gesunde

Nase kann etwa 90 Prozent der Wärme und Feuchtigkeit, die zur Aufbereitung der eingeatmeten Luft benötigt werden, effizient bereitstellen.[2] Die Nase ist eine Zweibahnstraße – wenn die Luft beim Ausatmen den Körper verlässt, tragen die Nasenmuscheln dazu bei, den Verlust von Wärme und Feuchtigkeit aus dem Körper zu verringern. Studien zeigen, dass die Nase 33 Prozent der ausgeatmeten Wärme und Feuchtigkeit zurückhält.[3] Wenn du also einatmest, fängt deine Nase alles ab, was wir nicht im Körper haben wollen – auch Viren. Beim Ausatmen tötet die wärmere Luft sie ab und schickt sie aus der Nase.

Beim Einatmen erzeugt das Netzwerk der Nasenmuscheln einen Widerstand, der den Luftstrom in deinen Körper steuert. Du denkst vielleicht, mehr Widerstand klingt schlecht; warum also nicht die Nase umgehen und durch den Mund atmen, um mehr Luft hineinzubekommen? Der erhöhte Widerstand, der durch die Nasenatmung entsteht, sorgt jedoch dafür, dass sich in der Lunge der richtige Druck aufbaut, was die Atemeffizienz verbessert. Durch die Nasenatmung erzeugst du einen um etwa 50 Prozent höheren Luftwiderstand als bei der Mundatmung, wodurch du zehn bis 20 Prozent mehr Sauerstoff einatmen kannst.[4] Das verbessert die Sauerstoffzirkulation und den Kohlendioxidgehalt im Blut, sodass dein System ausgeglichener ist. Außerdem brauchst du beim Einatmen genügend Nasenwiderstand, um die Elastizität deiner Lunge zu erhalten.

Kurz gesagt, allein dadurch, dass du durch die Nase atmest, optimierst du die Luft, die in deinen Lungen ankommt, und verlangsamst deine Atmung auf eine Geschwindigkeit, bei der dein Körper und dein Geist Bestleistung bringen können. Gönnen wir uns einen Moment Pause und lassen wir die Nase ihre Wunder wirken.

Lass die Nase machen

* Wenn du medizinisches Klebeband hast, kleb dir einen Streifen über den Mund.

* Atme durch die Nase ein: eins, zwei, drei, vier fünf.

* Lass deine Nase die Luft reinigen, befeuchten und erwärmen.

* Und dann atme aus: eins, zwei, drei, vier fünf.

* Lass zu, dass dein System ins Gleichgewicht kommt und dein Geist ruhig wird.

* Atme ein: eins, zwei, drei, vier fünf.

* Und atme aus: eins, zwei, drei, vier fünf.

* Noch einmal …

* Atme ein: eins, zwei, drei, vier fünf.

* Und atme aus: eins, zwei, drei, vier fünf.

Das Wundermolekül

Die Nase ist ein Wunderding. Aber sie hat noch eine weitere Superkraft, die es zu erforschen gilt. Wenn du durch die Nase einatmest, geben deine Nebenhöhlen ein farbloses Gas namens Stickstoffmonoxid in die eingeatmete Luft ab, das dann in die Lungen transportiert wird. Bis 1998 galt Stickstoffmonoxid als giftig, doch dann entdeckten die drei amerikanischen Wissenschaftler Robert F. Furchgott, Louis J. Ignarro und Ferid Murad, dass es „ein Signalmolekül im Herz-Kreislauf-System" ist.[5] Ignarro nannte es später das „Wundermolekül".[6] Für ihre Arbeit erhielten sie den Nobelpreis für Medizin.

Aber was bedeutet „Wundermolekül"? Die Wissenschaftler haben herausgefunden, dass Stickstoffmonoxid die unglaubliche Fähigkeit besitzt, die Wände deiner Blutgefäße zu entspannen, wodurch sich die Blutgefäße weiten. Das schafft mehr Bewegungsfreiheit für deine Blutkörperchen, sodass der Blutfluss erhöht wird und der Blutdruck sinkt. Dieser Prozess wird als Vasodilatation bezeichnet. Durch ihn können Blut, Nährstoffe und Sauerstoff in jeden Körperteil gelangen, was deine Sauerstoffkapazität effektiv erhöht. Stickstoffmonoxid hat nachweislich auch bronchienerweiternde Wirkung, das heißt, es entspannt die Muskeln in der Lunge und erweitert die Atemwege.[7] Das bedeutet, die Luft kommt leichter dorthin, wohin sie muss.

Stickstoffmonoxid ist außerdem antimykotisch, antiviral und antibakteriell. Es schützt dich vor Grippe, Lungenentzündung und einer ganzen Reihe weiterer viraler Infektionen. Während des SARS-Ausbruchs und der COVID-19-Pandemie wurde die Stickstoffmonoxid-Therapie mit Erfolg an Patientinnen und Patienten erprobt, wodurch sich die Krankenhausaufenthalte verkürzten und die Sterblichkeitsrate sank.[8, 9] Ein wichtiger Grund für die Erfolge war, dass die Entzündung in der Lunge bei den Patienten zurückging.

Der Nasenzyklus

Probiere einmal Folgendes aus:

- Drücke ein Nasenloch sanft mit dem Daumen zu.

- Atme kurz und scharf durch das offene Nasenloch ein, aber nicht so stark, dass deine Nase verstopft.

- Wiederhole das Ganze auf der anderen Seite.

Du solltest spüren können, welches Nasenloch weiter offen ist. Du kannst auch darauf achten, welches Nasenloch einen höheren Ton hat. Das Nasenloch mit dem tieferen Ton ist weiter offen.

Wenn du das im Laufe des Tages immer wieder einmal machst, wirst du feststellen, dass der Luftstrom durch ein Nasenloch jeweils dominanter ist als durch das andere und dass das offenbar wechselt. Das nennt man den Nasenzyklus. Dabei handelt es sich um einen natürlichen Vorgang, und die Zeitspanne bis zum Wechsel ist von Mensch zu Mensch verschieden, wobei die durchschnittliche Dauer des Zyklus zwischen 30 Minuten und zwei Stunden liegt.

Einer Überlieferung aus dem Yoga zufolge besteht ein Zusammenhang zwischen dem Nasenzyklus und der Funktion von Hirn und Nervensystem. Wenn ein Nasenloch dominiert, ist die gegenüberliegende Hirnhemisphäre aktiver. Wenn bei dir also die Atmung durch das rechte Nasenloch dominiert, ist deine linke Gehirnhälfte aktiver; wenn das linke Nasenloch dominant ist, ist deine rechte Gehirnhälfte aktiver. Zwar sind an allem, was wir tun, beide Hirnhälften beteiligt, aber bei konkreten Aufgaben spielt jeweils eine Seite eine größere Rolle. Dein rechtes Nasenloch ist mit dem Sympathikus-Anteil des ANS verbunden und steigert dessen Aktivität, während dein linkes Nasenloch mit dem Parasympathikus-Anteil des ANS verbunden ist und dessen Aktivität erhöht.[10]

Der Legende nach treffen manche Yogis nur dann Entscheidungen, wenn beide Nasenlöcher gleich weit geöffnet sind und sich ihr ANS vollständig im Gleichgewicht befindet, gleichermaßen aktiv und passiv. Das würde die Anzahl der Entscheidungen, die du an einem Tag treffen kannst, mit Sicherheit begrenzen!

Mit einer einfachen Übung kannst du sie ins Gleichgewicht bringen, mit der sogenannten Wechselatmung.

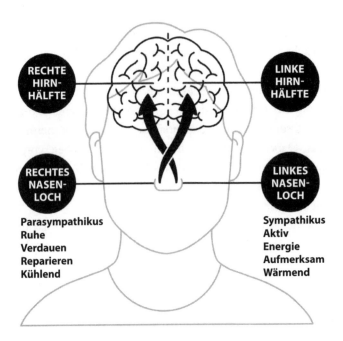

| RECHTE HIRNHÄLFTE | | LINKE HIRNHÄLFTE |
| RECHTES NASENLOCH | | LINKES NASENLOCH |

Parasympathikus	Sympathikus
Ruhe	Aktiv
Verdauen	Energie
Reparieren	Aufmerksam
Kühlend	Wärmend

Erotisches Geheimnis

Zehn gesunde Probandinnen und Probanden nahmen an einer Studie teil, bei der der Stickstoffmonoxidspiegel beim Summen im Vergleich zu stillem Ausatmen bei gleichbleibender Fließrate gemessen wurde. Dabei wurde festgestellt, dass die oszillierende Luftströmung, die das Summen in der Nasenhöhle auslöst, den Stickstoffmonoxidspiegel gegenüber dem stillen Ausatmen um das Fünfzehnfache erhöht.[11]

Da Stickstoffmonoxid die Durchblutung fördert, nutzen manche Medikamente, darunter auch Viagra, den Stickstoffmonoxidpfad, um eine Erweiterung der Blutgefäße anzuregen, damit die Durchblutung des Penis zu verbessern und die Erektion zu stärken! Meine Damen und Herren, mit ein bisschen Summen haben Sie ein natürliches Viagra parat.

Wechselatmung

Bei dieser Übung sind Ein- und Ausatmung symmetrisch, und du atmest abwechselnd durch das eine und das andere Nasenloch ein und aus. Der Wechsel des Nasenlochs gleicht die beiden Anteile des vegetativen Nervensystems und die verschiedenen Hirnhälften aus. Wenn ich mit Kindern arbeite, nenne ich die Wechselatmung manchmal „Bergatmung", da du einatmest, wenn du auf der einen Seite des Berges hinaufsteigst, und ausatmest, wenn du auf der anderen Seite wieder hinuntersteigst. Anschließend steigst du auf der zweiten Seite wieder hinauf und auf der ersten wieder hinunter.

Probieren wir's einfach mal aus, Schritt für Schritt.

- Mach mit der rechten Hand das Peace-Zeichen. (Wir nehmen dazu Daumen und Ringfinger.)

- Schließ das rechte Nasenloch mit dem rechten Daumen. Atme vier Zähler lang gleichmäßig durchs linke Nasenloch ein.

- Halte den Atem an, schließ das linke Nasenloch mit dem rechten Ringfinger und öffne das rechte Nasenloch.

- Atme vier Zähler lang ruhig durchs rechte Nasenloch aus und halte am Ende kurz den Atem an.

- Atme durchs rechte Nasenloch gleichmäßig vier Zähler lang ein.

- Halte den Atem an, während du das rechte Nasenloch mit dem rechten Daumen schließt und das linke öffnest.

- Atme ruhig vier Zähler lang durchs linke Nasenloch aus.

- Wiederhole das Ganze.

Wenn du nicht mehr Zeit hast, hilft schon ein einziger Zyklus, aber um den Nutzen zu maximieren, würde ich mindestens vier Minuten üben, um beide Gehirnhälften sowie Sympathikus und Parasympathikus ins Gleichgewicht zu bringen.

Mache mit der rechten Hand
das Peace-Zeichen.

Schließe das rechte Nasenloch mit dem
rechten Daumen. Atme vier Zähler lang
gleichmäßig durchs linke Nasenloch ein.

Schließe das linke Nasenloch mit dem
rechten Ringfinger und atme vier Zähler
lang durchs rechte Nasenloch aus.

Atem rein, Bauch raus

Jetzt, da dein Mund zu ist, die Luft gut in deine Nase hinein- und wieder herausströmt und beide Nasenlöcher im Gleichgewicht sind, möchte ich dir einen weiteren wichtigen Akteur für eine gute Atmung vorstellen. Im Abschnitt über die Archetypen seid ihr euch schon einmal kurz begegnet, denn man kann unmöglich über Atemtypen sprechen, ohne ihn bzw. es zu erwähnen: dein Zwerchfell. Dein wichtigster Atemmuskel.

Das Zwerchfell ist vielleicht der am meisten unterschätzte Muskel im menschlichen Körper. Er ist nicht besonders beliebt, vielleicht weil der Bauch heraussteht, wenn er angespannt ist. Nur Säugetiere haben diesen Muskel, und es wird spekuliert, dass es durch seine Entwicklung, die den Säugetieren eine äußerst effiziente Art der Sauerstoffaufnahme ermöglicht, unseren Vorfahren überhaupt erst möglich wurde, einen warmblütigen Stoffwechsel zu entwickeln. Ohne das Zwerchfell hätten die Menschen wohl kein großes, leistungsfähiges Gehirn entwickeln können, das viel Sauerstoff benötigt.

Das Zwerchfell ist also wichtig. Es ist grundlegend für eine gesunde Atmung, eine korrekte Körperhaltung und eine gute Organfunktion. Außerdem unterstützt es sowohl das vaskuläre System (oder den Kreislauf), das aus den Gefäßen besteht, die das Blut durch deinen Körper transportieren, als auch das Lymphsystem, dessen Hauptfunktion es ist, Giftstoffe aus den Zellen auszuschwemmen. Wenn du dein Zwerchfell nicht benutzt, versteift es, und schon bald atmest du wie beim Archetyp der Brustatmung oder der umgekehrten Atmung. Wenn wir unser Zwerchfell einbeziehen und atmen, indem wir es richtig benutzen, können wir tatsächlich fast alle unsere dysfunktionalen Atmungsarchetypen korrigieren.

Und was ist es nun? Das Zwerchfell ist eine dicke Muskel-Sehnen-Platte, die wie eine Trennwand wirkt und Brustkorb, Lunge und Herz von der Bauchhöhle trennt, in der sich Teile des Verdauungstrakts sowie Leber, Bauchspeicheldrüse, Milz, Nieren und Nebennieren befinden. Stell dir das so vor: Wenn dein Brustkorb ein Vogelkäfig wäre, der Herz und Lunge umschließt, dann wäre das Zwerchfell der Boden dieses Käfigs, der sich über den gesamten Durchmesser deines Körpers erstreckt.

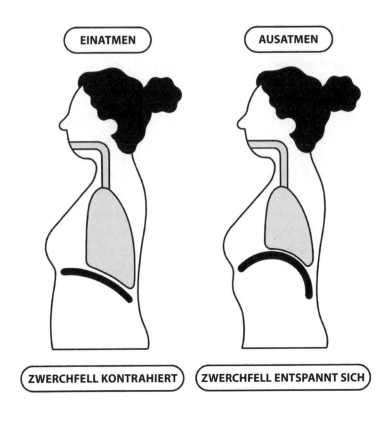

Bei einer natürlichen, entspannten Einatmung zieht sich dein Zwerchfell zusammen und öffnet sich in Richtung des unteren Endes deiner Wirbelsäule, ein bisschen wie ein Fallschirm. Diese Bewegung verschiebt die Luft und die Organe nach unten und bewirkt eine Ausdehnung in alle Richtungen – zuerst dehnt sich der Unterbauch aus, dann die seitlichen Rippen und die mittlere Körperregion, und schließlich kontrahieren die Zwischenrippenmuskeln und die Lunge dehnt sich aus. Dadurch vergrößert sich der Raum in deinem Brustkorb, das Lungenvolumen steigt und der Druck in der Lunge sinkt, sodass Luft angesaugt wird. Du wirst merken, dass sich dein Bauch nach außen wölbt, noch bevor sich im Brustkorb etwas tut. Da sich alles nach unten bewegt, dehnt sich der untere Rumpf aus, weshalb die Zwerchfellatmung oft auch als Bauchatmung bezeichnet wird.

Ich versuche, den Begriff „Bauchatmung" zu vermeiden, da er ein wenig irreführend ist. Dass der Bauch sich weitet, liegt an der Verschiebung der Luft in der Lunge und der Abwärtsbewegung der Organe. Deine Bauchmuskeln setzt du bei diesem Prozess weder aktiv ein noch sind sie daran beteiligt. Sie bleiben entspannt.

Wenn dein Zwerchfell nach unten geht, massiert es deine inneren Organe – Magen, Dünndarm, Leber, Bauchspeicheldrüse und Nieren. Bei richtiger Zwerchfellatmung bewegen sich deine Nieren zwei bis drei Zentimeter und deine Organe werden wie ein Schwamm zusammengedrückt. Dies unterstützt die Organmassage und die Flüssigkeitsverteilung, die Nährstoffzufuhr zu deinen Zellen wird erhöht und die Verdauung gefördert. Zugleich wirkt diese Bewegung wie eine Pumpe für dein Lymphsystem, das Giftstoffe abtransportiert und deinen Körper vor Krankheiten schützt. Dein Zwerchfell ist über den sogenannten Herzbeutel oder das Perikard mit deinem Herzen verbunden. Er umhüllt das Herz, sodass sich Zwerchfell und Herz beim Atmen gemeinsam bewegen, wodurch sich der Blutfluss erhöht und dein Herz effizienter arbeiten kann.

Deine Brustmuskeln, Schultern, Nacken und sekundären Muskeln spielen ebenfalls eine Rolle, da sie sich zusammenziehen und ausdehnen. Aber in einem Ruheatemmuster sind sie zweitrangig und weniger aktiv und kommen erst zum Einsatz, wenn die primären Muskeln bereits arbeiten. In Stresssituationen oder bei Gefahr können sie aktiver werden, um schnell Luft rein- oder rauszukriegen, aber das sollte hoffentlich nicht allzu häufig vorkommen. Wenn wir über die Atmung sprechen, gibt das Zwerchfell den Ton an. Und wenn du es nicht benutzt, kann das mehr Probleme verursachen, als du vielleicht denkst.

Verspannungen im Zwerchfell abbauen

Wie jeder Muskel kann auch das Zwerchfell verspannt sein. Am deutlichsten merkst du das, wenn sich der untere Teil deines Rumpfes beim Einatmen nur wenig bewegt, wie bei den Archetypen Brustatmung, umgekehrte Atmung, zusammengesackte Atmung und erstarrte Atmung. Hier erfährst du, wie du dein Zwerchfell lockern kannst, damit es seinen vollen Bewegungsspielraum wiedererlangt.

- Gleite mit den Fingern deiner rechten Hand am Brustbein entlang nach unten, bis du an dessen Ende kommst. (Achte auf den Schwertfortsatz, das kleine, zarte Knorpelstückchen am unteren Ende).

- Deine Finger liegen nun im Bereich des Solarplexus. Lasse sie nach rechts in den oberen Bereich deines Rippenbogens wandern.

- Schließe sie mit leichtem Druck um den unteren Rand des Rippenbogens.

- Atme tief ein und halte dabei den leichten Druck aufrecht.

- Atme aus.

- Lass die Hand am Rippenbogen entlang weiter nach unten gleiten.

- Atme ein.

- Atme aus.

- Arbeite dich auf diese Weise bis zum Ende des Rippenbogens auf dieser Seite vor.

- Was spürst du?

- Wenn du eine verspannte Stelle entdeckst (das merkst du!), verweile ein paar Atemzüge lang dort, um nachzuspüren, ob sie locker wird.

- Das kann ein wenig weh tun, sollte aber kein scharfer, einschießender Schmerz sein. Es sollte sich eher wie ein Knoten oder eine verhärtete Stelle anfühlen.

- Wiederhole das Ganze auf der linken Seite mit der linken Hand.

Gleite mit den Fingern deiner rechten Hand am Brustbein entlang nach unten.

Lasse deine Finger nach rechts gleiten, dann schließe sie um den unteren Rand deines Rippenbogens.
Atme ein, atme aus.

Lasse deine Hand immer weiter am Rippenbogen entlanggleiten und pausiere jeweils, um ein- und auszuatmen.

Für viele ist diese Übung unangenehm, weil das Zwerchfell verspannt und hart ist. Immer wenn du einen Schock, einen Schreck oder einen stressigen Moment erlebst, zieht sich das Zwerchfell fest zusammen. Wenn du in einer Großstadt lebst, hast du dich vielleicht schon an die Anspannung bei jedem Sirenengeheul vor deinem Fenster gewöhnt. Aber je mehr du lernst, richtig mit deinem Zwerchfell zu atmen, desto freier wird es. Du spürst einen größeren Bewegungsspielraum, und Verspannungen lösen sich.

ÜBUNG 9

Den Himmel wegdrücken

Nachdem du mit Übung 8 die Verspannungen in deinem Zwerchfell etwas gelockert hast, kannst du dich nun dehnen und deinen Bewegungsspielraum vergrößern. Ich liebe diese Übung. Wie ein morgendliches Stretching hilft sie, den Bewegungsradius des Zwerchfells und der umliegenden Zwischenrippenmuskeln sowie der schrägen und geraden Bauchmuskeln zu verlängern und zu erweitern. Zugleich trägt sie zu einer Haltungskorrektur bei, damit du effizient und mühelos atmen kannst. Das ist besonders wichtig, wenn deine Atmung dem Archetyp der zusammengesackten oder der erstarrten Atmung entspricht.

- Streck beide Arme vor dir aus. Die Handflächen zeigen zueinander.

- Führe die Hände so zusammen, dass sich die Mittelfinger berühren.

- Dreh nun die Handflächen nach unten, die Ellenbogen zeigen nach außen, die Mittelfinger berühren sich immer noch. Dann press die Hände in Richtung Boden, bis deine Arme gerade sind.

- Atme durch die Nase ein und spüre, wie dein Bauch sich hebt. Hebe dabei die Hände über den Kopf. Die Arme sind gerade, die Mittelfinger berühren sich, die Handflächen zeigen zum Himmel.

- Halte den Atem an und drück den Himmel vier Sekunden lang von dir weg. Spüre die Dehnung in deiner Körpermitte und im Zwerchfell. Drück nicht von den Schultern aus.

- Atme aus und führe die Arme im seitlichen Bogen nach unten.

- Mach das insgesamt fünf Mal.

Atme durch die Nase ein und hebe die Arme über den Kopf.

Halte den Atem an und drücke den Himmel vier Sekunden lang von dir weg. Führe die Arme beim Ausatmen im seitlichen Bogen nach unten.

Wenn wir über die Atmung, sprechen, gibt das Zwerchfell den Ton an.

Zwerchfellatmung

Nachdem du nun Verspannungen gelockert und dich gedehnt hast, lass uns ein paar tiefe Zwerchfellatemzüge machen.

- Sitze in bequemer Haltung oder leg dich auf den Boden.

- Entspanne die Schultern.

- Leg beide Hände auf den Bauch.

- Atme durch die Nase in deine Hände auf dem Bauch. (Durch die Verschiebung der Luft und der Organe nach unten hebt sich dein Bauch vor dem Brustkorb. Versuche, nicht mit deinen Bauchmuskeln nach außen zu drücken. Wenn du deine Bauchmuskeln anspannst und nach außen drückst, kannst du den Bauch herausstrecken, aber das Zwerchfell ist daran nicht beteiligt und arbeitet nicht).

- Atme durch die Nase aus und lass den Bauch in seine Ausgangsposition zurücksinken.

- Mach das insgesamt zehn Mal.

Wenn dir das leicht fällt, kannst du versuchen, im Fluss zu bleiben und die Zwerchfellatmung beim Weiterlesen beizubehalten. Wenn es dir sehr schwerfällt, das Heben und Senken deines Bauches zu spüren, kannst du diese Übung in der Bauchlage versuchen. In dieser Position solltest du spüren können, wie dein Bauch gegen den Boden drückt und sich wieder entspannt.

Sitze in entspannter Haltung und lege die Hände auf den Bauch.

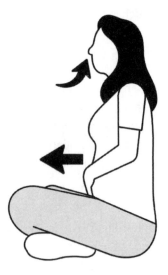

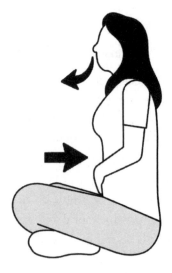

Atme durch die Nase ein und spüre,
wie dein Bauch sich hebt.

Atme durch die Nase aus und spüre,
wie dein Bauch zurücksinkt.

Jetzt hast du die Hauptakteure der Atmung kennengelernt: deine Nase und dein Zwerchfell. Ich möchte, dass du sie so oft wie möglich zum Atmen benutzt. Wiederhole die Übungen 8 („Verspannungen im Zwerchfell lösen"), 9 („Den Himmel wegdrücken") und 10 („Zwerchfellatmung") jeden Tag, um Verspannungen im Zwerchfell zu lösen und dir anzugewöhnen, dass du es tatsächlich einsetzt. Nimm dir auch mehrmals am Tag einen Moment Zeit und überprüfe, ob du deine Nase und dein Zwerchfell noch benutzt. Sie sind die Mechaniker, die dafür sorgen, dass die Maschine, also du, reibungslos läuft. Sie sorgen dafür, dass befeuchtete, gefilterte und erwärmte Luft optimal in deine Lunge hinein- und wieder herausströmt, und sie unterstützen fast alle Funktionen von Geist und Körper – sogar deine Körperhaltung und Gesichtsform. Sie sorgen für ausgeglichene Energie und einen ruhigen Geist und helfen dir, eine gleichmäßige Ein- und Ausatmung aufrechtzuerhalten. Das wollen wir uns genauer anschauen.

Den Atem nicht verschwenden

„Vielleicht liest du das sofort und in einem Rutsch, vielleicht auch nicht.", sagte Ali und überreichte mir das Buch. „Wenn du es lesen sollst, kommt es zu dir." Ali ist mein bester Kumpel und wie ein Bruder für mich. Unsere Freundschaft entstand mit 18 in einem Sommer auf Ibiza. Er ist wahrscheinlich der positivste Mensch, den ich kenne, und ich vertraue seiner Meinung. Normalerweise tut er bei einem Geschenk nicht so geheimnisvoll.

Später sollte ich erfahren, dass das Buch, das er mir gegeben hatte, kein gewöhnliches Buch war. Paramahansa Yoganandas *Autobiographie eines Yogi* war kein Buch, wie ich es normalerweise las. Es war nicht verlockend. Der orangefarbene Einband mit dem Bild eines langhaarigen Yogis wirkte veraltet. Als ich es auf dem Nachhauseweg aufschlug, stellte ich fest, dass die Schrift winzig und das Papier dünn war. Das Buch wirkte einschüchternd – es war voller Begriffe aus dem Yoga – also wanderte es ins Regal und ich dachte nicht mehr daran.

Drei Jahre später las ich zufällig etwas über Steve Jobs. Ich erfuhr, dass er während seines Kampfes gegen den Krebs, der ihm schließlich das

Leben nahm, seine Trauerfeier in allen Aspekten selbst geplant hatte. Sie fand 2011 an der Stanford University statt und zu den Teilnehmern gehörten u. a. der ehemalige US-Präsident Bill Clinton, Microsoft-Gründer Bill Gates – Jobs' langjähriger Rivale – und John Lasseter, der ehemalige Chief Creative Officer von Pixar. Zu meiner Überraschung erfuhr ich auch, dass alle Gäste eine kleine braune Schachtel mit der *Autobiographie eines Yogi* erhielten. Es stellte sich heraus, dass Jobs mit 17 zum ersten Mal auf das Buch aufmerksam geworden war und es nach eigenen Angaben jedes Jahr gelesen hatte. Es war das einzige Buch, das er auf seinem iPad hatte. Außerdem erfuhr ich, dass es am *Institute of Advanced Study* in Princeton, New Jersey, als eines der Lieblingsbücher von Albert Einstein geführt wird.

Plötzlich kam es zu mir. Ich nahm es aus dem Regal. Bald entdeckte ich, dass das Buch, dessen Lektüre mir anfangs schwerfiel, Yoganandas „Selbstverwirklichung" beschreibt und voller zeitloser Weisheit steckt. Eine von Yoganandas Erkenntnissen lautet: Je schneller ein Tier atmet, desto kürzer ist seine Lebensspanne. „Der ruhelose Affe atmet 32mal in der Minute", schreibt Yogananda, „der Durchschnittsmensch jedoch nur 18mal. Die Atemgeschwindigkeit des Elefanten, der Schildkröte, der Schlange und anderer für ihre Langlebigkeit bekannter Tiere, liegt noch unter der des Menschen."[12] Hunde, Katzen und Mäuse haben eine hohe Atemfrequenz und leben deutlich kürzer als zum Beispiel eine Riesenschildkröte, die nur etwa vier Atemzüge pro Minute macht und bis zu 200 Jahre alt werden kann.

Einen Großteil dieser Weisheit schöpfte Yogananda aus den Veden, den ältesten hinduistischen Schriften, die auch besagen, dass die Anzahl der uns in unserem Leben zustehenden Atemzüge bei unserer Geburt festgelegt wird. Je schneller wir unsere Atemzüge verbrauchen, desto früher sterben wir – was der englischen Redewendung „wasting your breath – seinen Atem verschwenden" (für vergebliches Reden) ganz neue Bedeutung verleiht.

Magisches Verhältnis

So wie du nur eine bestimmte Anzahl Kalorien zu dir nehmen kannst, ohne zuzunehmen, gibt es auch Grenzen dafür, wie oft du atmen und wie viel Luft du aufnehmen kannst, ohne dass dies spürbar negative Auswirkungen für dich hat. Wer „gesund" atmet, hat eine Atemfrequenz von zwölf bis 18 Atemzügen pro Minute und nimmt alle 60 Sekunden etwa fünf bis acht Liter Luft auf. Wenn du mehr atmest, ist das Hyperventilation und ein echtes No-Go. Das ist so, als würdest du zu viel Brennstoff in ein Feuer geben – es gerät außer Kontrolle. Selbst wenn du jeden Tag nur ein wenig mehr als die tolerierte Menge aufnimmst, dauert es nicht lange, und dein System gerät aus dem Gleichgewicht. Dein Sympathikus wird übermäßig dominant, was sehr anstrengend ist. Es fühlt sich an, als würdest du den ganzen Tag vor einem Grizzlybär davonlaufen, und das jeden Tag.

So wie die Schildkröte langsam atmet und lange lebt, hat es auch für dich klare Vorteile, wenn du deine Atmung unter diese Parameter bringst. Yogis, Meditierende und spirituelle Lehrer aus dem Osten praktizieren dies schon seit Jahrtausenden. Im Westen haben viele Menschen diese Erfahrung durch Yoga und andere Praktiken gemacht, die im letzten Jahrhundert immer beliebter geworden sind. Doch erst seit etwa zehn Jahren untersuchen Forschende im Westen die Atmung näher und finden tatsächlich eine wissenschaftliche Grundlage für das, was man anekdotisch schon seit Jahrtausenden weiß. Dabei stellt sich heraus, dass die östlichen Traditionen von Anfang an Recht hatten.

Wissenschaftlerinnen und Wissenschaftler haben die potenziellen Vorteile einer langsamen Atmung für das Herz-Kreislauf-System, das Nervensystem, die Atemwege, den Hormonhaushalt und das Gehirn erforscht.[13] Sie haben herausgefunden, dass unsere optimale Ruheatemfrequenz knapp die Hälfte des für eine gesunde Atmung geltenden Wertes beträgt, nämlich zwischen fünf und sechs Atemzügen pro Minute – das sind etwa fünf Sekunden ein- und fünf Sekunden ausatmen, mit einer kleinen Pause zwischen den einzelnen Zyklen.[14] Witzigerweise entspricht dieses Tempo der Atemfrequenz, die Yogis beim Rezitieren von Mantras oder Gebeten einhalten. In Italien haben Forschende herausgefunden, dass „Rhythmusformeln, bei denen sechs Atemzüge pro Minute erfolgen", wie etwa beim Beten des Rosenkranzes, starke psychologische und möglicherweise auch physiologische Wirkung haben.[15] Sogar Chorgesang trägt dazu bei, die Atemfrequenz so zu verlangsamen, dass sie diesen Werten nahekommt.[16] Schließlich ist deine Stimme bloß klingender Atem.

Wenn wir an Atmung denken, denken wir an die Lunge, aber auch das Herz spielt dabei eine große Rolle. Eine gleichmäßige Atmung mit unserem magischen Verhältnis von fünf Zählern Einatmung und fünf Zählern Ausatmung imitiert ein gleichmäßiges Herzmuster und trägt zur Regulierung deiner Herzratenvariabilität (HRV) bei, einem Maß für die zeitlichen Schwankungen zwischen den einzelnen Herzschlägen. Eine besser regulierte HRV trägt zu einer Verbesserung der kognitiven Funktionen bei und stärkt positive Gefühle und emotionale Stabilität.

ÜBUNG 11

Atmen im magischen Verhältnis

- Sitze in bequemer Haltung oder leg dich flach auf den Boden.
- Entspanne die Schultern.
- Leg beide Hände auf den Bauch.
- Atme fünf Zähler lang durch die Nase in die Hände auf deinem Bauch ein.
- Atme fünf Zähler lang durch die Nase aus.
- Mach das insgesamt zehn Mal oder öfter.

Versuche, für den Rest dieses Kapitels in diesem magischen Verhältnis zu atmen und so an eine Schildkröte heranzukommen. Wenn es dir schwerfällt und du das Gefühl hast, dass dir die Luft ausgeht, wird es dich vielleicht überraschen, dass dieser „Lufthunger" nichts mit Sauerstoff, dafür aber viel mit Kohlendioxid zu tun hat.

Ein Imageproblem

Atem ist Luft, die wir ein- und wieder ausatmen. Aber was ist in der Luft? Hauptsächlich Sauerstoff, Stickstoff, Kohlendioxid und Wasserstoff. Und jeder weiß, dass Sauerstoff gut und Kohlendioxid schlecht ist. Oder?

Nicht so schnell. Kohlendioxid ist nicht nur ein Abfallprodukt der Atmung. Es ist ein wichtiger Bestandteil des Prozesses. Aber aus irgendeinem Grund hat es sich einen schlechten Ruf eingehandelt. Egal, wo wir hinschauen, der Lack ist ab. Kohlendioxid ist böse, und am besten werden wir es los. Dabei bildet das Gleichgewicht zwischen Kohlendioxid und Sauerstoff das Rückgrat des Lebens auf der Erde. Ohne dieses Gleichgewicht gäbe es uns nicht. Es gäbe überhaupt kein Leben. Kohlenstoffverbindungen regulieren die Erdtemperatur, bilden die Nahrungsmittel, die uns Kraft geben, und versorgen uns mit der Energie, die unsere Weltwirtschaft antreibt. Kohlendioxid sorgt dafür, dass die Wärme in Erdnähe bleibt, und hilft der Erde, die Energie, die sie von der Sonne erhält, zu speichern, damit sie nicht wieder ins All entweicht. Ohne Kohlendioxid wären die Weltmeere zugefroren.

Sauerstoff ist in unserer Atmosphäre ein ziemlicher Neuling. In den 4,6 Milliarden Jahren, die unser Planet existiert, war er meistens relativ knapp. Das Leben auf der Erde war zunächst ziemlich langweilig. Aber vor etwa 2,5 Milliarden Jahren geschah etwas Interessantes. Ein großer Klecks schlammiger, blaugrüner Algen, die so genannten Cyanobakterien, trat einen neuen Trend los. Die Bakterien tranken etwas Wasser, saugten ein paar Sonnenstrahlen auf und begannen, Kohlendioxid einzuatmen, um Energie zu erzeugen. Diesen Vorgang nennen wir *Photosynthese*.

Die Cyanobakterien produzierten ein weiteres Gas namens Sauerstoff. Den konnten sie nicht gebrauchen und spuckten ihn deshalb in die Meere und in die Luft aus. Die Cyanobakterien feierten mit dem Kohlendioxid eine fette Party, sodass der Sauerstoffgehalt der Atmosphäre schnell anstieg. Die Erde erlebte die von dem amerikanischen Geologen Preston Cloud in den 1970er Jahren erstmals beschriebene Große Sauerstoffkatastrophe oder das GOE (nach der englischen Bezeichnung *Great Oxidation Event*). Die durch das GOE verursachte Sauerstoffanreicherung reagierte mit dem ultravioletten Licht der Sonne und bildete eine schützende Ozonschicht, die die Erdoberfläche vor einem Übermaß an schädlicher Sonneneinstrahlung abschirmte. Da Sauerstoff ein reaktives Gas ist – buchstäblich ein Brandstifter – wurde er zu einer neuen Energiequelle für andere Lebensformen, die nun an der Meeresoberfläche und an Land überleben konnten.

Durch die Sauerstoffatmung konnten sich Organismen über die einfache Lebensform der Cyanobakterien hinaus entwickeln und größer, aktiver und komplexer werden. Sie wurden zu Tieren – von Würmern über Fische zu Säugetieren. Auf der Erde, wie wir sie heute kennen, wimmelte es allmählich nur so vor Leben, und das alles wegen dieses lebenserhaltenden symbiotischen Gleichgewichts zwischen Sauerstoff und Kohlendioxid. Interessanterweise wurde die Verbringung von Cyanobakterien oder Blaualgen auf den Mars, um dort das GOE nachzubilden und den Mars für Menschen bewohnbar zu machen, bereits erfolgreich im Labor in einer künstlich erzeugten Marsatmosphäre getestet.

Kohlendioxid ist also nicht der Feind. Das Leben auf der Erde braucht es. Ohne Sauerstoff *und* Kohlendioxid gibt es kein Leben. So ist es auch beim Atmen. Wir brauchen nicht bloß Sauerstoff anstatt Kohlendioxid. Wir brauchen beides. Ich will dir verraten, warum …

Der Hämoglobin-Bus: bitte alle einsteigen

Sauerstoff in die Lunge zu bekommen, ist einfach: du atmest ein. Aber Sauerstoff aus der Lunge in deine Zellen zu bekommen, ist eine komplexere Aufgabe, die das richtige Gegengewicht an Kohlendioxid erfordert. Wenn du einatmest, strömt der Sauerstoff aus deiner Umgebungsluft spiralförmig durch deine Luftröhre zu den Bronchien, den Verzweigungen, die deine Luftröhre mit den Lungen verbinden. In der Lunge angekommen, gelangt der Sauerstoff in die Alveolen (Lungenbläschen), wo er an den Blutkreislauf abgegeben wird. Im Blutkreislauf wird er vom Herzen weitergepumpt und durch ein Protein namens Hämoglobin, das sich in den roten Blutkörperchen befindet, zu deinen Zellen transportiert. Hämoglobin gibt den Sauerstoff aber nur dann an die Zelle ab, wenn in der Zelle Kohlendioxid vorhanden ist. Das bedeutet, ist der Kohlendioxidgehalt in der Zelle zu gering, wird kein Sauerstoff an sie abgegeben.

Du kannst dir das ungefähr so vorstellen: Auf seinem Weg zur Arbeit reist der Sauerstoff aus der Luft in die Lunge; hier steigt er in den Hämoglobin-Bus und fährt über das Herz an sein Wunschziel in den Zellen. Der Hämoglobin-Bus fährt allerdings an der Haltestelle des Sauerstoffs glatt vorbei, es sei denn, dort wartet Kohlendioxid. Wenn Kohlendioxid da ist, kann es einsteigen, mit dem Sauerstoff den Platz tauschen und mit dem Bus zum Herzen und dann in die Lunge fahren, um ausgeatmet zu werden. Das Gleichgewicht zwischen Sauerstoff und Kohlendioxid ist also sehr wichtig, und auch wenn Kohlendioxid häufig als „Abfallprodukt" geschmäht wird, ist es ein wichtiger Bestandteil der Atmung.

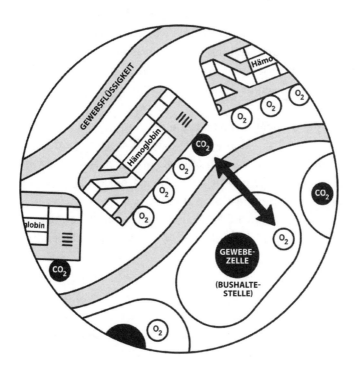

Das Zünglein an der Waage

Vielleicht hast du das Gefühl, dass du nicht genug Luft bekommst, wenn du durch die Nase atmest, die Übung „Atmen im magischen Verhältnis" (Übung 11) machst oder sogar wenn du die Zwerchfellatmung praktizierst. Aber dieses Atemverlangen und sogar das unangenehme Gefühl, dass uns die Luft wegbleibt und wir „Lufthunger" leiden, wird nicht durch einen Sauerstoffmangel verursacht, wie du vielleicht meinst.

Tatsächlich wird der unmittelbare Atemreiz im Gehirn durch einen Kohlendioxidanstieg ausgelöst. Der Grund dafür ist, dass der Körper den pH-Wert im Gleichgewicht halten will, und wenn sich Kohlendioxid in Wasser befindet, wird es zu Kohlensäure. Das bedeutet, wenn du die Luft anhältst oder deine Atmung verlangsamst, steigt der Kohlendioxidgehalt in deinem Blut, der pH-Wert sinkt und dein Blut wird saurer. Sensoren in deinem Gehirn erkennen dies und läuten die Atem-Alarmglocke, die dir sagt, dass du Luft holen musst. Das passiert, bevor Sauerstoffmangel zum Problem wird.

Dein Körper braucht einen bestimmten eng umgrenzten pH-Wert – zwischen 7,35 und 7,45 – und wenn er davon abweicht, hat das Folgen für dein Verdauungssystem, dein Immunsystem, dein Nervensystem, deine Muskeln, deine Gelenke und deine Haut, um nur einige zu nennen. Du bist anfälliger für Stimmungsschwankungen, Erkältungen, grippale Infekte, Übelkeit, Arthritis sowie Pickel und Hautunreinheiten. Deshalb gibt sich dein Körper große Mühe, den pH-Wert in diesem idealen Bereich zu halten.

Da bleibt dir die Luft weg

Der spanische Architekt Aleix Segura i Vendrell kennt sich damit aus, wie unangenehm es ist, nicht zu atmen. 2016 brach er mit satten 24 Minuten und drei Sekunden den Guinness-Rekord im Atemanhalten. Das hat er nicht ohne Übung geschafft. Als Kind lernte er im Familienurlaub an der Costa Brava das Freitauchen (auch als Apnoetauchen bekannt; Unterwassertauchen ohne Atemgerät) im Meer.

Die Atemanhaltezeiten, die Aleix und viele Freitaucher erreichen können, klingen für alle, die nicht freitauchen, unmöglich. Lungengröße und Gene spielen dabei sicherlich eine Rolle. Aber man kann das trainieren, und was hinter dieser Superkraft steckt, ist eigentlich ziemlich simpel. Du kannst ein spezielles Training absolvieren, um deine Lungenkapazität und deine Kohlendioxidtoleranz zu erhöhen sowie deine Fähigkeit, mit weniger Sauerstoff auszukommen, zu verbessern. Wie man das macht, erforschen wir in Kapitel 9. Und in Nullkommanichts (nicht-)atmest du wie Aleix.

Hyperventilation, Kohlendioxid und pH-Wert

Die kurze, flache und schnelle Atmung bei Stress, auf die wir in anderen Kapiteln eingegangen sind, und das übermäßige Atmen bei Mundatmung verändern den pH-Wert in deinem Körper. Schnelleres oder übermäßiges Atmen, die sogenannte Hyperventilation, senkt den Kohlendioxid-Partialdruck, da du mehr Luft ausstößt. Weniger Kohlendioxid in deinem Blutkreislauf bedeutet weniger Säure, sodass dein Blut alkalischer oder basischer wird, was man als respiratorische Alkalose bezeichnet. In Momenten von akutem Stress kann dein Körper mit dieser kurzen Veränderung des pH-Werts gut umgehen. Aber wenn aus einem stressigen Tag eine Woche, ein Monat oder ein Jahr wird, muss dein Körper etwas gegen die dauerhafte Veränderung des pH-Werts durch ein gewohnheitsmäßiges schnelles und gestresstes Atmen tun.

Hol schon mal den Laborkittel raus, während ich das erkläre. Jetzt wird es kurz ein bisschen wissenschaftlich. Wenn du über einen längeren Zeitraum zu viel atmest, scheiden deine Nieren mit dem Urin weniger Wasserstoffionen aus und verringern die Rückresorption und Produktion von Bikarbonat, um den pH-Wert im gesunden Bereich zu halten. Das ist eine schicke Umschreibung dafür, dass dein Körper mehr Säure einbehält, um den pH-Wert auszugleichen. Aber wenn die Nieren dies tun, stellt deine Körperchemie eine neue normale Atemfrequenz ein. Ist dein pH-Wert erst einmal auf diese Weise neu eingestellt worden, bringt dich der kleinste Kohlendioxid-Anstieg aus dem Gleichgewicht und du verspürst den Drang, unmittelbar nach einem Atemzug gleich wieder atmen zu müssen. Die Folge? Du musst weiter in diesem schnelleren Tempo atmen, um das Gefühl zu haben, dass du genug Luft bekommst, und gerätst so in einen Zustand der Hyperventilation. Du hast mehr Stress, also atmest du mehr, wodurch das Kohlendioxid abnimmt und deine Nieren Anpassungen vornehmen, damit dein pH-Wert im gesunden Bereich bleibt. Dein pH-Wert kommt so vielleicht wieder ins Gleichgewicht, aber jetzt steckst du in einem stressigen Überatmungsmuster fest und reagierst auf die kleinste Veränderung beim Kohlendioxid. Machen wir eine kurze Diagnostik, um herauszufinden, ob du davon betroffen bist.

ÜBUNG 12

Kohlendioxid-Toleranztest

Dieser einfache Test wurde ursprünglich von dem ukrainisch-russischen Wissenschaftler Dr. Konstantin Buteiko entwickelt, einem ehemaligen Mechanikermeister, der nach dem Zweiten Weltkrieg beschloss, die Fahrzeuge hinter sich zu lassen und stattdessen die „komplexeste Maschine, den Menschen" zu erforschen. Er sagte: „Ich dachte, wenn ich mehr über ihn lernen würde, könnte ich seine Krankheiten genauso leicht diagnostizieren wie Störungen bei Maschinen."[17] Daraufhin entwickelte er Methoden zur Behandlung von Asthma und vielen verschiedenen Atembeschwerden. Dieser Test, den er „Controlled Pause Test" nannte, kontrollierte Atempause, sollte die Kohlendioxid-Toleranz sowie Probleme mit Hyperventilation und ihren negativen Nebenwirkungen aufzeigen.

Bei der folgenden Übung möchte ich, dass du den Atem anhältst und die Sekunden zählst, bis du zum ersten Mal den Impuls verspürst zu atmen. Es geht nicht darum, den Atem maximal lang anzuhalten. Wir wollen herausfinden, wann der erste Atemdrang auftritt – das kann ein Gedanke oder ein Gefühl sein. Wenn du es genauer wissen möchtest, kannst du die Zeit mit deinem Smartphone oder einer Stoppuhr messen.

• Atme normal ein (lass dich nicht dazu verleiten, tief einzuatmen, denn das könnte dein Ergebnis leicht verfälschen).

• Und atme normal aus. Entspann dich und lass los.

• Halt dir die Nase zu, um den Atem anzuhalten und fang an zu zählen.

• Hör auf zu zählen, sobald du zum ersten Mal den Impuls verspürst zu atmen.

• Notiere deinen Wert und atme normal weiter.

• Mach dies einmal wöchentlich, vorzugsweise morgens nach dem Aufwachen.

Auswertung:

Unter 12 Sekunden: hohe Kohlendioxid-Sensibilität. Korreliert mit erhöhter Atemfrequenz. Neigt eher zu Stress, Ängsten und Panik.

12 bis 20 Sekunden: mittlere Kohlendioxid-Sensibilität. Anfälliges System, das leicht zu Stress und Angstzuständen neigt.

20 bis 30 Sekunden: gute Kohlendioxid-Toleranz. Ruhigeres, stabileres und widerstandsfähigeres System.

30 bis 40 Sekunden: niedrige Kohlendioxid-Sensibilität. Korreliert mit langsamer Atmung und guter körperlicher, mentaler und emotionaler Verfassung. Ist wahrscheinlich entspannter und ruhiger.

Langsam gewinnt

Wenn du beim Kohlendioxid-Toleranztest weniger als 20 Sekunden erreicht hast, hilft dir die langsame Zwerchfell- und Nasenatmung, dein Ergebnis zu verbessern. Es ist aber auf jeden Fall gut, beides zu üben, auch wenn du gute Ergebnisse erzielt hast. Dabei geht es darum, deinen Atem zu verlangsamen, sodass du einen leichten Lufthunger verspürst. Ich möchte, dass du dich an der unteren Grenze zum Wohlbefinden bewegst, um eventuelle Hyperventilationsmuster zu korrigieren. Dadurch wird dein Körper gezwungen, mehr rote Blutkörperchen zu bilden und den Sauerstofftransport zu deinen Zellen zu verbessern, was bedeutet, dass deine Atmung ökonomischer wird. Die Sauerstoffaufnahme steigt, du machst dir das Stickstoffmonoxid zunutze und erhöhst so deine Kohlendioxidtoleranz. Und als kleines Extra stabilisiert es deinen Geist und hilft dir, dich zu konzentrieren.

Stell dir jeden Tag einen Timer auf fünf Minuten. Wenn du möchtest, kannst du das auch tun, wenn du den Mund zugeklebt hast. Wir beginnen mit unserer Atmung im magischen Verhältnis und steigern dann langsam die Dauer des Einatmens und Ausatmens, damit sich dein Atem noch weiter verlangsamt.

* Beginne mit dem Atmen im magischen Verhältnis und setze dabei Nasen- und Zwerchfellatmung ein.

* Atme fünf Zähler lang ein und spüre, wie sich dein Bauch hebt.

* Atme fünf Zähler lang aus und entspanne deinen Körper, wenn du spürst, wie sich dein Bauch wieder senkt.

* Wiederhole das Ganze.

* Wenn das angenehm für dich ist, dann steigere um einen Zähler. Also ...

* Atme sechs Zähler lang ein und spüre, wie sich dein Bauch hebt.

* Atme sechs Zähler lang aus und spüre, wie sich dein Bauch wieder senkt.

- Wenn das angenehm für dich ist, dann steigere um einen weiteren Zähler auf sieben Zähler lang Einatmen und sieben Zähler lang Ausatmen.

- Versuche, die Grenze zu deinem Lufthunger zu finden. Überschreite diese Grenze nicht. Arbeite mit ihr.

- Wiederhole die Übung und steigere die Zähler jeden Tag, bis du fünf Minuten lang auf zehn Zähler ein- und auf zehn Zähler ausatmen kannst.

In diesem Kapitel haben wir erforscht, welche wundersame Kraft in Nase und Zwerchfell steckt und wie die Verlangsamung deiner Atemfrequenz auf das magische Verhältnis von fünf Sekunden Einatmen und fünf Sekunden Ausatmen oder noch langsamer dein körperliches und geistiges Wohlbefinden transformieren kann. Wir haben auch über die Bedeutung des Kohlendioxids gesprochen und darüber, wie du durch wöchentliche Tests deiner Kohlendioxid-Toleranz feststellen kannst, wie sich deine Atmung im weiteren Verlauf dieses Buches ständig verbessert. Aber natürlich kommt das Leben immer mal dazwischen, und manchmal wird es stressig. Eine funktionalere Atmung kennst du inzwischen schon, deshalb möchte ich dir jetzt zeigen, wie du deinen Stress in Ruhe verwandeln kannst.

KAPITEL 4

Weniger Stress, besserer Schlaf und Schmerzmanagement

Von Stress zu Ruhe

Der Wecker, den du mittlerweile hasst, reißt dich aus einem schönen Traum. Du bist gerädert. Du drehst dich um. Du drückst die Schlummertaste, und gerade als du wieder einschläfst, geht der Wecker erneut los. Schon jetzt bist du ein Nervenbündel.

Bald dreht sich in deinem Kopf ein wilder Strudel aus lauter To-dos, die du erledigen könntest, solltest, müsstest. Deine Gedanken rasen im Schnelldurchlauf. Dein Herz pocht. Dein Atem geht kurz und flach. Stresshormone überfluten deinen Körper. Dein Tag überfordert dich. Und dabei hast du noch nicht einmal gefrühstückt.

Keine Zeit fürs Frühstück. Dein Kopf ist voller negativer Gedanken. Ich hätte früher aufstehen sollen. Nie mache ich etwas richtig. Ich bin ein Totalausfall. Mensch, sehe ich heute scheiße aus. Deine Atmung gerät völlig außer Kontrolle.

Und jetzt ist dein Smartphone in deiner Hand. Posteingang läuft über. Dein Kopf ist hin und hergerissen zwischen zehn Apps und 20 Chats. Du versuchst, Tausenderlei auf einmal zu machen.

Den ganzen Tag über klingelt's, gongt's und pingt's. Irgendetwas überrumpelt dich, und deine Atmung ist schneller als Usain Bolts Laufschuhe. Du findest etwas Zeit zur Konzentration und merkst dann, dass du ganz vergisst zu atmen. Du findest Momente zum Luftholen, Seufzen, Gähnen, Luft ablassen. Feierabend, erschöpft lässt du dich zu Hause aufs Sofa fallen. Schnarchend schläfst du bei der neuesten Netflix-Serie ein. Und wenn du es endlich geschafft hast, ins Bett zu gehen, kannst du stundenlang nicht einschlafen, sondern starrst an die Decke und denkst an den nächsten Tag.

●

Kommt dir das bekannt vor? Stress und Angst sind im modernen Leben harte Realität. 2018 hieß es in einer Studie der *Mental Health Foundation* (britische gemeinnützige Organisation für Gesundheitsschutz) mit dem Titel „Stressed Nation", 74 Prozent der Erwachsenen im Vereinigten Königreich seien im Laufe des vergangenen Jahres so gestresst gewesen, dass sie sich „überfordert" gefühlt hätten oder „nicht damit zurechtkamen".[1] In den USA sieht es ähnlich aus; Medizin-Journalistinnen des Magazins *Everyday Health* stellten 2019 fest, chronischer Stress sei eine „nationale Epidemie, die alle Geschlechter und Altersgruppen betrifft".[2] Beide Untersuchungen wurden *vor* der COVID-19-Pandemie durchgeführt. (Wenn du diese Zeit stressfrei überstanden hast, melde dich bitte bei mir, denn ich würde gern dein Geheimnis erfahren).

Diese Stress-Epidemie kann durch große Ereignisse – egal ob weltweit oder in deinem persönlichen Leben – noch schlimmer werden, aber die Wahrheit ist, dass Stress seine Wurzeln in der Art und Weise unseres modernen Lebens hat, angefangen vom dauernden Online-Sein, dem Modus ständiger Verfügbarkeit, über unsere Smartphone-Sucht bis hin zu politischer Unbeständigkeit, Kriegen oder sogar der Klimakrise. In einigen Teilen der Welt herrschen außerdem Armut, Hungersnöte und Krankheiten. Stress ist überall.

Wenn wir uns an Stress gewöhnen, kommt er im Gewand der Normalität daher. Er übernimmt das Ruder, ohne dass du es merkst, und das macht er so gut, dass du dir womöglich gar nicht bewusst bist, dass dein

Körper und dein Gehirn gekapert worden sind. Womöglich glaubst du sogar, du seist einfach so.

Wie wir im letzten Kapitel herausgefunden haben, passt sich dein Körper buchstäblich an eine neue Normalität an, wenn du über einen längeren Zeitraum ein stressiges Atemmuster hast, und zwingt dich dann, auch weiterhin so zu atmen. Dadurch bleibst du in einem bestimmten Atemmuster stecken und hast die stressigen Gefühle, die dieses hervorruft; womöglich kannst du sogar kaum noch anders denken oder handeln. Es ist ein Teufelskreis – du gewöhnst dich körperlich und mental so sehr an ein bestimmtes Maß an Stress, dass dein Gehirn und dein Körper es als normal empfinden. Um dieses Stresslevel zu halten, brauchst du mit der Zeit immer mehr Stress.

Das Schlimmste ist, dass das nicht nur auf physiologischer Ebene geschieht, sondern dass du auch süchtig nach den Gedanken und Verhaltensweisen wirst, die noch mehr Stress erzeugen. Unter Umständen wirst du so süchtig, dass du unbewusst alles immer erst auf den letzten Drücker erledigst oder mehr Projekte übernimmst, als du eigentlich bewältigen kannst. Womöglich suchst du dir sogar eine hochdramatische Beziehung, nur damit du dich gewohnt gestresst fühlen kannst. Oder du bestellst dreimal einen dreifachen Espresso, um dein Cortisol auf ein „normales" Niveau zu bringen.

In diesem Kapitel werde ich dir zeigen, dass Stress nicht dein Leben bestimmen muss. Wenn uns etwas überfordert, vermischt es sich mit unseren Gefühlen und erscheint oft viel schlimmer, als es ist. Aber wenn wir es aus dem Kopf bekommen, verliert es seine Macht, und wir können überlegen, wie wir es klein kriegen und damit fertigwerden können.

Überlege einmal:

• Wann bist du angespannt oder fühlst dich gestresst?

• Vor einem gesellschaftlichen Ereignis oder vor einem großen Meeting? Bevor du vor einer Gruppe sprechen musst? Und was ist, wenn du spät dran bist?

- Ist Angst oder Stress für dich der „Normalzustand"?

- Sagst du anderen „Ich bin halt ein ängstlicher Mensch"?

- Ich hätte auch gerne, dass du versuchst dich zu erinnern, wie du in Situationen atmest, in denen du dich gestresst fühlst oder ängstlich bist.

- Was fällt dir an deinem Atem auf?

Wie wir in Kapitel 1 herausgefunden haben, ist der Sympathikus-Anteil deines ANS aktiviert, wenn du dich in einem gestressten und ängstlichen Zustand befindest. Da du nun weißt, wie der Sympathikus und sein Gegenpol, der Parasympathikus, wirken, zeige ich dir in diesem Kapitel, wie du deinen Atem nutzen kannst, um deinen Stress wieder in den Griff zu bekommen, alles bis in den Ruhezustand herunterzufahren und in Geist und Körper wieder Harmonie herzustellen.

Stress muss dein Leben nicht bestimmen.

Im Zweifel ...

Wenn es darum geht, Stress in Ruhe zu verwandeln, müssen wir zunächst verstehen, dass unsere Atmung quasi binär ist: Deine Einatmung, egal wie die Luft in dich hineinkommt, schaltet dich bis zu einem gewissen Grad ein und aktiviert deinen Sympathikus (deine Stressreaktion). Mit der Ausatmung schaltest du wieder ab – der Parasympathikus übernimmt das Ruder, und Körper und Geist entspannen sich. Indem du mit Geschwindigkeit, Verhältnis und Länge von Ein- und Ausatmung spielst, kannst du steuern, welche Seite dominanter ist.

Angenommen, du sitzt im Wartebereich vor einem wichtigen Vorstellungsgespräch. Du hast dich die ganze Woche über vorbereitet. Besser geht es nicht. Aber je näher der Zeitpunkt deines Vorstellungsgesprächs rückt, desto unruhiger und nervöser wirst du. Die Nerven beginnen zu flattern. Brustatmung setzt ein, deine Hände werden feucht, du spürst, wie deine Wangen glühen, deine Gedanken rasen … Und dann meldet sich die Stimme in deinem Kopf.

Ich brauche diesen Job unbedingt. Warte mal – was ist, wenn ich ihn nicht kriege? Dann bin ich aufgeschmissen. Wenn ich ihn nicht kriege, bin ich wahrscheinlich nicht gut genug. Ich bin definitiv nicht gut genug. Wie bin ich überhaupt hierhergekommen? Ich wette, jeder andere ist qualifizierter als ich. Verdammt, sind das überhaupt die richtigen Schuhe? Nie mache ich etwas richtig … Und warum ist es hier so heiß?

Jetzt ist deine Atmung erstarrt. Dein Mund wird trocken. Die Hände zittern. Das Leben kann manchmal ziemlich stressig sein, und die Umwandlung von Sympathikus-Stress in Parasympathikus-Ruhe beginnt mit einem Satz. Dies sind vielleicht die drei wichtigsten Worte in diesem Buch. Hänge sie dir an den Kühlschrank, tätowiere sie dir auf den Arm – egal was du tust, vergiss sie nie. Sie haben mir schon öfter aus der Patsche geholfen, als ich denken kann:

IM ZWEIFEL AUSATMEN.

Im Zweifel: Wenn du angespannt bist, dir Sorgen machst, dich überfordert fühlst oder in Panik gerätst, wenn du nicht schlafen kannst, Verdauungsprobleme oder Schmerzen hast, wenn dir schlecht ist oder du mit Reisekrankheit zu kämpfen hast – einfach immer, wenn du dich nicht wohlfühlst –, atme aus. Verlängertes Ausatmen aktiviert deinen Parasympathikus und fördert den Ruhe-, Verdauungs- und Reparaturprozess. Wenn du deinen Atem beruhigst, zieht dein Geist nach.

Im Zweifel ausatmen

- Atme vier Zähler lang durch die Nase ein und spüre, wie dein Bauch sich hebt.

- Halte den Atem vier Zähler lang an, bleib dabei still und ruhig.

- Atme acht Zähler lang durch den Mund aus. Lass die Schultern locker, das Gesicht, den Kiefer, den Bereich hinter den Augen, sogar die Stirn.

- Wiederhole die Übung so oft wie nötig, bis du dich entspannt fühlst.

Wenn du gestresst oder angespannt bist, werden deine Gedanken tendenziell schneller und deine innere Stimme wird womöglich lauter oder fängt an schwarzzumalen, wie in unserem Beispiel mit dem Vorstellungsgespräch. Das kann dich zur Geisel deiner Stressreaktion machen. Es kann also sein, dass du etliche Runden unserer „Im Zweifel ausatmen"-Technik brauchst, um dich zu beruhigen. Zusätzlich könntest du dir ein paar aufmunternde Worte sagen.

Aufmunternde Worte

Wir können das negative Geschwätz in unserem Kopf, das bei Stress häufig einsetzt, ersetzen, indem wir uns bewusst etwas Positives sagen. Wenn dein Kopf sagt: „Ich kann das nicht, ich tauge nichts", kannst du dir stattdessen laut oder im Kopf sagen: „Ich kann das, ich schaffe das, ich tue mein Bestes". Mit der Zeit und etwas Übung können positive Selbstgespräche negative Selbstgespräche ersetzen, sodass du in stressigen Situationen eher aufmunternd reagierst. Wenn du möchtest, kannst du jetzt noch einmal zu deinen Intentionen aus Übung 1 zurückgehen und einen Satz hinzufügen oder in ein Beispiel für positive Worte umwandeln, die du dir tagsüber immer wieder sagen kannst.

Du kannst dich auch morgens gleich als Erstes in eine positive Stimmung versetzen, damit dein Tag ein bisschen glatter läuft. Frage dich jeden Morgen:

• Was würde den heutigen Tag toll machen?

• Wofür bin ich dankbar?

Wenn du ans Positive denkst, lernst du, optimistischer zu sein. Das ist eine positive Intention für den Tag, der vor dir liegt. Und Dankbarkeit ist bei Stress sowieso immer gut: Sie ist ein positives Gefühl, das wir verspüren, wenn wir etwas bekommen, und sie bewirkt, dass unser Gehirn unseren Körper mit Wohlfühlstoffen überflutet, sodass wir einfach keinen Stress und keine Anspannung mehr verspüren können. Probiere es gleich mal aus. Wofür bist du jetzt gerade dankbar?

Vagus nicht Vegas

Wenn es darum geht, den Aus-Knopf zu drücken, solltest du dich mit deinem Vagusnerv anfreunden. Lass dich von dem Namen nicht irritieren: Dieser Nerv beeinflusst zwar deine Atmung und deinen Herzschlag, bringt dich ins Schwitzen und zum Reden, aber er ist nicht mit der Partystadt Las Vegas und ihrer Reizüberflutung zu verwechseln. Der Vagusnerv ist das Gegenteil: Er ist einer der Hauptakteure deiner Parasympathikus-Antwort, durch die du dich entspannt fühlst. Er hat zwei Zweige: den ventralen Vagus (Ruhe und Verdauung) und den dorsalen Vagus (Erstarren). Dieser Nerv fungiert sozusagen als Auge für dein inneres System und erkennt, wenn etwas aus dem Gleichgewicht geraten ist.

- Im Ohr hat er einen Tastsinn, der dir verrät, ob im Inneren etwas lauert.

- Im Rachen beeinflusst er deine Stimmbänder, damit du sprechen kannst.

- Er beeinflusst die Muskeln im hinteren Rachen, die für den Würgereflex verantwortlich sind, wenn dort etwas festsitzt.

- Er beeinflusst die Atmung und sorgt dafür, dass sich dein Herzschlag verlangsamt.

- Er beeinflusst die Muskelkontraktion im Darm, um die Verdauung zu fördern.

Dank des Vagusnervs weißt du, dass du essen musst, wenn du Hunger hast; wenn deine Blase voll ist, stimuliert er den Muskel, der dir beim Pinkeln hilft; wenn du gestresst bist, kann er auf die Bremse treten, um deine Atmung zu verlangsamen sowie deine Herzfrequenz und deinen Blutdruck zu senken.

Der Vagus ist wie eine Telefon-Hotline zwischen den Organen und dem Gehirn.

Im Lateinischen bedeutet *vagus* „umherschweifend" – ein passender Name, denn der Vagus ist einer der längsten Hirnnerven und erstreckt sich vom Gehirn bis hinunter zum Rumpf und verbindet dabei wichtige Organe. Er ist ein ganzes Netzwerk – ein Signalweg, eine Informationsautobahn – aus vielen Nerven, das Ohren, Hals, Lunge, Herz, Magen, Leber, Milz, Nieren und Darm miteinander verbindet. Er ist wie eine Telefon-Hotline zwischen den Organen und dem Gehirn und ermöglicht dem Gehirn so, den Überblick über die Vorgänge im Körper zu behalten. Und er ist der Grund dafür, dass dein mentaler Zustand deine Verdauung, deine Herzfrequenz und deine Atmung beeinflusst.

Manche Wissenschaftlerinnen und Wissenschaftler messen die Aktivität des Vagusnervs als Vagustonus. Er kann als Indikator dafür verwendet werden, wie gestresst du bist. Ein Mensch mit hohem Vagustonus hat eine bessere Kontrolle über die Stressreaktion seines Körpers als eine Person mit niedrigem Vagustonus. Es heißt sogar, dass der Vagustonus von der Mutter ans Kind weitergegeben wird. Wenn also eine Mutter gestresst ist und einen niedrigen Vagustonus hat, wird dies wahrscheinlich auch bei ihrem Kind der Fall sein.

Der Vagus ist eine wichtige Komponente bei der Verlangsamung deines Herzschlags, wenn du ausatmest. Auch deine Organe senden über den Vagus Nachrichten ans Gehirn. Der Vagus gehört zwar zum Parasympathikus-Anteil des Nervensystems, ist aber nicht immer mit einem Zustand der Ruhe verbunden. Zweige des Vagus können auch sehr stimulierend sein. Sie können dich sogar zum Erbrechen bringen. Vielleicht hat er also doch ein bisschen was von Vegas.

Wie können wir den Vagusnerv nutzen, um ruhiger zu werden? Durch die Atmung. Wenn dein Unbewusstes wieder einmal eine Stressreaktion auslöst – du spürst, wie deine Herzfrequenz steigt und deine Atmung schneller wird – atme langsamer. Im Zweifel ausatmen. Vier Zähler ein, vier Zähler anhalten, acht Zähler aus dem Mund aus. Damit signalisierst du deinen anderen Organen und deinem Gehirn, dass keine Gefahr droht. Alles ist in Ordnung, und du wirst ruhiger. Also, immer wenn Stress oder Anspannung aufkommen – vor einem Meeting, einem Date, einer Prüfung oder auch ohne ersichtlichen Grund – kannst du dich in einen entspannteren Zustand hineinatmen.

Die Polyvagal-Theorie

Laut dem Verhaltenswissenschaftler Stephen Porges nutzt der Körper sein Sympathikus- und Parasympathikus-System nicht isoliert; wir sind nicht einfach „an" oder „aus". Vielmehr glaubt Porges, dass es Zeiten gibt, in denen sich unser Körper in einem hybriden Zustand von Aktivierung *und* Beruhigung befindet und sowohl den Sympathikus als auch den Parasympathikus nutzt. Diesen Zustand bezeichnet er als unser „Social Engagement System" (SES, unsere Fähigkeit zum gesellschaftlichen Miteinander), das seiner Auffassung nach mit unserem Vagusnerv verbunden ist und eine große Rolle bei unserer Fähigkeit zur sozialen Interaktion spielt.[3]

Soziale Interaktion erfordert eine ruhige, ausgeglichene Offenheit, die nur in einem sicheren „ventral-vagalen" Zustand möglich ist, der mit dem Parasympathikus-Anteil des Nervensystems und der Ruhe- und Verdauungsreaktion korreliert. Jeder Stress, jede Anspannung, jede Sorge und jede Erregung des Sympathikus in diesem Zustand führt zu Aktion – „ich kann". Wenn die Erregung jedoch zu stark ist oder zu plötzlich auftritt, können wir wieder zurück in den Parasympathikus-Zustand, nur dass wir dieses Mal in den dorsal-vagalen Zustand kommen und „erstarren" – „ich kann nicht". Wir ziehen uns zurück, schalten ab, fühlen uns hoffnungslos, ja gefangen – wie bei Menschen in einer tiefen Depression. Porges schlägt vor, dass man durch den Sympathikus-Zustand hindurchmuss, um von der dorsal-vagalen Übererregung wieder in die Sicherheit des ventral-vagalen Zustands zu gelangen, gerade so wie man ihn auch in der anderen Richtung durchläuft. Für Menschen, die depressiv oder überfordert sind, die sich innerlich taub fühlen oder akute Hilf- oder Hoffnungslosigkeit verspüren, kann das schwer sein. Diese Theorie ist manchmal schwierig zu verstehen, also schau dir in aller Ruhe die Grafik auf S. 126 an.

Es gibt die Hypothese, dass Atemtechniken, die auf kontrollierte Weise eine Sympathikus-Reaktion hervorrufen, uns gefühlsmäßig wieder zu einem gesunden gesellschaftlichen Miteinander befähigen können, das sich durch Offenheit, Mitgefühl, Achtsamkeit und Geerdetheit auszeichnet. Einige dieser Techniken werden wir in Teil 2: Tiefergehende Arbeit anwenden.

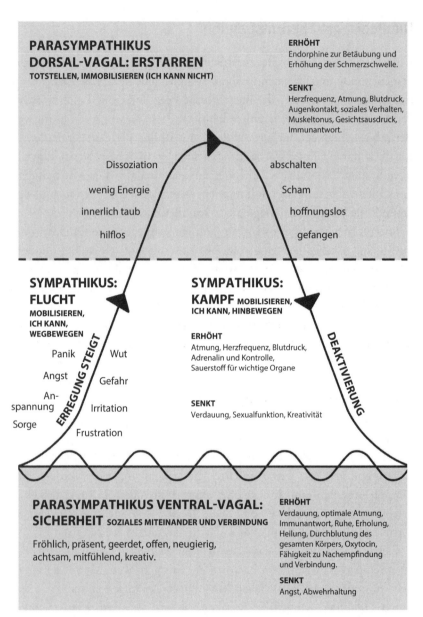

UM VON EINEM DORSAL-VAGALEN PARASYMPATHIKUS-ZUSTAND (ERSTARRUNGSREAKTION) IN EINEN VENTRAL-VAGALEN PARASYMPATHIKUS-ZUSTAND ZU KOMMEN (SICHERHEIT), MUSS MAN EINEN SYMPATHIKUS-ZUSTAND (STRESS-ZUSTAND) DURCHLAUFEN.

Nimm dir Zeit zum Entspannen

Unsere Technik „Im Zweifel ausatmen" kann das Stress- oder Panik-Feuer in den meisten Situationen löschen. Es gibt aber noch ein paar weitere praktische Instrumente, die du für bessere Ruhe und Erholung nutzen kannst, vor allem in Bezug auf Schlaf und Verdauung, indem du eine Parasympathikus-Antwort auslöst. Das Tolle daran ist, dass guter Schlaf und gesunde Verdauung uns von vornherein davor bewahren können, allzu sehr in Stress zu geraten.

Doch zunächst möchte ich, dass du dir einen Moment Zeit nimmst und an die Momente denkst, in denen du dich am ruhigsten und entspanntesten fühlst. Meist können wir erkennen, was uns zuverlässig in den ventral-vagalen Zustand versetzt, sodass wir uns entspannt, offen, geerdet und sicher fühlen. Jede Art von Selbstfürsorge wirkt: ein heißes Bad nehmen, auf dem Sofa liegen, eine Kerze anzünden oder sich dehnen zum Beispiel. Aber im Chaos unseres Lebens nehmen wir uns oft nicht genug Zeit dafür. Sich Zeit zum Entspannen zu nehmen, ist sehr wichtig. Überlege dir, ob du neben der Arbeit oder anderen anstrengenden Aktivitäten auch Zeit für Ruhe einplanen willst. Hör auf zu tun, sei einfach.

Wann fühlst du dich am entspanntesten?

- Wenn du mit guten Freunden oder der Familie zusammen bist?
- Wenn du einen Film oder eine Fernsehsendung schaust oder ein Buch liest?
- Und wie wär's mit einem Spaziergang?
- In freier Natur?
- Wenn du ein Tier streichelst?
- In der Badewanne?

Wie ist deine Atmung in solchen Situationen?

Jetzt überlege, wie du dir jeden Tag etwas Zeit zur Entspannung freihalten kannst.

Einnicken – Atmen für den Schlaf

Als ich als DJ auf Tour war, war mein Schlaf völlig chaotisch, und meine innere Uhr geriet durch meine Schlafgewohnheiten ständig durcheinander. Es gab lange Nächte, verschiedene Zeitzonen und viel zu viel Alkohol und Partys. Ich schlief „unterwegs", was buchstäblich bedeutete, dass ich mir auf Flügen und in Bussen eine Stunde Schlaf gönnte. Abnormaler Schlaf war für mich normal. Das ist ein Extrembeispiel. Aber viele Menschen haben Schlafprobleme. Erinnerst du dich an Ian, der jeden Abend völlig erschöpft war und nachts trotzdem an die Decke starrte? Vielleicht kennst du das aus eigener Erfahrung.

Bis zu 30 Prozent der Bevölkerung in Industrieländern leiden unter chronischer Schlaflosigkeit.[4] Wenn du Erfahrungen mit Stress oder Angst hast, ist es sehr wahrscheinlich, dass du auch Schlafprobleme kennst. Sie gehen Hand in Hand. Denk mal drüber nach: Unsere Stressreaktion ist unser Kampf-oder-Flucht-System, das uns außer Gefahr bringt. Wenn dein Gehirn davon ausgeht, dass ein Grizzlybär unter dem Bett sein könnte, glaubst du dann, dass du leicht in den Schlaf findest? Ganz bestimmt nicht.

Du musst Körper und Geist beruhigen, damit dein Parasympathikus aktiviert wird und du in die Entspannungsreaktion kommen kannst, und dazu kannst du deinen Atem nutzen. Aber es gibt noch ein paar andere hilfreiche Tipps zum Einschlafen, die ich hier mit dir teilen möchte.

Schlafvorbereitung

Gehe tagsüber raus ans Licht

Schlaf ist eng mit Licht verbunden. Licht steuert als wichtigster Faktor unseren Tag-Nacht-Zyklus und beeinflusst alles, von Körpertemperatur und Stimmung bis hin zum Stoffwechsel und dem Spiegel des Schlafhormons Melatonin. Eine Studie mit Menschen, die an Schlaflosigkeit leiden, hat ergeben, dass die Lichtexposition am Tag die Schlafqualität und -dauer deutlich verbessert. Außerdem verkürzte sich die Zeit, die die Teilnehmenden zum Einschlafen brauchten, um 83 Prozent.[5]

Meide blaues Licht

Es gibt eine Form von Licht, die du gegen Abend meiden solltest – das Licht, das dein Handy oder dein Computerbildschirm ausstrahlt. Man spricht von blauem Licht. Blaues Licht gaukelt dem Gehirn vor, es sei Tag. Das bedeutet, wenn du nachts vor einem Gerät sitzt, schüttet dein Körper kein Melatonin mehr aus, was dir das Einschlafen erschwert.

Also zwei Stunden vor dem Schlafengehen kein Smartphone und kein Bildschirm. Wenn du dein Telefon benutzen oder auf einen anderen Bildschirm schauen musst, dann filtere das blaue Licht aus. Bei den meisten Smartphones kannst du das in den Einstellungen tun. Manche Smartphones haben einen Nachtmodus, bei dem die Farbtemperatur deines Bildschirms wärmer wird, damit er deinen Schlaf nicht beeinträchtigt.

Entwickle eine Schlafroutine

Stehe konsequent immer zur selben Zeit auf und gehe zur selben Zeit ins Bett. So entsteht ein regelmäßiger Schlafzyklus, der deinem Körper sagt, wann er müde werden soll. Optimiere deine Schlafumgebung – reduziere Helligkeit und Geräusche, stelle die Temperatur auf 15-19 Grad Celsius ein und sorge für ein bequemes Bett und bequeme Kissen. Iss nicht zu spät (etwa drei Stunden vor dem Schlafengehen solltest du nichts mehr essen) und meide Lebensmittel, die deinen Schlaf stören könnten, wie scharfe oder zuckerhaltige Speisen oder Lebensmittel, die Milchprodukte enthalten. Es mag selbstverständlich klingen, aber achte auf deinen Koffeinkonsum. Der Koffeingehalt im Blut bleibt sechs Stunden erhöht, daher sollte Kaffee nach 15 Uhr tabu sein! Achte auch auf deinen Alkoholkonsum. Er senkt den nächtlichen Melatoninspiegel. Wenn du also Schlafprobleme hast, solltest du Alkohol am besten meiden.

Die Koffeinfalle

Versteh mich nicht falsch, ich liebe Kaffee. Aber wenn du besser schlafen oder auch nur dein natürliches Energieniveau aufrechterhalten willst, ist Koffein nicht die beste Wahl. Wir glauben zwar, dass es uns Energie gibt, aber in Wirklichkeit verhindert es lediglich, dass wir müde werden, und das kann sich negativ auf unseren Schlaf auswirken, wenn wir sehr zu sehr auf Koffein setzen, um tagsüber in Schwung zu bleiben.

Weißt du noch aus Kapitel 1, dass Sauerstoff plus Glukose Adenosintriphosphat (ATP) ergibt? Wenn ATP verbraucht ist, wird es zu Adenosin abgebaut. Im Laufe des Tages sammelt sich Adenosin an und bindet sich an Rezeptoren im Gehirn, was dich schläfrig macht. Du füllst also quasi tagsüber die Adenosinwanne, und wenn du schlafen gehst, ziehst du den Stöpsel, damit die Wanne am nächsten Tag leer ist.

Schlafexperte Mathew Walker erklärt, dass Adenosin, wenn es im Laufe des Tages ansteigt, ein paar Stühle braucht, auf denen es sitzen kann – das sind die Rezeptoren im Gehirn.[6] Koffein blockiert jedoch die Adenosinrezeptoren, die registrieren, dass du müde bist. Es ist, als ob jemand dem Adenosin alle Stühle weggenommen hätte. Dein Körper produziert weiterhin Adenosin, und wenn die Wirkung des Koffeins nachlässt, wird dein Gehirn mit einer gewaltigen Dosis überflutet und du erlebst das „Kaffeeloch". In diesem Zustand geht dir kaum noch etwas von der Hand, also greifst du nach der nächsten Tasse ... und der Kreislauf beginnt von vorn.

Das überschüssige Adenosin durch übermäßigen Koffeinkonsum wird während eines normalen Schlafzyklus nicht immer vollständig aus dem Körper gespült und kann daher zu der Morgenmüdigkeit beitragen, unter der viele Menschen leiden. Häufig regt dies dazu an, sich noch mehr Koffein reinzuziehen. Es ist ein Teufelskreis, der zu einer noch schlechteren Schlafqualität führt – und zu Müdigkeit am Tag. Wenn du deinen täglichen Kaffee brauchst, beschränke dich auf einen und versuche, ihn vor 15 Uhr zu trinken, damit dein Körper Zeit hat, das Adenosin im Schlaf auszuspülen.

Ab ins Traumland: Die 4-7-8-Atmung

Und jetzt kommen wir dazu, wie die Atmung dir beim Schlafen helfen kann. Darf ich vorstellen: Die 4-7-8-Atmung. Diese Methode ist sehr beliebt, seit der Promi-Arzt Andrew Weil kühn behauptet hat, damit könne man in einer Minute einschlafen.[7] Seine Belege beschränken sich auf anekdotische Berichte von zufriedenen Anhängerinnen und Anhängern, aber wir wissen, dass diese Atmung den Parasympathikus-Anteil des Nervensystems aktiviert und dir hilft, nach einem langen Tag zur Ruhe zu kommen. Die Technik führt zu einem leichten Anstieg des Kohlendioxidgehalts im Blut, wenn du den Atem anhältst, was dich schläfrig machen kann. Das ist nicht nur fantastisch für die Vorbereitung aufs Einschlafen, sondern auch ein gutes Mittel, auf natürliche Weise wieder in den Schlaf zu finden, wenn du nachts aufwachst und hellwach wirst.

Und so geht's. Vor dem Schlafengehen:

- Leg die Zungenspitze hinter die Vorderzähne, als wolltest du „lll" sagen.

- Schließ den Mund.

- Atme vier Zähler lang durch die Nase ein und spüre, wie sich dein Bauch hebt.

- Halte den Atem sieben Zähler lang an. Bleib ruhig und entspannt.

- Atme acht Zähler lang mit Lippenbremse, also durch geschürzte Lippen, aus, die Zunge bleibt, wo sie ist. Lass zu, dass sich dein ganzer Körper entspannt und schwer wird.

- Mach das insgesamt zehn Mal, nach Bedarf auch öfter.

Leg die Zungenspitze hinter die Vorderzähne.

Schließ den Mund und atme vier Zähler lang ein, dann halte den Atem sieben Zähler lang an.

Atme acht Zähler lang mit Lippenbremse aus, die Zunge bleibt an Ort und Stelle.

Tiefschlaf ist Qualität

Wachst du in der Nacht auf? Schnarchst du? Wachst du mit trockenem Mund auf? Leidest du an Schlafapnoe? Fühlst du dich beim Aufwachen müde? Hast du beim Aufwachen eine verstopfte Nase? Einschlafen ist das eine, *gut zu schlafen* ist etwas ganz anderes. Und ein guter Nachtschlaf ist, wie bereits erwähnt, ein wesentlicher Beitrag zur Stressreduktion am Tag.

Wenn du deine Schlafqualität optimieren, die Gefahr des Schnarchens verringern und mit frischem Schwung aufwachen willst, solltest du versuchen, deine Atmung beim Schlafen zu verbessern. Was ist das schnellste und effektivste Mittel dazu? Mund zu und durch die Nase atmen natürlich.

Es ist entscheidend wichtig, dass du beim Schlafen durch die Nase atmest. Du kannst dir wahrscheinlich denken, wie wir die Nasenatmung im Schlaf gewährleisten können. Genau, Mund zukleben.

Wenn du es schaffst, dir wie in Übung 5 tagsüber mindestens 20 Minuten lang den Mund zuzukleben, kannst du dich steigern und zum nächtlichen Abkleben übergehen. Mache die 4-7-8-Atemübung (Übung 15), um Körper und Geist zu beruhigen, und klebe dir dann vor dem Einschlafen ein Stück medizinisches Klebeband über den Mund.

Wenn du konstant morgens immer noch mit dem Klebeband über dem Mund aufwachst, weißt du, dass du dir angewöhnt hast, im Schlaf durch die Nase zu atmen. Du wirst merken, dass du dadurch auch tagsüber mehr durch die Nase atmest. Eine Win-Win-Situation!

Wichtig ist, dass du dies nicht nach einer durchzechten Nacht oder bei verstopfter oder blockierter Nase machst. Verwende nur *einen* Streifen luftdurchlässiges Klebeband und sei zu deinem eigenen Schutz vorsichtig. Wenn du dir unsicher bist oder du dich dabei unwohl fühlst, dann halte dich einfach tagsüber so oft wie möglich an die Nasenatmung; bald schon wirst du merken, dass du sie dir auch im Schlaf ganz natürlich angewöhnst.

Es ist entscheidend wichtig,

dass du durch die Nase atmest, wenn du schläfst.

Schlafapnoe

Schlafapnoe kann dazu führen, dass Menschen im Schlaf plötzlich aufhören zu atmen. Dann sammelt sich Kohlendioxid im Blut, wodurch die schlafende Person aufwacht und nach Luft schnappt. Die Ursache ist meist Mundatmung, wobei die Zunge nach hinten fällt und die Atemwege blockiert. Dieses Beschwerdebild unterbricht den Schlafzyklus und hat negative gesundheitliche Auswirkungen.

Schlafapnoe ist die häufigste Atemstörung im Schlaf; weltweit sind schätzungsweise eine Milliarde Menschen im Alter zwischen 30 und 69 Jahren betroffen.[8]

Wenn das bei dir der Fall ist, mache dir keine Sorgen. In der Regel lässt sich das Problem lösen, indem du dir nach und nach angewöhnst, nachts den Mund zuzukleben.

Bessere Verdauung durch Atmen

Stress gehört zu den wichtigsten Zusatzfaktoren für schlechte Verdauung und Veränderungen des Appetits. Natürlich tragen auch moderne Essgewohnheiten und hochverarbeitete Lebensmittel dazu bei, aber wenn du stressig atmest – Brustatmung, umgekehrte, erstarrte, zusammengesackte oder hastige Atmung – fahren dein Körper und dein Gehirn das Verdauungssystem herunter und priorisieren die Funktionen, die deine Sicherheit gewährleisten.

Bei manchen Menschen verlangsamt chronischer Stress die Verdauung und verursacht Blähungen, Schmerzen und Verstopfung; bei anderen hingegen kurbelt er die Verdauung an, was zu Durchfall und häufigen Toilettengängen führt. Wieder andere verlieren komplett den Appetit.

Eine schlechte Atmung, durch die du in einem chronischen Stress-Zustand bleibst, kann Erkrankungen wie Magengeschwüre und das Reizdarmsyndrom hervorrufen. Sie kann dazu führen, dass dein Gewicht aus seiner gesunden Balance gerät und du entweder in ungesundem Maß ab- oder zunimmst.

ÜBUNG 16

Leicht und locker: Durch Atmen die Verdauung verbessern

Damit dein Körper die Nahrung richtig verdauen kann und gut im Gleichgewicht bleibt, musst du dich in einem Parasympathikus-Zustand befinden, also im Zustand von Ruhe, *Verdauung* und Reparatur. Der Hinweis liegt schon in der Beschreibung. Wenn du dich also zum Essen hinsetzt, musst du, noch bevor die Gabel überhaupt in die Nähe des Tellers kommt, deinem Gehirn und deinem Körper mitteilen, dass du dich in einem entspannten Zustand befindest, damit sie den Blutfluss zu den Organen lenken, die für die Verdauung zuständig sind.

* Halte vor jeder Mahlzeit kurz inne.

* Atme dann fünf Zähler lang durch die Nase ein und spüre, wie dein Bauch sich hebt.

* Atme 15 Zähler lang durch den Mund aus.

* Mach das insgesamt fünf Mal.

Wenn du möchtest, kannst du dabei an die unglaubliche Reise denken, die das Essen zurücklegt, bis es auf deinem Teller landet. Und für all die Arbeit und Mühe danken, die bis zur Ankunft auf deiner Gabel nötig war. Dankbarkeit fördert Ruhe, und Ruhe fördert die Verdauung.

Verletzungen und Schmerzen

Die Aktivierung deiner Parasympathikus-Antwort beschränkt sich nicht auf die Situationen, in denen du ruhiger werden, besser schlafen oder dein Essen verdauen willst. Ein weiterer wichtiger Grund ist das Schmerzmanagement. Und ich muss es wissen, denn als Kind war ich ein richtiger Wildfang. Meine ganze Kindheit hindurch hatte ich Schrunden, Schnitte, Kratzer, Schürfwunden, Verstauchungen, Brüche und Risse. Das passiert, wenn man zu viel Tough Ted liest. Aber du musst nicht der nächste Evel Knievel sein (der Motorradstuntman, der es mit 433 Knochenbrüchen ins Guinness Buch der Rekorde geschafft hat), um zu wissen, wie unangenehm es ist, wenn man sich verletzt. Du hast dir bestimmt schon mal einen Zeh gestoßen oder die Hand verbrannt, als du einen Auflauf aus dem Ofen geholt hast. Selbst wenn du dir noch nie etwas gebrochen hast, hattest du wahrscheinlich schon einmal so eine Migräne, dass es dir fast den Kopf zerreißt und du selbst im schwächsten Licht meinst, du würdest geradewegs in die Sonne marschieren. Schmerzen haben wir alle einmal, und zwar in jeder Form und Stärke – einschießend, stechend, brennend, scharf, reißend oder pochend. Der Schmerz kann kurz oder lange anhalten, er kann körperlich oder emotional sein und er kann an einer Stelle bleiben oder sich im ganzen Körper ausbreiten.

Schmerz ist schlicht die Art, wie dein Körper dir sagt, dass etwas nicht stimmt. Genau wie den Stress wollen wir alle auch den Schmerz loswerden, aber in gewisser Hinsicht ist Schmerz sogar etwas Positives. Er ist nämlich auch eine Alarmglocke. Wenn du verletzt oder krank bist, soll er dir sagen, dass du etwas tun oder lassen musst. Wenn du zum Beispiel deine Hand auf eine heiße Herdplatte legst, senden deine Nerven ein Signal ans Gehirn, und das sendet dir eine Schmerznachricht. Der Schmerz schreit dich an, die Hand vom Herd zu ziehen und etwas zu unternehmen, um die Haut zu kühlen. Oder um es mit einem etwas harmloseren Beispiel zu sagen: Wenn du mit einem verletzten Knöchel auftrittst und es weh tut, sagt dir dein Körper, dass er immer noch verletzt ist und du das Auftreten mit diesem Fuß bleiben lassen sollst, damit er heilen kann.

Wir merken uns unsere körperlichen und emotionalen Schmerzreaktionen, damit wir nicht wieder in Situationen geraten, in denen wir diesen Schmerz spüren. Versuche gleich einmal Folgendes: Schließe die Augen und stelle dir vor, du legst die Hand auf eine heiße Herdplatte. Hast du einen Widerstand dagegen verspürt? Die Schmerzerinnerung ist zwar wichtig, um uns vor künftigen Schmerzen zu schützen, aber wenn Schmerzen dauerhaft oder chronisch werden, können sie auch Stress und Verspannungen verursachen. Kein Wunder also, dass viele Menschen mit chronischen Schmerzen versuchen, sich von ihrem Körper abzukoppeln – durch Alkohol, Drogen oder andere Mittel, – um den Schmerz zu vermeiden. Das Problem dabei ist, dass sie sich dadurch auch von der angeborenen Fähigkeit ihres Körpers abkoppeln, sich selbst zu heilen und ins Gleichgewicht zu kommen.

Viele greifen schon beim geringsten Schmerz nach einem Mittel, um ihn zu betäuben. Aber wenn wir versuchen, selbst leichte Schmerzen, die relativ gut auszuhalten sind, zu vermeiden, nehmen wir uns die Chance, uns anzupassen und zu wachsen. Das ist ein bisschen so, wie wenn du immer gleich nach dem Aufwachen Kaffee trinkst, denn dann lernst du nie, mit deinem Energielevel *selbstständig* hauszuhalten. Das Gleiche gilt für Alkohol. Wenn du am Ende eines anstrengenden Arbeitstages zu einem Glas Wein greifst, lernst du nie, wie du runterkommen und vom „Arbeitsmodus" in den „Ruhemodus" umschalten kannst. Schlimmer noch, dein Körper gewöhnt sich sehr schnell an das, was du ihm zuführst.

Genauso wie eine schnellere Atmung über einen längeren Zeitraum dazu führen kann, dass unser Körper seine Biochemie anpasst, um im Gleichgewicht zu bleiben, kann er auch sein chemisches Grundgerüst sehr gut so verändern, dass wir immer mehr von dem brauchen, was wir ihm zuführen, um den gleichen Effekt zu erzielen, egal ob es sich um Koffein, Alkohol oder etwas anderes handelt. Sogar Schmerzmittel, obwohl sie bei bestimmten Erkrankungen natürlich unerlässlich sind, können uns auf subtile Weise schaden. Die gute Nachricht lautet, dass wir lernen können, stattdessen unsere Atmung einzusetzen; das ist eine natürliche Methode, um leichte Schmerzen und das damit verbundene Unwohlsein zu verringern und zu bewältigen.

Schmerzempfinden

Das Schmerzempfinden ist von Mensch zu Mensch unterschiedlich, und es gibt keinen standardisierten Test zur Bestimmung der Schmerzintensität. Schmerz ist subjektiv und wird von der genetischen Veranlagung, von Emotionen, Persönlichkeit und Lebensstil sowie von Gefühlen, Meinungen und Vorerfahrungen beeinflusst. Wenn du das Glück hast, noch nie in deinem Leben große Schmerzen gehabt zu haben, kann deine erste Erfahrung mit starken Schmerzen, etwa bei einem gebrochenen Handgelenk oder einem verstauchten Knöchel, eine 10 von 10 sein. Eine andere Person, bei der ein ähnlicher Schmerz auftritt, die aber schon einmal Wehen oder Nierensteine hatte, könnte diesen Schmerz im Vergleich zu ihrer früheren Erfahrung (die für sie eine 10 von 10 war) als 5 von 10 einstufen. Man kann sich auch an Schmerz gewöhnen. Meine Oma hatte als kleines Kind Osteomyelitis, eine schmerzhafte Knochenmarksentzündung. Dadurch stieg ihre Schmerzschwelle – ihre Schmerztoleranz war sogar so hoch, dass sie sich als Erwachsene den Arm brach und es nicht einmal merkte. Die meisten Menschen würden bei so einer Verletzung erhebliche Schmerzen verspüren. Weil unser Schmerz einzigartig und von unseren früheren Erfahrungen beeinflusst ist und weil unsere Atmung diese Erfahrungen abbildet, können wir unseren Atem nutzen, um mit dem Schmerz umzugehen.

Durch Atmen Schmerzen bewältigen

Wenn du Schmerzen hast, verändern sich Rhythmus, Geschwindigkeit und Fluss deiner Atmung. Das liegt daran, dass Schmerzen stressig sind und daher den Sympathikus-Anteil des Nervensystems anregen. Stresshormone wie Adrenalin und Cortisol werden ausgeschüttet und wirken als natürliche Schmerzmittel, indem sie sich an die Opioidrezeptoren im Gehirn heften und die Schmerzwahrnehmung blockieren. Deshalb merkt ein Rugbyspieler mitten im Spiel vielleicht gar nicht, dass er sich die Nase gebrochen hat, hat aber hinterher große Schmerzen: Schmerzen treten nach Verletzungen oder Unfällen oft verzögert auf, weil du zum Zeitpunkt der Verletzung stark mit Adrenalin vollgepumpt bist. Ganz gleich, ob dein Schmerz chronisch oder schwach ist, dein Sympathikus wird aktiviert, und es werden Hormone ausgeschüttet.

Eine Studie legt nahe, dass die Art der Atmung eine große Rolle dabei spielt, wie wir Schmerzen verarbeiten.[9] Für Mütter, die unter der Geburt die natürliche Schmerzlinderung durch Atmen erlebt haben, dürfte das keine Überraschung sein. Langsames, tiefes und konzentriertes Atmen ist ein wirksames Mittel zur Linderung vieler Schmerzformen. Wenn du akute Schmerzen hast, beispielsweise wenn du dich beim Zwiebelhacken schneidest oder mit dem Kopf an eine niedrige Decke stößt, reagiert dein Körper mit Schock, steigender Anspannung, erhöhter Herzfrequenz und kürzeren, flacheren Atemzügen – also mit einer klassischen Stressreaktion. Indem wir unsere Atmung verlangsamen und beruhigen, die Ausatmung verlängern und Techniken anwenden, wie wir sie in diesem Kapitel geübt haben, können wir unsere Parasympathikus-Antwort auslösen, unsere Herzfrequenz verlangsamen, unseren Geist beruhigen und die Anspannung vom Körper abfallen lassen, damit er sich reparieren kann. Solche Techniken reduzieren außerdem Entzündungen sowie die unmittelbare Schmerzreaktion.

Wenn Schmerzen trotz Medikamenten oder Behandlung länger als zwölf Wochen anhalten, bezeichnen wir sie als *chronisch*. Häufige Beispiele für chronische körperliche Schmerzen sind Kopfschmerzen, Arthritis oder Rückenschmerzen. Wir müssen dringend Möglichkeiten finden, mit chronischen Schmerzen umzugehen, ohne Medikamente einzunehmen, die oft süchtig machen und auf lange Sicht möglicherweise mehr Probleme schaffen als sie lösen. Der Online-Dienst *Harvard Health Publishing* nennt die Tiefenatmung an erster Stelle seiner Liste der Methoden, chronische Schmerzen in den Griff zu bekommen, und fügt hinzu, sie sei „das Herzstück aller Techniken", die dort zur Schmerzbewältigung aufgeführt sind.[10]

Viele chronische Schmerzen – darunter Kopf-, Nacken- und Rückenschmerzen – können überhaupt erst durch schlechte Atmung ausgelöst worden sein. Wenn du deine Brust- und Nackenmuskeln überbeanspruchst, anstatt deinem Zwerchfell die Atemarbeit zu überlassen, können sie ermüden und empfindlich werden. Übe täglich fünf Minuten lang „Im Zweifel ausatmen" (Übung 14), um die Schmerzreaktion abzuschwächen, selbst bei chronischen Schmerzen. Wenn du weitere Möglichkeiten suchst, deine Schmerzen zu lindern, gibt es noch mehr Hilfsmittel, die du gut in dein Arsenal aufnehmen kannst.

Wie du atmest, spielt eine große Rolle dabei, wie du Schmerzen verarbeitest.

Visualisierung zur Schmerzlinderung

Bei der Visualisierung nutzen wir unsere Vorstellungskraft, um vor unserem inneren Auge ein Bild oder eine Szene zu erschaffen. Sportlerinnen und Sportler berichten oft, dass sie damit ihr Training ergänzen oder ihre Wettkampfleistung deutlich verbessern, wenn sie sich vor einem großen Ereignis vorstellen, dass es gut ausgeht. Die Visualisierung positiver, angenehmer Bilder oder Szenen vor unserem inneren Auge kann uns von Schmerzen ablenken und vermittelt uns ein Gefühl größeren Wohlbefindens und besserer Kontrolle. Je häufiger du deinen Fokus vom Schmerz abziehen kannst, desto schwächer werden die mit dem Schmerz verbundenen Nervenbahnen. Je mehr wir uns auf das Schmerzempfinden konzentrieren, desto stärker werden diese Bahnen. Die Visualisierung ist daher eine hilfreiche Übung, um durch den Schmerz hindurch zu atmen. Manche Visualisierungen beinhalten, dass du dir einen friedvollen Ort vorstellst, etwa am Strand oder im Wald. Sie sind eine gute Unterstützung zur Entspannung, aber um Schmerzen loszulassen, verwende ich gerne eine aktivere Visualisierung: die Vorstellung von Licht.

Das möchte ich erklären. Wenden wir diese Visualisierung bei unserer „Im Zweifel ausatmen"-Technik an (Übung 14; vier Zähler lang einatmen, vier Zähler lang Atem anhalten, acht Zähler lang ausatmen). Diese Übung ist besonders hilfreich bei leichten, vorübergehenden Schmerzen wie beispielsweise Muskelschmerzen, Verletzungen oder Menstruationskrämpfen.

- Nimm eine bequeme Haltung ein, im Sitzen oder im Liegen.

- Schließ die Augen und bleib eine Minute ganz ruhig, damit Geist, Körper und Atem zur Ruhe kommen.

- Nun stell dir vor, dass ein helles weißes Licht auf dich herunterstrahlt, ein heilsames, ein nährendes Licht.

- Stell dir einfach vor, dass du in diesem Licht badest, stelle dir vor, dass es deinen Körper reinigt.

- Nun möchte ich, dass du dir vorstellst, dass du dieses weiße Licht durch die Nase einatmest, vier Zähler lang. Stell dir vor, dass dein ganzer Körper sich mit diesem heilsamen Licht füllt.

- Halte vier Zähler lang den Atem an und schick das Licht dabei in deine Beine bis hinunter in die Zehen; schick es in deine Arme, Hände und Finger, bis es deinen ganzen Körper ausfüllt.

- Atme acht Zähler lang durch den Mund aus und lass zu, dass dein ganzer Körper sich wirklich entspannt. Stell dir dabei vor, dass das Licht deinen Körper verlässt.

- Atme vier Zähler lang ein und stell dir dabei vor, du atmest weißes heilsames Licht ein.

- Halte den Atem vier Zähler lang an und schick das Licht dieses Mal an die schmerzende Stelle. Stell dir vor, dass das Licht deinen Schmerz auflöst.

- Atme acht Zähler lang durch den Mund aus und stell dir vor, dass das Licht deinen Körper zusammen mit dem Schmerz verlässt. Versuch dir wirklich vorzustellen, wie der Schmerz deinen Körper verlässt.

- Praktiziere diese letzten drei Schritte fünf Minuten oder länger.

- Wenn du chronische Schmerzen hast, mach diese Übung täglich.

Linderung für deinen Brummschädel

Kopfschmerzen sind das Schlimmste. Sie können durch alles Mögliche ausgelöst werden: Erkältung oder Grippe, Stress, Sehprobleme, schlechte Haltung, Schlafmangel, Dehydrierung, zu viel Alkohol am Vorabend. Was auch immer der Grund für dein Kopfweh ist, hier sind drei Möglichkeiten, wie du die Verspannungen, die sie auslösen, lindern kannst.

ÜBUNG 18

Schnellkochtopf: die 7-11-Atmung

Wenn dein Kopf dröhnt, kann das kurze, vier Sekunden lange Anhalten des Atems bei unserer Technik „Im Zweifel ausatmen" (Übung 14) manchmal einen leichten Druckanstieg im Körper bewirken. Bei Kopfschmerzen ist daher vielleicht die 7-11-Atmung hilfreicher. Dabei handelt es sich um eine sehr langsame, entspannende Atmung mit einer langen Ausatmung, die eine Parasympathikus-Antwort fördert. Das beruhigt den Geist, entspannt den Körper und lindert den Brummschädel. Die Übung ist supereinfach; der Titel sagt alles.

* Such dir einen bequemen Platz, atme sieben Zähler lang durch die Nase ein und spüre, wie sich dein Atem tief in deinem Rumpf ausbreitet.

* Atme elf Zähler lang durch den Mund aus.

* Bemüh dich, beim Ausatmen ganz bewusst, die Schultern, den Kiefer, das Gesicht, die Stirn, ja sogar den Bereich hinter den Augen zu entspannen; lass alle Anspannung los.

* Wiederhole so oft wie du es brauchst.

* Wenn du möchtest, kannst du diese Atemübung auch um die Licht-Visualisierung ergänzen. Dann kannst du dir besser vorstellen, wie der Schmerz deinen Körper verlässt.

Kühles Lüftchen

Uns allen wird es manchmal zu heiß, und das kann Kopfschmerzen auslösen – zu langer Aufenthalt in der Sonne, Hitzewellen oder sogar die Hitze und Anspannung, die mit Ärger oder Stress kommen. In solchen Situationen solltest du darauf achten, dass du Wasser nachtrinkst. Daneben hilft dir die Technik „Kühles Lüftchen", cool zu bleiben und dich zu beruhigen.

• Beiße ganz sachte die Zähne zusammen. Achte darauf, dass obere und untere Zahnreihe sich berühren, und öffne die Lippen ein wenig.

• Atme vier Zähler lang durch die Zähne mit dem Zwerchfell ein und lass die kühle Luft über Zähne und Zunge strömen.

• Atme acht Zähler lang durch die Nase aus.

• Nimm dir vier Runden vor und achte darauf, wie du dich dann fühlst.

• Du kannst auch eine kleine Kopfbewegung in diese Technik einbauen. Heb dazu das Kinn beim Einatmen zum Himmel und führe es beim Ausatmen wieder nach unten; langsame Halsbewegungen können die Durchblutung fördern und Kopfschmerzsymptome lindern.

Atme vier Zähler lang durch leicht zusammengebissene Zähne ein.

Atme acht Zähler lang durch die Nase aus.

Schläfen-Spannung

Diese unter der Bezeichnung „Löwenatem" bekannte Übung dehnt deine Schläfenmuskeln, die auf beiden Kopfseiten an den Kiefergelenken ansetzen und häufig zu Spannungskopfschmerzen beitragen. Die Übung hilft diesen Muskeln, lockerzulassen und sich beim Atmen zu entspannen. Außerdem ist sie ein weiteres gutes Mittel, um Stress abzubauen und Giftstoffe aus dem Körper zu leiten.

- Nimm eine bequeme Sitzhaltung ein.

- Neig dich leicht nach vorne und leg die Hände auf die Knie.

- Atme durch die Nase ein und benutze dabei das Zwerchfell.

- Mach den Mund weit auf und streck die Zunge heraus. Streck sie so tief wie möglich in Richtung Kinn.

- Atme kraftvoll aus. Lass alle Luft aus deinen Lungen heraus und bilde dabei den Laut „haa".

- Atme ein paar Runden normal weiter.

- Wiederhole das vier Mal.

- Atme zum Abschluss ein bis drei Minuten lang langsam, tief und sanft.

 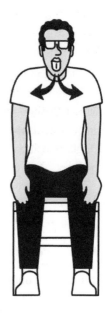

Atme im Sitzen durch die Nase ein
und lasse dabei die Hände auf
den Knien ruhen.

Atme durch den Mund aus
und streck dabei die Zunge
weit Richtung Kinn heraus.

Jetzt hast du alles über die Grundlagen der Atemarbeit gelernt und weißt, was deine Atmung über dich aussagt, weil du mehr über deine Atmungs-Archetypen erfahren hast. Du hast gelernt, dass die Atmung eng mit dem autonomen Nervensystem zusammenhängt – mit deiner Sympathikus-(S für Stress) und Parasympathikus-Antwort (P für Pause) – und wie du dies nutzen kannst, um zur Ruhe zu kommen, besser zu schlafen, deine Verdauung zu verbessern und Schmerzen zu bewältigen.

Du hast gelernt, deine Atmung in Ordnung zu bringen, indem du Nase und Zwerchfell einsetzt, deinen Atemfluss verlangsamst und deine

Kohlendioxidtoleranz erhöhst. Außerdem hast du die Technik „Im Zweifel ausatmen" (Übung 14) sowie weitere praktische Übungen erlernt, auf die du zurückgreifen kannst, wenn du das Gefühl hast, dass etwas nicht rund läuft.

Von jetzt an solltest du täglich die folgenden Übungen machen. Außerdem ist es wichtig, dass du tagsüber bewusst deinen Atem wahrnimmst. Versuch wirklich, auf deine Atmung und ihre Veränderungen zu achten. Teste weiterhin jede Woche deine Kohlendioxid-Toleranz (Übung 12) und denke immer wieder einmal an die Intentionen, die du dir zu Beginn dieses Buches gesetzt hast (Übung 1), um dein Ziel wirklich klar ins Auge zu fassen.

Deine täglichen Atemarbeit-Übungen:

Übung 5: Mund zukleben. Steigere auf 20 Minuten täglich, dann gehe dazu über, den Mund abzukleben, wenn du schläfst.

Übung 8: Verspannungen im Zwerchfell abbauen

Übung 9: Den Himmel wegdrücken

Übung 10: Zwerchfellatmung

Übung 11: Atmen im magischen Verhältnis

Übung 13: Langsam gewinnt

Übung 15: Ab ins Traumland: Die 4-7-8-Atmung (vor dem Schlafengehen)

Übung 16: Leicht und locker: Bessere Verdauung durch Atmung (vor dem Essen)

Und wenn du ein bisschen Extra-Unterstützung gebrauchen kannst:

Übung 4: Nasefrei-Technik

Übung 14: Im Zweifel ausatmen

Übung 17: Visualisierung zur Schmerzlinderung

Übung 18: Schnellkochtopf

Übung 19: Kühles Lüftchen

Übung 20: Schläfen-Spannung

Diese Übungen helfen dir zwar, besser zu atmen, gut zu schlafen und mit Stress und Schmerzen umzugehen, die wahre Macht der Atmung für deine Gesundheit und dein Wohlbefinden offenbart sich allerdings erst, wenn wir etwas tiefergehend arbeiten. In den nächsten drei Kapiteln werden wir uns auf eine Reise in deinen Körper und deinen Geist begeben. Wir erkunden, inwiefern deine Atmung von deinen Emotionen und Traumata beeinflusst wird und wie sich das wiederum auf deine Gesundheit und dein Wohlbefinden auswirken kann. Bevor du jetzt denkst: „Ich habe noch nie etwas Traumatisches erlebt. Der nächste Abschnitt ist nichts für mich", möchte ich dir sagen, dass unser Körper und unsere Psyche alle möglichen kleinen und großen Erfahrungen als Trauma speichern. Das zeigt sich in deinen Glaubenssätzen, deiner Atmung, deinem Verhalten und deiner allgemeinen körperlichen, geistigen und emotionalen Gesundheit. Im nächsten Abschnitt zeige ich dir, wie du deine Emotionen stabilisieren, deine Traumata aufdecken, deine Glaubenssätze verstehen sowie deine Atmung und dein Leben dauerhaft positiv verändern kannst.

TEIL 2:

TIEFERGEHENDE ARBEIT

KAPITEL 5

Deine Emotionen verstehen

Gefühlswelten

Es ist dein Geburtstag. Du hast versucht, eine Feier mit deinen Freundinnen und Freunden zu organisieren. Jonny – naja, er hat gesagt, dass er am Wochenende nicht da ist, Renée muss den letzten Teil ihrer Seminararbeit fertigstellen, und Leon und Inés antworten nicht einmal auf die Gruppennachricht. Sogar deine Familie sagt, dass sie viel zu tun hat, aber versuchen will, im Laufe der Woche etwas zu arrangieren. Du bist, gelinde gesagt, ein bisschen entmutigt, und dir wird schwer ums Herz. Dein Atem stockt. Dann endlich bekommst du eine Nachricht von Chris.

„Wir können uns nach der Arbeit treffen", sagt sie. Du lebst wieder ein bisschen auf. „Wir könnten uns auf der Kanalbrücke treffen, ins Café rübergehen und eine Kleinigkeit essen. Ich reserviere uns einen Tisch." Du bist immer noch ein bisschen enttäuscht, aber froh, dass wenigstens eine Person mit dir etwas unternehmen will. Also triffst du dich mit Chris, und ihr geht ins Café.

„Hallo", sagt ein breit grinsender Kellner. „Ihr Tisch ist ganz hinten. Gehen Sie einfach durch die Doppeltür. Du gehst an einer großen Gruppe vorbei und fühlst dich mies, weil es bei dir heute ganz anders gekommen ist. Aber als du die Tür aufstößt – tadaa, regnen Luftschlangen auf dich nieder!

„Überraschung!" tönt ein Chor: „Happy birthday to you, happy birthday ..."

Du schaust dich im Raum um. Alle deine Lieblingsmenschen auf der Welt sind da: Jonny, Renée, Leon, Inés, deine ganze Familie, die Cousins und

Cousinen, die du nie siehst, sogar dein bester Freund, der ans andere Ende der
Welt gezogen ist, ist angereist, um mit dir zu feiern. Endorphine durchfluten
deinen Körper, dein Atem geht ganz natürlich und du bist völlig überwältigt
vor Freude. Dir kommen die Tränen.

Ohne Emotionen wäre das Leben ziemlich langweilig. Sie sind die Würze
des Lebens. Von einem Moment auf den anderen kann sich alles ändern;
aus Ablehnung kann Freude werden. Emotionen sind wie Musik – sie fließen, man fühlt sie, und sie sind mit Worten kaum zu beschreiben.

Drück dich aus

Wie wir alle wissen, sind Emotionen komplex. Manche, wie beispielsweise
Trauer, können aus mehreren „einfacheren" Emotionen bestehen, also
etwa Traurigkeit, Wut und Enttäuschung. Andere können über längere
Zeit anhalten und sich dann wandeln, so kann zum Beispiel aus unausge-
sprochener Wut Groll werden. Emotionen lassen sich einfach nicht in eine
Schublade stecken. Wichtig ist jedoch, dass du die Emotionen, die du
wahrscheinlich täglich erlebst – einfache Emotionen wie Angst, Stress, Freude oder Wut – aufgreifen und verarbeiten kannst. Das verhilft dir im täglichen Leben zu mehr Resilienz, emotionaler Intelligenz und Kontrolle.

Das Wort Emotion kommt vom Lateinischen *emovere*, was „herausbe-
wegen", „emporwühlen" bedeutet. Wenn du eine Emotion verspürst,
nimmst du bestimmte Energien wahr, die sich durch deinen Körper bewegen und dich möglicherweise aufwühlen, je nachdem, was du gerade erlebst. Emotionen können zu Freudenschreien führen, wenn du eine gute
Nachricht erhältst, zu Tränen der Verzweiflung, wenn du deine Haus-
schlüssel nicht finden kannst, oder zu völligem Rückzug nach einem Streit.

Emotionen sind gefühlsmäßige Reaktionen auf Situationen und spielen
in deinem Alltag eine wichtige Rolle. Wahrscheinlich merkst du, dass du

eine große Bandbreite an Emotionen empfindest. Das liegt daran, dass Gehirn und Körper ständig miteinander kommunizieren, um die Körperchemie im Gleichgewicht zu halten. Dies ist ein Beispiel für die Homöostase, mit der lebende Organismen versuchen, trotz wechselnder Umstände relative Stabilität zu wahren.

Jede Emotion ist mit einem anderen Atemmuster und Atemfluss verbunden.

Wenn sich deine Körperchemie verändert, wenn du also zum Beispiel eine Emotion empfindest, versucht dein Körper, das Gleichgewicht wiederherzustellen, indem er die Emotion herauslässt – wir sprechen von *emotionaler Verarbeitung*. Wenn du lachst, weinst oder schreist, versucht dein Körper, Energie freizusetzen und sie zu verarbeiten. Die Atmung spielt dabei eine wichtige Rolle; sie ist der Mechanismus, der das Herauslassen der Emotion erleichtert. Jede Emotion ist mit einem anderen Atemmuster und Atemfluss verbunden.

Versuche einmal Folgendes: Ahme den Vorgang des Lachens nach, jetzt gleich. Kannst du spüren, wie sich dein Atemrhythmus verändert? Deine Ausatmung geht ruckartig, und du stößt dabei verbrauchte Luft aus deinen Lungen aus. Lachen dehnt die winzigen Lungenbläschen und schafft so mehr Platz für frischen Sauerstoff. So weit, so gut. Versuchen wir einmal, Weinen nachzuahmen. Wie fließt deine Atmung jetzt? Ist sie eingeschränkt, kurz und flach? Gut, noch ein Versuch: Ich möchte, dass du Wut imitierst. Was passiert mit deiner Atmung? Was passiert in deinem Körper? Spürst du, wie er sich anspannt und deine Muskeln sich zusammenziehen?

Positive Emotionen werden als Ausdehnen von Körper und Atmung wahrgenommen, negative Emotionen als Zusammenziehen. Manchmal schränken wir unsere Atmung auch bewusst ein, um einen positiven oder negativen Gefühlsausbruch unter Kontrolle zu halten – wie früher, als du die Luft anhalten musstest, um deine Lehrerin nicht auszulachen, oder wie wenn du heute die Luft anhältst, um nicht vor deinen Arbeitskollegen in Tränen auszubrechen.

Emotionen, sowohl positive als auch negative, führen zu Verhaltensreaktionen: Entweder du *drückst sie aus* – deine Atmung und deine Emotionen fließen; du lachst, du weinst, du schreist – oder du *verdrängst/unterdrückst* sie, was oft damit einhergeht, dass deine Atmung eingeschränkt wird und deine Emotionen „eingeschlossen" werden – sie bleiben dann im Körper, unausgesprochen und daher unbewältigt.

Wenn deine Gefühle aus dem Gleichgewicht geraten oder du dir nicht erlaubst, sie auszudrücken, führt das zu Problemen. Womöglich bekommst du einen Gefühlsausbruch und knallst mit Türen, vielleicht sagst du etwas, das du später bereust, oder du versuchst, die Gefühle zu verdrängen, etwa durch Vermeidung, Substanzgebrauch oder Ablenkung. Aber Emotionen unter den Teppich zu kehren, hilft nicht und verursacht nachweislich Stress, Anspannung, Schlafprobleme, Depressionen, Süchte und mit der Zeit sogar Krankheiten. Deshalb ist es so wichtig sich auszudrücken (auf ungefährliche und angemessene Weise) und zuzulassen, dass Emotionen so verarbeitet werden können, wie es sein sollte. Dieses Verarbeiten wird oft als *Integration* bezeichnet.

Nach meiner langjährigen Praxiserfahrung würde ich sagen, dass die meisten schlechten Atemgewohnheiten und die entsprechenden Archetypen, die sie herausbilden, von Mustern herrühren, bei denen der Atem angehalten wird, wenn Menschen versuchen, ihre Gefühle unter den Teppich zu kehren. Es ist wichtig, deinen Emotionen nicht aus dem Weg zu gehen, sondern sie zu verstehen, sie besser spüren zu können und deine Atmung vom Festhalten müssen zu befreien. Wenn du im Einklang mit deinen Emotionen bist, triffst du bessere Entscheidungen und kannst dein Handeln besser überblicken. Dein Atem fließt frei, und du fühlst dich gesünder und glücklicher. In diesem Kapitel lernst du, wie du *mit* deinen Emotionen arbeiten kannst und nicht *gegen* sie.

Lass die Tränen fließen

Weinen stört zwar unseren Atemrhythmus, ist aber ein essenziell wichtiges Verhalten und eine gängige Art, Gefühle auszudrücken, sowohl positive als auch negative. Eine Studie aus dem Jahr 2014 hat ergeben, dass Weinen beruhigende Wirkung hat, da es den Parasympathikus-Anteil des Nervensystems aktiviert, um den Stress der Emotionen zu reduzieren. Zudem wird dadurch das Wohlfühlhormon Oxytocin freigesetzt, das körperliche und emotionale Schmerzen lindert und die Stimmung hebt.[1]

Wenn Menschen auf Stress mit Weinen reagieren, enthalten ihre Tränen nachweislich eine erhöhte Menge an Stresshormonen, was, so die Hypothese der Forschenden, dazu beitragen könnte, den Stresshormonspiegel im Körper während eines emotionalen Erlebnisses zu senken.[2]

Eine andere Studie hat gezeigt, dass Weinen mit Bindungsverhalten zusammenhängt und Unterstützung aus unserem Umfeld anzieht, ein präverbales Instrument, das wir als Baby erlernt haben, bevor wir mit Worten kommunizieren konnten.[3]

Die Neunzig-Sekunden-Regel

Ist dir schon einmal aufgefallen, dass kleine Kinder ziemlich frei mit ihren Emotionen umgehen? In einem Moment haben sie einen Wutanfall und schon im nächsten spielen sie wieder fröhlich, als ob nichts passiert wäre. In einem Moment sind sie warmherzig und liebevoll, im nächsten sauer, kratzbürstig und unfreundlich. Das liegt daran, dass sie ihre Persönlichkeit noch ausbilden und noch keine klaren Vorstellungen von der Welt haben. Allzu schnell zwischen verschiedenen Emotionen hin und her zu springen, kann zwar anstrengend sein, aber Kinder lassen ihre Emotionen im Allgemeinen so durch ihren Körper wandern, wie es sein sollte. Natürlich ist es nicht immer angebracht, unsere Emotionen so auszudrücken wie ein Kind, aber es ist wichtig, dass wir Folgendes erkennen: Wenn wir unsere Emotionen unterdrücken, schleppen wir die Erlebnisse, die sie ausgelöst haben, als weitere Steine in unserem Päckchen mit uns herum.

Die Hirnforscherin Dr. Jill Bolte Taylor von der Harvard University, Autorin des Bestsellers *Mit einem Schlag: wie eine Hirnforscherin durch ihren Schlaganfall neue Dimensionen des Bewusstseins entdeckt*, hat herausgefunden, dass eine einfache emotionale Reaktion, wie sie gedanklich zum Ausdruck kommt, und der entsprechende chemische Prozess im Körper nur 90 Sekunden andauern. Wenn du deine Emotionen in vollem Umfang erkennst und fühlst – sagen wir, du nimmst eine Welle der Wut wahr und lässt sie vollständig durch dich hindurchfließen –, löst sie sich innerhalb von 90 Sekunden auf.

Das ist doch irre! Manchmal habe ich gespürt, dass meine Emotionen Tage, Wochen, Jahre angehalten haben! Wenn du feststellst, dass eine Emotion nach diesem 90-Sekunden-Zeitfenster noch da ist, dann liegt das entweder daran, dass du deinen Körper angespannt und den Atem angehalten hast, um sie nicht herauszulassen, oder du hast um diese Emotion herum eine Geschichte gebaut. Das kann bewusst oder unbewusst geschehen. Wenn wir zum Beispiel Ängste entwickeln, könnte die Geschichte, die sich manche Menschen erzählen, etwa so klingen: „Ich habe Angst vor der Zukunft, weil ich sowieso nichts tun kann und nichts wert bin." Durch diesen ängstlichen Gedanken wird deine Atmung angespannt, die Emotion wird intensiver, gerät womöglich in eine Spirale und hält länger an. Je öfter wir die Erlebnisse, die diese Emotion ursprünglich ausgelöst haben, innerlich durchspielen, und je intensiver wir uns mit den entsprechenden Gedanken beschäftigen, die wir daran geknüpft haben, desto fester bleiben wir in einem emotionalen Kreislauf und dem dazugehörigen Atemmuster stecken, und es wird immer schwieriger, wieder herauszukommen.

Bei der Verarbeitung von Emotionen besteht natürlich ein großer Unterschied zwischen der Enttäuschung, wenn dein Lieblingseis ausverkauft ist, und dem Schmerz nach einer Trennung. Das hängt mit dem Unterschied zwischen einfachen und komplexen Gefühlen zusammen, den ich vorhin erklärt habe. Bestimmte Erfahrungen, wie zum Beispiel ein gebrochenes

Herz, können so verheerend sein, dass sie sofort eine komplexe Emotion auslösen. In anderen Situationen können sich einfache Emotionen wie Enttäuschung im Laufe der Zeit zu einer komplexen Emotion entwickeln, beispielsweise tiefe Reue. Du erinnerst dich vielleicht an das Beispiel mit der Situation vor dem Vorstellungsgespräch im letzten Kapitel.

Komplexe Emotionen sind viel schwieriger zu verarbeiten, doch viele komplexe Emotionen beginnen als einfache Emotion, die sich unkontrolliert gesteigert hat. Deshalb wollen wir zunächst eine Methode entwickeln, mit der wir unsere „einfachen" Emotionen – die, mit denen wir uns alle täglich auseinandersetzen müssen – verarbeiten können, um zu verhindern, dass sie sich verstärken und zu komplexeren Emotionen steigern.

Emotionsspiralen

Zum Glück funktionieren Emotionsspiralen in beide Richtungen, in die positive und in die negative.

Eine wirkungsvolle und sichere Methode, mit der du dich aus einer negativen emotionalen Spirale befreien und zugleich die Emotion, die gerade durch deinen Körper fließt, in vollem Umfang spüren kannst, ist die Technik „Erkennen-Atmen-Umdenken".

ABWÄRTSSPIRALE

- GELANGWEILT
- UNGEDULDIG
- FRUSTRIERT
- ÜBERFORDERT
- ENTTÄUSCHT
- SKEPTISCH
- BESORGT
- VORWURFSVOLL
- WÜTEND
- BEDAUERND
- VERBITTERT

AUFWÄRTSSPIRALE

- GLÜCKLICH
- DANKBAR
- FRÖHLICH
- LEIDENSCHAFTLICH
- BEGEISTERT
- OPTIMISTISCH
- HOFFNUNGSVOLL
- ZUFRIEDEN

Erkennen-Atmen-Umdenken

Bei dieser Technik geht es darum, dass du dir deiner Gefühle und Gedanken, so wie sie im Laufe des Tages auftauchen, bewusster wirst. Sie ermutigt dich, sie zu akzeptieren, sie zu verarbeiten, sie 90 Sekunden lang zu erforschen und sie dann loszulassen.

ERKENNEN

Der erste Schritt besteht darin, deine Emotion zu erkennen.

* Was fühlst du?

* Nimm die Emotion in deinem Körper wahr und mach dich damit vertraut, wie sie sich anfühlt.

* Wo spürst du sie im Körper? Sei ganz konkret. Sitzt sie in deiner Brust oder im Bauch? Macht sich das Gefühl noch an einer anderen Stelle breit?

* Sobald du deine Emotionen erkennst, kannst du dir eine Antwort darauf überlegen, statt impulsiv auf die Situation zu reagieren.

* Nun benenne die Emotion, die du verspürst. Erkenne sie an und akzeptiere sie, aber mach sie dir nicht zu eigen.

* Aus „Ich bin wütend und enttäuscht" wird so zum Beispiel: „Ich empfinde oder erlebe Wut und Enttäuschung."

ATMEN

Jetzt, wo du deine Emotion erkannt hast, können wir durch sie hindurch atmen. Wenn du durch deine Emotion hindurch atmest, kann dein Körper sie verarbeiten und integrieren.

Du kannst dir erlauben, einfach mindestens 90 Sekunden lang ruhig zu atmen; dein Körper wird sich intuitiv einen Rhythmus suchen, mit dem sich diese Emotion am besten ableiten lässt. Wenn dir das zu fortgeschritten oder abstrakt klingt, dann lies weiter.

Ich habe festgestellt, dass die beste Übung zur Veränderung eines emotionalen Zustands die „summende Atmung" ist, wie ich sie nenne. Sie hilft, den Geist von Unruhe, Frustration, Anspannung und Wut zu befreien. Da diese Übung mit Geräuschen und Bewegung verbunden ist, solltest du dir einen Ort suchen, an dem du dich wohlfühlst, vor allem, wenn du dich in der Öffentlichkeit befindest.

Atme fünf Zähler lang durch die Nase ein und spüre, wie dein Bauch sich hebt.

Summe solange du kannst und schüttele währenddessen Hände, Arme und Körper aus. Stelle dir dabei vor, dass du die Emotion abschüttelst.
Wiederhole noch vier Mal oder öfter (sodass du über 90 Sekunden kommst).

UMDENKEN
Nun hast du also deine Emotionen erkannt und durch sie hindurch geatmet. Dein letzter Schritt besteht jetzt darin, sie neu zu sehen. Das bedeutet, anders über sie zu denken.

Eine neue Sicht deiner Emotionen entwickelst du, indem du dir vier Fragen stellst:

- Was ist passiert, dass ich mich so fühle?

- Gibt es eine sinnvolle Erklärung?

- Was würde ich jetzt am liebsten tun? (Das ist die Gelegenheit, den Wunsch anzuerkennen, dass du dich emotional anders fühlen möchtest.)

- Gibt es eine bessere Möglichkeit?
Nehmen wir einmal an, ein Vorstellungsgespräch ist nicht in deinem Sinne verlaufen. Normalerweise könnte dich das Gefühl der Enttäuschung in Verbindung mit der Last der Erwartung in eine negative Gefühlsspirale treiben.

Hier kann dir die Technik „Erkennen-Atmen-Umdenken" helfen, diese Gefühle stattdessen zu verarbeiten und eine Aufwärtsspirale positiver Gefühle in Gang zu setzen. Vergiss nicht, dass unser Hang zum Negativen dazu führt, dass eine Emotion, die sich nicht aufwärtsbewegt – und sei es auch nur ganz langsam –, abwärts trudelt.

Ich will es dir zeigen:

F: Was ist passiert, dass ich mich so fühle?
A: Ich bin für meinen Traumjob abgelehnt worden.

F: Gibt es eine Erklärung?
A: Ja, ich habe nicht genug Erfahrung.

Q: Was würde ich jetzt am liebsten tun? (Erkenne deinen emotionalen Wunsch an.)
A: Am liebsten würde ich mein Telefon an die Wand werfen.

F: Gibt es eine bessere Möglichkeit?
A: Ja, um Feedback bitten und mehr Erfahrung aufbauen, damit ich mich in Zukunft für etwas Ähnliches bewerben kann.

Es erfordert vielleicht ein bisschen Übung, bis das zur Gewohnheit wird, und deine Antworten kommen wahrscheinlich nicht immer so prompt wie im obigen Beispiel. Aber mit zunehmender Praxis kannst du diese Schritte immer leichter und effektiver in deinem Kopf nachvollziehen. Wenn du so mit Logik, Vernunft und Mitgefühl mit deinen Emotionen umgehst, steigert das auch deine Produktivität und deine Fähigkeit zur Selbstfürsorge, was wiederum gesunde Beziehungen zu dir selbst und anderen fördert.

Wenn uns bewusst ist, dass einfache Emotionen 90 Sekunden anhalten und dass wir sie loslassen können, wenn wir sie ohne Widerstand durch uns hindurchfließen lassen, können wir beginnen, unsere emotionalen Trigger und Reaktionen bewusst und rational zu reflektieren.

Die Herausforderung beginnt, wenn wir wiederholt Erfahrungen machen, die dieselben Emotionen auslösen, oder wenn wir in einer negativen Gefühlsspirale feststecken. In solchen Situationen kann sich der Körper so sehr an den chemischen Cocktail gewöhnen, den diese Emotionen auslösen, dass er danach süchtig werden kann wie nach einer Droge.

Toxische Positivität

Manche Emotionen gelten als akzeptabler als andere. Als ein Mensch, der immer versucht hat, positiv zu sein, habe ich mich lange Zeit auf das Gute in Situationen konzentriert und nicht auf das Schlechte. Das ist zwar manchmal hilfreich, aber wir müssen uns darüber im Klaren sein, dass negative Emotionen zum Leben dazugehören und niemals einfach so verschwinden. Ich habe sie unter den Teppich gekehrt, anstatt zuzulassen, dass ich sie zum Ausdruck bringe.

Aus der ständigen Fokussierung auf das Gute in jeder Situation ist der Begriff der „toxischen Positivität" hervorgegangen, eine Besessenheit von positivem Denken und ein Verdrängen negativer Gefühle. Diese Denkweise, die selbst zutiefst tragischen Ereignissen und Erfahrungen eine positive Wendung gibt, birgt die Gefahr, dass negative Gefühle verschwiegen, Verlusterfahrungen und schlechte Zeiten verharmlost und Menschen unter Druck gesetzt werden, glücklich sein zu müssen, auch wenn sie es nicht sind. Letztlich kann das mehr schaden als nützen, es kann sogar deine einfachen Gefühle in komplexe verwandeln. Bringe stattdessen deine Gefühle und Gedanken zum Ausdruck, aber identifiziere dich nicht mit ihnen.

Die Verbindung zwischen Geist und Körper

Diese Beziehung zwischen unseren Gedanken, unseren Gefühlen und unserem Körper wird häufig mit dem englischen Begriff „Mind-Body-Connection", also Verbindung zwischen Geist und Körper, bezeichnet.

Die Neurowissenschaftlerin und Pharmakologin Candace Pert hat viel auf diesem Gebiet geforscht und über 250 Forschungsarbeiten dazu veröffentlicht. Sie hat entdeckt, dass Gedanken und Gefühle chemische Veränderungen im Körper auslösen, und zwar durch die Freisetzung von winzigen Proteinen, den Neuropeptiden (NP).[4]

Deine Zellen produzieren Hunderte verschiedener Neuropeptide, und jedes hat seine eigene Funktion. Jeder Gedanke triggert einen anderen NP-Typ. Emotionen wie Freude und Dankbarkeit setzen NPs aus der Kategorie Wohlfühlhormone, darunter Endorphine oder Oxytocin, frei. Emotionen wie Stress, Angst oder Wut lösen NPs wie Cortisol und Adrenalin aus, die hilfreich sind, wenn eine sofortige Reaktion oder Aktion erforderlich ist, aber Schaden anrichten, wenn sie über einen längeren Zeitraum ausgeschüttet werden und damit den Körper schwächen können. Jeder anhaltende mentale Zustand, der negative Emotionen wie Angst, Wut, Sorgen, Schuldgefühle und Scham hervorruft, verändert unweigerlich die Körperchemie und kann zu einer Abhängigkeit von dem chemischen Cocktail führen, den er produziert.

Herz und Gefühl

Forschende am *HeartMath Institute* in Boulder Creek, Kalifornien, haben individuelle Herzrhythmusmuster aufgezeichnet, während die Probanden verschiedene Emotionen durchlebten. Inkohärente Herzrhythmusmuster, bei denen das Herz unberechenbar und ungeordnet schlägt, waren durch Wellenformen mit unregelmäßigen, zackenförmigen Ausschlägen gekennzeichnet und wurden mit Stress und negativen Emotionen wie Wut, Frustration und Angst in Verbindung gebracht. Kohärente Herzrhythmusmuster, bei denen das Herz in geordneter Weise schlägt, zeichneten sich durch regelmäßige, gleichmäßige, kontinuierliche Wellen aus und wurden typischerweise beobachtet, wenn jemand eine anhaltende positive Emotion wie Wertschätzung, Liebe, Mitgefühl oder Flow erlebte.

Emotionale Abhängigkeit

Ich wurde als DJ für ein Set in Mexiko gebucht. Es war mein erstes Set seit längerer Zeit, denn nach Tiffs Tod hatte ich mir eine Auszeit genommen und war tief in die Welt der Atemarbeit eingetaucht. Doch trotz all meiner „inneren Arbeit" – kaum setzte die Hektik ein, den Flug erwischen zu müssen, verwandelte ich mich wie der Hulk in die schlimmste Version meiner selbst: Flughafen-Stu.

Flughafen-Stu taucht schon mein Leben lang immer dann auf, wenn ich spät dran bin. Aber dieses Mal war ich mir der unbewussten Muster in meinen Gedanken, meinem Verhalten und meiner Atmung bewusst, die von mir Besitz ergriffen. Allmählich begriff ich, wie ich zu Flughafen-Stu wurde.

Doch diese Erkenntnis allein reichte nicht aus, um Flughafen-Stu zu verhindern. Wie andere im Straßenverkehr ausrasten, so rastete Flughafen-Stu am Flughafen aus. Es begann in der Schlange vor der Sicherheitskontrolle, als ich ungeduldig auf meine Smartphone-Uhr schaute und in mir die Wut auf alle kochte, die noch vor mir waren.

Ganz vorne vergaß eine ältere Dame mehrfach, dass noch etwas in ihren Taschen war, als sie durch den Körperscanner ging, *verfluchte Anfängerin*. Manche Leute fanden sie vielleicht süß, aber nicht Flughafen-Stu. Wegen ihr würde ich meinen Flug verpassen. Und was machte der Typ da? Du nimmst deine Toilettenartikel *heraus* und stellst deine Tasche *auf* das verdammte Förderband. Das ist doch nicht so schwer, verdammt noch mal. Warum sind die alle so elend langsam? Wehe, ich verpasse wegen denen meinen Flug.

Jetzt war ich an der Reihe. Flüssigkeiten raus, Gürtel aus, Tasche drauf. Ich rauschte durch. Ich weiß wie's geht, ich bin Profi. Flughafen-Stu hat's drauf: Wenn er zu spät kommt, sind alle anderen schuld. Ich schaffte es durch die Sicherheitskontrolle, noch fünf Minuten. Ich raste durch den Hindernisparcours Parfum sprühender Duty-Free-Shopper, sprang über Kinder, die vor der Drogeriekette ihre Rollkoffer in Tierform hinter sich herzogen, und setzte gerade zum Endspurt an – da entdeckte ich die Anzeige auf dem Bildschirm: *Flug verspätet. Bitte am Gate warten.*

Wohlfühlhormone durchfluteten meinen Körper und eine Welle der Selbstgefälligkeit überkam mich. Ich hatte es geschafft. Mit immer noch pochendem Herzen kaufte ich mir einen Kaffee, wischte mir den Schweiß von der Stirn, setzte mich hin und atmete ein paar Mal tief durch. Dann schlug ich mein Buch auf, *Warum Zebras keine Migräne kriegen* von Robert M. Sapolsky, und trank einen großen Schluck von meinem Triple-Latte mit einem dreifachen Espresso. Die ältere Dame schlenderte vorbei und lächelte. Plötzlich schwebte mir der Gedanke durch den Kopf: Warum habe ich mir das alles angetan? Und wie es der Zufall will, antwortete das Buch. Der Körper wird nach Stress genauso süchtig wie nach Drogen. Zunächst braucht man nur wenig, und je mehr man sich daran gewöhnt, desto mehr braucht man.

Der Groschen fiel: *Ich war ein Stress-Junkie.*

Der Körper wird nach Stress genauso süchtig wie nach Drogen.

Bist du stress-süchtig?

Sieh dir die folgenden Fragen an und beantworte sie so ehrlich wie möglich. Wenn du mehr als die Hälfte mit Ja beantwortest, hast du vielleicht deine eigene Version von Flughafen-Stu ...

- Magst du enge Termine?

- Erledigst du Dinge gern in letzter Minute?

- Fällt es dir schwer, nichts zu tun?

- Denkst du an die Arbeit, während du am Strand liegst?

- Kriegst du FOMO? (Fear of missing out: Hast du Angst, etwas zu verpassen?)

- Checkst du beim Fernsehen dein Smartphone?

- Hast du das Gefühl, dass nie genug Zeit ist, um alles zu erledigen?

- Hast du eine ellenlange To-do-Liste?

- Hast du manchmal das Gefühl, dass das, was du an einem Arbeitstag geleistet hast, nicht reicht?

- Hast du das Gefühl, dass du ständig vom einen zum anderen hetzt?

Wenn wir an Sucht denken, denken wir in der Regel an die zwanghafte Einnahme einer äußeren Substanz wie Drogen oder Alkohol, oder wir denken an Sucht als eine Form des Vergnügens, zum Beispiel Sex. Aber man kann auch nach den chemischen Cocktails süchtig werden, die entstehen, wenn wir immer wieder bestimmte Emotionen empfinden – sogar, wenn diese Emotionen uns unglücklich machen.

Wie wir bereits herausgefunden haben, löst das Gehirn als Antwort auf bestimmte Emotionen chemische Reaktionen im Körper aus. Eine emotionale Sucht beginnt, wenn dein Körper von einer bestimmten chemischen Reaktion abhängig wird. Wenn du eine Emotion wiederholt empfindest oder wenn eine Emotion in deinem Körper festsitzt, legt der Körper eine neue chemische Grundeinstellung fest. Das wiederum verändert das Belohnungszentrum in deinem Gehirn. So entwickelt sich eine emotionale Sucht. Du wirst von einer bestimmten, mit dieser Emotion verbundenen chemischen Reaktion abhängig, und dein Unbewusstes sucht sie, um sich „normal" zu fühlen, auch wenn du die Emotion nicht bewusst empfinden willst.

Wenn du zum Beispiel am häufigsten Wut empfindest, kann es sein, dass du nach diesem Zustand süchtig und immer dann wütend wirst, wenn du unsicher bist. Es kann sogar sein, dass du ein Gefühl der Erleichterung verspürst, wenn diese Emotion in dir aufsteigt, weil der Rausch dieser bestimmten Emotion das Belohnungssystem in deinem Gehirn anspricht. Emotionale Süchte sind schwerer zu erkennen als stoffgebundene Süchte, weil sie sich in unserem Unbewussten abspielen und wir sie oft lediglich als persönliche Eigenheit abtun.

Ich hab sooo viel zu tun

Die moderne westliche Gesellschaft begünstigt unsere Stress-sucht. Wie oft hast du deine Freunde sagen hören: „Ich bin so dermaßen im Stress", und gleich danach: „Wie war dein Tag? Wahnsinnig viel zu tun?" Und wie oft hattest du am Abend das Gefühl, dass du nicht genug erledigt hast? Offenbar setzen wir Geschäftigkeit mit Wichtigkeit gleich, obwohl viel zu tun nicht unbedingt heißt, dass man auch produktiv ist.

Dieses Bedürfnis, ständig beschäftigt zu sein, ist eine weitere Sucht. Unsere smarten Geräte sorgen dafür, dass wir auch beim Abendessen, im Urlaub und bei privaten Treffen im Hamster-rad bleiben können. Wir sind immer online, kleben an unserem arbeitsreichen Leben und lassen Adrenalin, Cortisol und Dopa-min stetig in uns hineintröpfeln. Auch Geld kann in diesem Kreislauf eine Rolle spielen, denn Selbstwertgefühl wird anschei-nend in Eurozeichen gemessen. Die Gesellschaft sagt den Menschen, dass sie nur dann etwas wert sind, wenn sie mehr Geld verdienen, was dazu führt, dass sie zu viel arbeiten und ständig beschäftigt sind.

Die Ausrede „Ich hab viel zu tun" ist ab sofort verboten. Sie ist jetzt ein Schimpfwort. Wenn du sie gebrauchst, musst du einen Euro in ein Glas werfen. Du musst sie umformulieren, dich selbst zur Ehrlichkeit herausfordern und sagen, was du wirklich tust. Zum Beispiel: „Ich arbeite an einem spannenden Projekt" oder „Ich habe mit meinen Freunden gechattet". Egal, was du machst, sag nicht einfach: „Ich hab zu tun". So kannst du herausfinden, womit du deine kostbare Zeit verbringst, dich auf die Aufgaben oder Projekte konzentrieren, die dir wichtig sind, und sie mit posi-tiver Energie und Motivation angehen.

Carlo

Als Carlo zum ersten Mal in meine Praxis kam, fing er an zu reden und hörte erst auf, als ihm nach etwa 15 Minuten die Puste ausging. Er wies alle Anzeichen einer Mischform der Archetypen kontrollierte und hastige Atmung auf. Er war ein Mensch, der etwas beweisen muss und gleichzeitig versucht, alles unter Kontrolle zu haben. Er kam zu mir, weil er oft in Situationen geriet, in denen er ein Gefühl verspürte, das er nicht mochte, ein Gefühl, das niemand mag: Schuld. Dieses Gefühl tauchte in den unterschiedlichsten Situationen auf – wegen seiner Essensvorlieben, wegen eines Vorfalls bei der Arbeit, wegen seiner Beziehungen, wegen etwas, das er getan oder nicht getan hatte, das er hätte tun können, wollen oder sollen. Sogar die Art, wie er mit sich selbst sprach, konnte ihm dieses Gefühl vermitteln. Er machte sich immer wieder Vorwürfe und gab sich die Schuld für Dinge, die entweder entschuldbar waren oder für die er nichts konnte. Er kam sich vor, als steckte er in einer Dauerschleife, und geriet immer wieder in Situationen, die eben diese Schuldgefühle bei ihm auslösten.

Carlo hatte diese Gefühle immer wieder, da sein Körper seine chemische Grundeinstellung neu eingerichtet hatte, und zwar so gründlich, dass sowohl sein Körper als auch sein Unbewusstes diese Schuldgefühle für normal hielten. Er war süchtig nach diesem Zustand, und so seltsam es klingt, immer wenn er Schuldgefühle hatte, gab dies dem Belohnungssystem in seinem Gehirn und den Zellen in seinem Körper einen Kick. Wenn Carlo seine „Bedarfsdosis" eine Zeitlang nicht bekommen hatte, sendeten seine Zellen ein Signal an sein Gehirn, und dieses brachte ihn dann dazu, über eine zurückliegende Situation nachzugrübeln, in der er sich schuldig gefühlt hatte. Manchmal suchte er sich sogar unbewusst Erlebnisse, die dieses Gefühl noch verstärkten. So ging das Muster immer weiter. Diese Art von Abhängigkeit ist sehr verbreitet und kann bei allen möglichen Emotionen auftreten. Du kannst dir vorstellen, wie zerstörerisch das sein kann. Carlo brauchte mehrere Sitzungen, um das Atemmuster, in dem er feststeckte, aufzulösen und neu einzustellen und sein Selbstwertgefühl wiederzuentdecken.

Wenn dir diese Art des Gefühlsempfindens bekannt vorkommt, denke daran, dass Gewahrsein der erste Schritt ist, um dir deine unbewussten Muster bewusst zu machen und eine Veränderung herbeizuführen. Vielleicht glaubst du zunächst nicht, dass du eine emotionale Sucht hast, weil sie so tief mit dir verflochten ist. Sie fühlt sich an wie ein „Teil" von dir. Wie ich auch Carlo sagte, nimm dir Zeit, um dir bewusst zu machen, wie du dich in Alltagssituationen fühlst – bei der Arbeit, bei Freunden oder in der Familie; achte sogar auf Anzeichen, wenn du durch deine sozialen Netzwerke scrollst. Achte auf Muster im Empfinden bestimmter Emotionen und beobachte, ob sich dein Körper oder dein Atem verändert, und wo du angespannt bist. Das kann dir Hinweise darauf geben, welche Emotion genau dich im Griff hat. Im weiteren Verlauf dieses Kapitels werden wir Möglichkeiten zur Bewältigung emotionaler Abhängigkeiten erkunden.

Wenn Emotionen nicht fließen

Flughafen-Stu ist nicht durch eine große Dosis Gammastrahlung zustande gekommen, wie der Hulk. Es gibt zwei Arten, wie man süchtig nach einem emotionalen Zustand werden kann. Bei der einen wird ein bestimmtes Gefühl tief mit deinen Glaubenssätzen über dich selbst verflochten (wie du das überwinden kannst, erkunden wir im nächsten Kapitel). Bei der zweiten sitzt eine Emotion fest. Das kann passieren, wenn du nicht zulässt, dass du deine Emotionen 90 Sekunden lang vollständig fühlen und verarbeiten kannst.

Wenn deine Emotionen nicht natürlich fließen, können sie zu einer Veränderung deiner chemischen Grundeinstellung führen. Das funktioniert auf genau dieselbe Art und Weise wie bei der Sucht nach einer bestimmten Emotion. Dass sich Emotionen derart festsetzen, kann auf zweierlei Art geschehen. Erstens, unbewusst, durch Verdrängung, wobei dein Gehirn unerwünschte Gefühle blockiert, weil sie deinen Glaubenssätzen widersprechen. Dein Unbewusstes versucht vielleicht, dich vor Empfindungen wie Schmerz oder Scham zu schützen, weil dir beigebracht wurde, dass es falsch ist, „Schwäche" zu zeigen. Zweitens, bewusst, durch Unterdrückung, wobei du willentlich versuchst, Gefühle, die du für unangemessen hältst, nicht zu empfinden. Also etwa vor deinen Arbeitskollegen zu weinen oder zu lachen, wenn „man das nicht macht". Eine der häufigsten Methoden, Emotionen zu kontrollieren und zu verhindern, dass du sie überhaupt spürst, besteht darin, den Atem anzuhalten und Verspannungen im Körper zu erzeugen.

Verspannungen, und sei es nur die kleinste Mikro-Kontraktion, stoppen die natürliche Verarbeitung von Gefühlen. Sie lassen deine Emotion zeitlich erstarren und bringen ihre „Energie in Bewegung" vollständig zum Erliegen. Indem du den natürlichen, freien Fluss deines Atems drosselst, sobald du eine Emotion fühlst, sorgst du dafür, dass sie in deinem Körper bleibt. Manche Traditionen glauben, dass sich festsitzende Emotionen – ganz gleich, ob du Freude, Lachen, Wut oder etwas anderes zurückgehalten hast – als körperliche Schmerzen manifestieren können. Die chinesische Medizin, Schamanismus, Reiki und Körpertherapien verbinden schmerzhafte und verspannte Körperregionen mit bestimmten Gedanken, Gefühlen und Verhaltensweisen. Zum Beispiel verbindet die chinesische Medizin – eine der ältesten Heilmethoden der Welt, die Jahrtausende zurückreicht – das Herz mit einem Mangel an Vitalität, die Lunge mit Leid und Traurigkeit und die Leber mit Wut und Frustration. Solche Assoziationen haben auch in der modernen Wissenschaft Einzug gehalten. Forschende haben nicht nur eine Verbindung zwischen bestimmten Emotionen und konkreten körperlichen Schmerzen entdeckt, sondern auch zwischen der Quelle einer Emotion und dem Schmerz. So hat ein gemeinsames Forschungsteam der *University of Virginia* und der *Columbia University* herausgefunden, dass etwas so Konkretes wie finanzielle Sorgen Schmerzen im unteren Rücken, im Nacken und in der Schulter auslösen kann. Laut der Hauptautorin der Metastudie, Eileen Chou, belegen die Ergebnisse von sechs Studien, davon eine mit Daten aus 33.720 Haushalten, dass wirtschaftliche Unsicherheit körperliche Schmerzen verursacht, die Schmerztoleranz verringert und die Einnahme rezeptfreier Schmerzmittel wahrscheinlicher macht.[5]

Wenn du körperliche Symptome wie die oben beschriebenen wahrnimmst, befindest du dich wahrscheinlich schon seit geraumer Zeit in einem bestimmten mentalen Zustand oder du hast seit Längerem eine festsitzende Emotion.

Man könnte natürlich sagen, dass auch Emotionen bereits körperlich sind. Wenn wir traurig sind, legen wir die Stirn in Falten, sinken in uns zusammen und weinen vielleicht. Wenn wir gestresst oder wütend sind, spannen wir uns an, ballen womöglich die Fäuste und heben die Augenbrauen. Aber die Verbindung ist noch enger. Eine Studie aus Yale legt nahe, dass Stress und physischer Schmerz zwei Seiten derselben Medaille sind. Die Forschenden fanden eine „signifikante neuroanatomische und physiologische Überschneidung" zwischen psychischem und körperlichem Unbehagen.[6]

Wissenschaftliche, extern begutachtete Studien zu den Zusammenhängen zwischen Körper und Geist sind zwar noch immer dünn gesät, aber eine Verbindung zwischen emotionalen und körperlichen Schmerzen sehe ich bei meinen Klientinnen und Klienten immer wieder. Die Forschung auf diesem Gebiet geht weiter, und es wird zunehmend akzeptiert, dass der Körper eine einzige, miteinander verbundene Einheit ist und nicht in Einzelteile zerlegt werden kann, die keine Beziehung zueinander haben. Zumindest glaube ich, dass Emotionen bei der Suche nach der Herkunft eines Schmerzes, der keine offensichtliche Ursache hat, ein hilfreicher Anhaltspunkt sein können. Nach meiner Erfahrung aus der Arbeit mit Menschen, die ich im Umgang mit Schmerzen unterstütze, lindert die Zuwendung zu schwierigen oder festsitzenden Emotionen die durch den Schmerz ausgelösten Beschwerden spürbar.

Mit den folgenden Fragen kannst du herausfinden, ob deine Schmerzen mit Emotionen oder festsitzenden Emotionen zusammenhängen könnten. Dieser kurze Fragebogen hilft dir, solche Verbindungen zu erkennen. Im nächsten Kapitel beschäftigen wir uns dann damit, sie zu verarbeiten.

- Hast du Schmerzen, die scheinbar aus dem Nichts kommen?

- Wo sitzen sie in deinem Körper?

- Schulterst du die Last der Welt und hast deshalb Schulterschmerzen?

- Machen deine finanziellen Sorgen dir Rückenschmerzen?

- Könnten deine Nackenschmerzen daran liegen, dass du dich im Leben nicht unterstützt fühlst?

- Gibt es in deinem Leben einen Schmerz, der mit einer emotionalen Erfahrung zusammenhängen könnte?

- Hast du einen Unfall oder eine Verletzung erlitten? Was war zu der Zeit in deinem Leben los? Kannst du dich an deine mentale Verfassung erinnern? Wie hast du dich damals gefühlt?

Eine Karte festsitzender Emotionen erstellen

Ich liebe Karten, und auf meiner Schatzsuche nach Wissen über die Kraft des Atems bei der Behandlung von Schmerzen, Traumata und im Körper festsitzenden Emotionen bin ich auf ein breites Spektrum solcher Karten gestoßen. Viele wurzeln in östlichen Traditionen, vor allem in der chinesischen Medizin und in der indischen Yogatradition, aber es gibt auch Karten aus der westlichen Wissenschaft. Eine finnische Studie mit mehr als 700 Teilnehmenden, die in den *Proceedings of the National Academies of Sciences* veröffentlicht wurde, verortet überzeugend den Einfluss von Emotionen auf unseren Körper.[7] Wut wurde demnach am stärksten im Kopf empfunden, und glückliche Menschen spürten Wärme im ganzen Körper, bis in die Finger und Zehen hinein. Depressiv verstimmte Menschen berichteten von Taubheitsgefühlen mit wenig Gefühl in Kopf und Rumpf und fast keinem in den Gliedmaßen.

Es gibt unterschiedliche Meinungen darüber, wo genau bestimmte Emotionen oder Gedanken im Körper verankert sind, aber es gibt auch breite Übereinstimmung. So ist zum Beispiel die Kehle nach allgemeiner Auffassung der Ort, an dem Unbehagen in Zusammenhang mit Ausdruck sitzt, während sich das Zurückhalten bestimmter Emotionen, wie zum Beispiel Wut, oft im Kiefer niederschlägt. Leid und Traurigkeit werden in der Regel in der Brust verortet, und Schuldgefühle sitzen meist im Rücken – die Verspannungen in Carlos' Rücken waren mir sofort aufgefallen, als er in meiner Praxis zu atmen begann.

Eine Körperkarte wie die auf der folgenden Abbildung ist sehr hilfreich um aufzuzeigen, wo die Verspannungen in deinem Atemzyklus entstehen, und kann helfen, die Ursache für deine körperlichen oder emotionalen Schmerzen oder Krankheiten zu erkennen. Wenn du tagsüber unter Schmerzen leidest, versuche herauszufinden, wo im Körper sich das Unbehagen oder die Verspannung zeigt. Achte auf Stellen, die schnell steif werden oder wehtun, und beobachte, ob es einen Bereich in deinem Körper gibt, in den dein Atem offenbar nicht frei hineinfließen kann. Die fraglichen Bereiche könnten dir einen Hinweis darauf geben, welche Emotionen in dir festsitzen. In der Tabelle auf den Seiten 178-179 habe ich zudem ein paar positive Affirmationen aufgelistet. Das sind kurze Sätze, die du wiederholen kannst, um das Lösen von Spannungen in einem bestimmten Bereich zu unterstützen. Wenn du möchtest, kannst du mit ihrer Hilfe sogar die Affirmationen aktualisieren, die du zu Beginn des Buches formuliert hast (im Abschnitt „Fasse deine Intentionen" auf Seite 25).

KARTE KÖRPERLICHER VERSPANNUNGEN – FESTSITZENDE EMOTIONEN

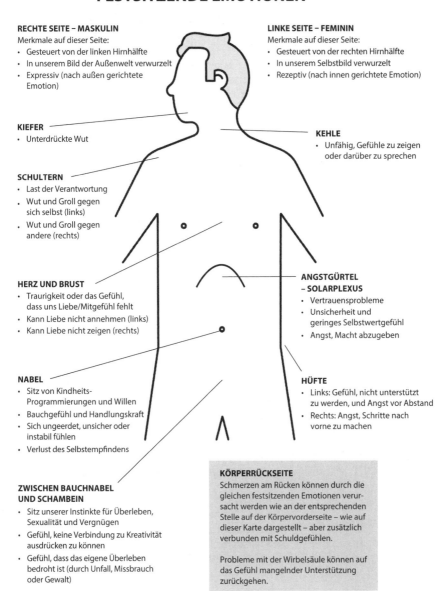

RECHTE SEITE – MASKULIN
Merkmale auf dieser Seite:
- Gesteuert von der linken Hirnhälfte
- In unserem Bild der Außenwelt verwurzelt
- Expressiv (nach außen gerichtete Emotion)

LINKE SEITE – FEMININ
Merkmale auf dieser Seite:
- Gesteuert von der rechten Hirnhälfte
- In unserem Selbstbild verwurzelt
- Rezeptiv (nach innen gerichtete Emotion)

KIEFER
- Unterdrückte Wut

KEHLE
- Unfähig, Gefühle zu zeigen oder darüber zu sprechen

SCHULTERN
- Last der Verantwortung
. Wut und Groll gegen sich selbst (links)
. Wut und Groll gegen andere (rechts)

HERZ UND BRUST
- Traurigkeit oder das Gefühl, dass uns Liebe/Mitgefühl fehlt
- Kann Liebe nicht annehmen (links)
- Kann Liebe nicht zeigen (rechts)

ANGSTGÜRTEL – SOLARPLEXUS
- Vertrauensprobleme
- Unsicherheit und geringes Selbstwertgefühl
- Angst, Macht abzugeben

NABEL
- Sitz von Kindheits-Programmierungen und Willen
- Bauchgefühl und Handlungskraft
- Sich ungeerdet, unsicher oder instabil fühlen
- Verlust des Selbstempfindens

HÜFTE
- Links: Gefühl, nicht unterstützt zu werden, und Angst vor Abstand
- Rechts: Angst, Schritte nach vorne zu machen

ZWISCHEN BAUCHNABEL UND SCHAMBEIN
- Sitz unserer Instinkte für Überleben, Sexualität und Vergnügen
- Gefühl, keine Verbindung zu Kreativität ausdrücken zu können
- Gefühl, dass das eigene Überleben bedroht ist (durch Unfall, Missbrauch oder Gewalt)

KÖRPERRÜCKSEITE
Schmerzen am Rücken können durch die gleichen festsitzenden Emotionen verursacht werden wie an der entsprechenden Stelle auf der Körpervorderseite – wie auf dieser Karte dargestellt – aber zusätzlich verbunden mit Schuldgefühlen.

Probleme mit der Wirbelsäule können auf das Gefühl mangelnder Unterstützung zurückgehen.

AFFIRMATIONEN ZUM SPANNUNGSABBAU

KÖRPERVORDERSEITE		
	LINKS	RECHTS
Kiefer	Ich erkenne meine Wut an, ohne die Kontrolle darüber zu verlieren.	Ich lasse meine Wut raus.
Kehle	Ich erhebe meine Stimme. Ich spreche meine Wahrheit aus. Ich drücke mich offen und vollständig aus.	
Schultern	Ich bin im Reinen mit dem, was geschieht und was geschehen wird. Fehler begrüße ich als Wachstumschancen.	
	Ich liebe mich und verzeihe mir.	Ich liebe alle und verzeihe allen.
Brust und Herzgegend	Ich bin dankbar. Ich liebe und akzeptiere mich, wie ich bin. Ich gebe und empfange Liebe mühelos und bedingungslos. Ich folge meinem Herzen.	
	Ich liebe und akzeptiere mich. Ich zeige immer Mitgefühl für mich.	Ich führe mit Liebe. Ich empfinde Mitgefühl für andere.
Solarplexus und Angstgürtel	Ich vertraue. Ich lasse die Kontrolle los. Ich bin frei von Angst, Anspannung und Stress.	
Nabel und Unterbauch	Ich bin hier. Ich bin in Sicherheit. Ich bin geerdet. Ich bin kraftvoll, verwurzelt und stark.	

Unterhalb des Bauchnabels	Ich entscheide mich für das Leben. Ich bin mit meinem Körper verbunden. Ich bin dankbar für meinen Körper. Ich achte auf die Bedürfnisse meines Körpers. Ich bin offen für Angenehmes. Kreativität durchströmt mich. Ich bin vollkommen im Flow.
Hüften	Ich nehme Abstand, halte inne und gewinne den Überblick.	Ich mache froh und entspannt die nächsten Schritte.

KÖRPERRÜCKSEITE

Ich behandle mich mit Respekt und Güte.

Ich lasse meine Schuldgefühle und meine Scham los.

Es ist sicher, mit mir allein zu sein.

Ich bin mit der Vergangenheit im Reinen.

Sowie ich vergebe, werde ich stärker.

Ich lasse die Vergangenheit los und erlaube mir, Schritte nach vorne zu machen.

Ich werde unterstützt und bin stabil.

Ich bin reich belohnt.

Selbstliebe steht für mich an erster Stelle.

Ich bin gut genug.

Überall tun sich Chancen auf.

Ich entscheide mich dafür, die Vergangenheit loszulassen.

Heute entscheide ich mich dafür, im Moment zu leben.

Ich erlaube mir, im Leben voranzukommen.

Ich lerne und wachse jeden Tag.

Ein Knick im Schlauch

Eine zentrale Vorstellung der Traditionellen Chinesischen Medizin (TCM) ist, dass sich die Lebensenergie Qi entlang der Energiebahnen bewegt und Leben in alle lebendigen Zellen bringt. Wenn sich Emotionen festsetzen, wird das Qi gestaut, was nach Ansicht der TCM die Organe schädigt und Krankheiten Tür und Tor öffnet. Die Energie in deinem Körper ist wie Wasser in einem Schlauch; ein Knick stoppt den natürlichen Fluss. Wenn eine Emotion festsitzt, erzeugt sie Verspannungen, die zu gesundheitlichen Komplikationen und Beeinträchtigungen unserer Atmung führen können. Wenn die TCM recht hat, könnten viele Schmerzen das Resultat einer emotionalen Erfahrung sein, die wir uns nicht in vollem Umfang zu fühlen erlaubt haben.

Alles ist Schwingung

Einige der größten wissenschaftlichen Köpfe, darunter Albert Einstein und Max Planck, haben eine Reihe von Entdeckungen gemacht, die die Idee der Quantenphysik begründeten. Ein Prinzip der Quantenphysik besagt, dass alles im Universum, ob sichtbar oder unsichtbar, aus winzigen Bausteinen besteht, den Atomen. Das sind die kleinsten Einheiten, in die Materie zerlegt werden kann, und sie schwingen in bestimmten Frequenzen. Wenn du nur nah genug an etwas heranzoomst, wirst du Atome in unterschiedlicher Dichte vorfinden. Der Stuhl, auf dem du sitzt, die Kleidung, die du trägst, die Musik, die du hörst. Selbst die Luft, die wir atmen, besteht aus Atomen.

Alles besteht aus diesen klitzekleinen Quäntchen schwingender Energie. Sogar deine Gedanken und Gefühle haben ihre eigene Schwingungsfrequenz. Candace Pert ging noch weiter und sagte: „Wir sind nicht bloß kleine Fleischbrocken. Wir schwingen wie eine Stimmgabel – wir senden eine Schwingung an andere Menschen aus. Wir senden und empfangen."[8]

Dies wird auch als das Gesetz der Schwingung bezeichnet. Ich habe Tausende von Menschen mit großem Erfolg auf der Grundlage behandelt, dass Emotionen wie Wut, Angst und Schuldgefühle mit sehr niedrigen Frequenzen schwingen, während Zufriedenheit, Optimismus und Dankbarkeit mit den höchsten Frequenzen schwingen. Bei meinen Behandlungen geht es darum, im Körper ein hochfrequentes Umfeld zu schaffen, durch das wir diese negativen Gefühle allmählich in positive umwandeln können. Der Grund, warum wir überhaupt dazu in der Lage sind, ist das sogenannte Entrainment, die Phasenkopplung oder das Einschwingen aufeinander …

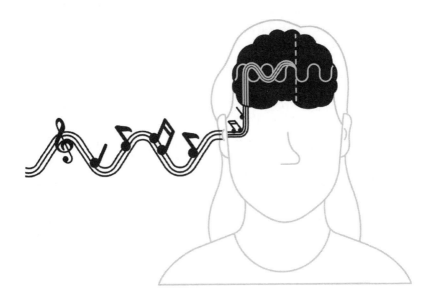

Hast du dich schon einmal gefragt, warum du im Takt deines Lieblingssongs mit dem Fuß wippen kannst? Entrainment macht's möglich. Dieses Phänomen wurde erstmals 1665 von dem niederländischen Mathematiker, Physiker und Erfinder Christiaan Huygens beschrieben. Er fand heraus, dass zwei Pendeluhren, die er nebeneinander an die Wand hängte und deren Pendel zunächst unterschiedlich schnell schwangen, nach einiger Zeit genau gleich schnell schwangen. Sie verfielen in den gleichen Rhythmus. Er erkannte, dass diese Eigenheit nicht nur bei Pendeluhren auftritt, sondern auch in der Chemie, Pharmakologie, Biologie, Medizin, Psychologie, Soziologie und auf anderen Gebieten.

Um zu sehen, wie sich das auf den Körper auswirkt, wollen wir auf unser musikalisches Beispiel zurückkommen. Musik erreicht unsere Ohren durch Schallwellen, die sich durch die Luft in unseren Körper bewegen. Wenn diese Wellen in unser Ohr dringen, beginnt unser Gehirn, sich an die Musik anzupassen: Es synchronisiert seine eigenen Wellen mit der Musik und passt sie an Form und Größe der Schallwellen an. Dadurch können wir im Takt mitwippen.

Die Idee hinter festsitzenden Emotionen ist, dass die emotionale Schwingungsenergie, die du unterdrückt hast, im Körper bleibt, bis sie freigesetzt wird. Es kann Jahre her sein, dass du die Emotion empfunden hast, aber dass du sie unterdrückt hast, bedeutet, dass die Energie auch jetzt noch schwingt, und damit sie freigesetzt werden kann, muss sie sich auf eine Emotion mit höherer Frequenz einschwingen. Ich habe das bei meinen Sitzungen mit Klientinnen und Klienten schon unzählige Male erlebt, und diese festsitzenden Emotionen spiegeln sich oft in einem unregelmäßigen oder gestörten Atemmuster wider.

Wie können wir also eine extrem hohe Schwingungsfrequenz im Körper erzeugen und diese negativen, festsitzenden Emotionen in positive umwandeln? Wie lösen wir diese körperlichen oder emotionalen Verspannungen? Richtig! Durch Atmen.

Ebene	Energiefrequenz (Hz)	Emotionaler Zustand
Erleuchtung	700-1000	Unaussprechlich
Frieden	600	Glückseligkeit
Freude	540	Heitere Gelassenheit
Liebe	500	Hochachtung
Vernunft	400	Verständnis
Akzeptanz	350	Vergebung
Bereitwilligkeit	310	Optimismus
Neutralität	250	Vertrauen
Mut	200	Bejahung
Stolz	175	Verachtung
Wut	150	Hass
Begehren	125	Verlangen
Furcht	100	Angst
Trauer	75	Bedauern
Apathie	50	Verzweiflung
Schuld	30	Vorwürfe
Scham	20	Erniedrigung

Unendlichkeitsatmung

Ich hoffe, dass du inzwischen deine Atmung bewusster wahrnimmst und immer noch regelmäßig übst, langsam und nur mit Nase und Zwerchfell zu atmen, fünf Zähler lang ein und fünf Zähler lang aus. Ich hoffe, dass du dir auch den Mund zugeklebt hast, und zwar allmählich ansteigend bis zu 20 Minuten täglich, und vielleicht auch nachts, um deine Atmung im Schlaf zu verbessern. Ich möchte, dass du mit diesen funktionalen täglichen Übungen weitermachst. Außerdem solltest du immer wieder einmal auf Techniken wie „Im Zweifel ausatmen" (Übung 14) zurückgreifen, wenn du in einer schwierigen Situation bist und nicht weißt, was du tun sollst, sowie unsere Techniken für Schlaf, Verdauung und Schmerzen anwenden.

Wenn du jedoch merkst, dass du ständig unter mentalem und körperlichem Stress stehst – dass du in einem bestimmten Zustand feststeckst – musst du vielleicht daran arbeiten, dich aus der emotionalen Abhängigkeit zu befreien und festsitzende Emotionen loszulassen. Dazu beginnen wir mit einer täglichen dynamischen Atemübung, der sogenannten „Unendlichkeitsatmung". Ich möchte, dass du dir in den nächsten 40 Tagen jeden Tag zehn Minuten Zeit dafür nimmst, am besten morgens. So lange kann es dauern, bis die Veränderung etabliert ist.

Der Name verrät es schon – es ist eine frei fließende, bewusste Atemtechnik, die Ein- und Ausatmung in einer Endlosschleife miteinander verbindet und die kurze Pause aufhebt, die bei einer gesunden Ruheatmung eintritt. Diese Art der Atmung entspricht nicht dem, wie du normalerweise atmen solltest, sondern es handelt sich dabei um eine Intervention, die dir hilft, die Energie in deinem Körper zu verlagern und deine Biochemie zu verändern. Die Praxis kann dazu beitragen, eine hohe Schwingungsfrequenz zu erzeugen, die die Phasenkopplung fördert, sodass festsitzende Emotionen ihren natürlichen Integrationszyklus abschließen und verarbeitet werden können.

Im nächsten Kapitel bauen wir auf dieser Übung auf. Du solltest dir unbedingt darüber im Klaren sein, dass diese Übung sehr wirkungsvoll ist und ihre Vorteile mit der Zeit noch zunehmen. Deshalb bitte ich dich, sie in den nächsten 40 Tagen jeden Tag zu machen. Aber jetzt lass uns mit der Übung beginnen, damit du dich daran gewöhnen kannst.

ÜBUNG 23

Unendlichkeitsatmung

- Such dir einen bequemen Platz und setz oder leg dich hin. (Meide nach Möglichkeit das Schlafzimmer, weil es mit Schlafen verbunden ist.)

- Stell einen Timer auf 10 Minuten oder lass ein Musikstück laufen, das etwa so lang ist.

- Komm noch einmal auf deine Intentionen zu Beginn dieses Buches zurück (Übung 1). Was möchtest du mit dieser Übung erreichen?

- Lass Körper, Geist und Atem zur Ruhe kommen.

- Atme drei Sekunden lang durch die Nase ein und spüre, wie dein Bauch sich hebt.

- Lass deinen Atem ohne Unterbrechung gleich wieder los und atme drei Sekunden lang aus, ebenfalls durch die Nase. Achte darauf, dass du nicht energisch ausatmest. Lass deinen Atem einfach aus dem Körper strömen, ohne Nachdruck oder Kontrolle.

- Atme ohne Unterbrechung wieder ein.

- Atme so weiter – drei Sekunden ein, drei Sekunden aus, kontinuierlich, ohne Unterbrechung. Spüre, wie der Atem durch deine Nase ein- und ausströmt und dein Bauch sich hebt und senkt.

- Mach das zehn Minuten lang, bis dein Timer geht.

Denk daran, dass bei der Unendlichkeitsatemübung Ein- und Ausatmung zu einer kontinuierlichen Atmung verschmelzen und dass es zwischen den einzelnen Atemzügen keine Pausen gibt. Wenn es dir hilft, kannst du dir dein Atemmuster wie das Unendlichkeitssymbol vorstellen, das wie eine liegende Acht aussieht. Jede Seite des Symbols steht für eine Ein- oder Ausatmung. Ich finde es manchmal hilfreich, das Symbol beim Atmen mit dem Finger nachzuzeichnen.

Mach dir keine Gedanken, dass das gleich beim ersten Mal klappen muss, selbst wenn du zum Archetyp der kontrollierten Atmung neigst. Du wirst merken, dass der Flow mit der Übung kommt. Vielleicht spürst du erste Veränderungen in deinem Körper – Energie, Kribbeln, Summen. Vielleicht spürst du auch eine Veränderung deiner Körpertemperatur. Keine Sorge, das ist in Ordnung. Wenn du diese Übung praktizierst, achte auf eine mögliche Enge in deinem Atemzyklus. Wenn du das Gefühl hast, dass deine Atmung irgendwo eingeengt ist oder nicht frei fließen kann, versuch, in diesen Bereich hinein zu atmen, oder leg die Hand darauf und massiere die Stelle beim Weiteratmen leicht. Wenn du ein unangenehmes Verkrampfen bemerkst, atmest du zu forciert. Also hör auf deinen Körper und mach eine Pause. Diese Übung ist dynamisch, aber entspannt, offen und fließend. Sie sollte nicht unangenehm sein.

Wenn du spürst, dass eine Emotion hochkommt, drück sie nicht wieder weg. Lass sie fließen. Denk dran: Wenn du deine Emotionen in vollem Umfang fühlst und sie akzeptierst, dauert es nur 90 Sekunden, bis sie integriert sind. Es kann sein, dass die Emotionen nicht immer während der Übung auftauchen, sondern auch außerhalb davon, in deinem Alltag. Das ist in Ordnung. Das ist ganz normal.

Die Unendlichkeitsatmung ist so wirkungsvoll, weil sie festsitzende Emotionen löst, egal ob wir wissen, dass sie da sind oder nicht. Sie wirkt auch unabhängig davon, ob wir überhaupt wissen, dass uns etwas bedrückt. Zudem kann sie uns helfen, Erfahrungen zu überwinden, die unser Weltbild beeinflussen, sowie die emotionalen Wunden zu heilen, die im Leben unvermeidlich und unserer Atmung und unserem Körper als Trauma eingeschrieben sind. Das wird unser Schwerpunkt im nächsten Kapitel.

KAPITEL 6

Trauma loslassen und den Geist neu vernetzen

Trauma verstehen

Ich war mit Scott, meinem besten Freund und DJ-Partner, und seiner damaligen Freundin Becky in Brasilien. Die Sonne war gerade untergegangen, und wir schlenderten plaudernd durch eine bunte Straße in Salvador. Meinen Laptop hatte ich unter dem Arm, da bemerkte ich aus dem Augenwinkel, dass ein Auto neben uns herfuhr. Das Fenster wurde heruntergekurbelt und ich drehte mich zu ihm um. Zuerst dachte ich, der Fahrer würde bestimmt nach dem Weg fragen.

Bevor ich wusste, wie mir geschah, war der Typ aus dem Auto gestiegen, hielt mir eine Waffe an den Kopf und brüllte mich auf Portugiesisch an. Scott war ziemlich perplex, konnte sich aber gerade noch beherrschen. Becky blieb wie angewurzelt stehen, erstarrt vor Schreck über das, was da gerade passierte. Ich wusste zwar nicht, was der Typ sagte, konnte es mir aber denken. Ich gab ihm meinen Laptop, meinen Geldbeutel und alles, was ich in meinen Taschen hatte. Als nächstes richtete er die Waffe auf Scott und brüllte weiter. Scott hatte zum Glück nichts bei sich, Becky aber schon. Sie hatte ihre Tasche.

Als die Waffe auf sie gerichtet wurde, übersteuerte ihr Nervensystem, und sie stellte sich im denkbar schlechtesten Moment tot. Sie war wie erstarrt und drückte ihre Tasche fest an die Brust. Wir drängten Becky, die Tasche herauszugeben, gleichzeitig wurde der Bewaffnete immer hektischer, schrie uns an und fuchtelte mit der Pistole herum. Einen Moment lang wusste ich nicht, was passieren würde. Schließlich gelang es uns, Becky die Tasche zu entwinden und sie ihm zu übergeben. Er ließ die Waffe sinken, sprang ins Auto und raste davon. Becky brach in Tränen aus.

●

Das Wort „Trauma" erschreckt uns oft. Wir assoziieren es meist mit extremen Ereignissen und deren Folgen – Soldaten, die aus dem Krieg heimkehren, gewalttätige Überfälle, Verkehrsunfälle, sexuelle Übergriffe, Nahtoderfahrungen, Mobbing in der Schule oder am Arbeitsplatz oder so etwas wie unser Vorfall in Brasilien. Der Begriff kommt aus dem Griechischen und bedeutet „Wunde", und wie jede Wunde kann ein Trauma tief oder oberflächlich sein. Es kann durch ein einzelnes Ereignis ausgelöst werden oder durch eine Anhäufung von mehreren Ereignissen, die dann dazu führen, dass das Trauma unbewältigt bleibt. Tiff durch Krebs zu verlieren, war für mich ein Trauma, dessen Folgen ich nur durch regelmäßige Atemarbeit bewältigen konnte. In Brasilien mit einer Waffe bedroht zu werden, war ebenfalls traumatisch, aber ich habe es recht schnell überwunden. Es klingt zwar vielleicht ziemlich merkwürdig, aber ich fand es traumatischer, als mein Vater mir mit sieben Jahren zu Unrecht vorwarf, ich hätte den Deckel auf dem Ketchup nicht richtig zugeschraubt, als ich die Flasche schüttelte und der Ketchup in der ganzen Küche herumflog. Um darüber hinwegzukommen, habe ich länger gebraucht, als bei dem Raubüberfall in Brasilien.

Dir kommt dieser Ketchup-Vorfall vielleicht nicht besonders „traumatisch" vor. Aber schauen wir uns mal den Kontext an. Ich hatte das Gefühl, dass mir die Schuld für etwas zugeschoben wurde, für das ich *meiner Überzeugung nach* nichts konnte, und dass ich keine Chance bekam, jemandem zu sagen, dass ich es nicht war. Unbewusst war dies wie eine Bestätigung für negative Gefühle, die bei früheren Erlebnissen aufgekommen waren. Ich hatte das Gefühl, dass ich ignoriert wurde oder dass das, was ich zu sagen hatte, nicht zählte. Das zeigt, dass ein Trauma nicht nur durch etwas ausgelöst werden kann, was dir passiert, sondern auch dadurch, dass etwas *nicht* passiert, was deiner Meinung nach passieren sollte. Ich wurde nicht nach meiner Sicht der Dinge gefragt, und das gab mir das Gefühl, dass ich gar nicht gehört werde. Dieser Vorfall zeigt auch, dass Trauma sehr subjektiv ist.

Was für den einen traumatisch ist, muss es für die andere ganz und gar nicht sein. Was für dich traumatisch ist, können andere sogar als Bestätigung oder Trost empfinden. So hat die eine Person zum Beispiel Angst davor, nach einem Unfall wieder aufs Fahrrad zu steigen, während die andere meint, durch Verletzungen werde man stärker, vor allem wenn sie nach dem Motto erzogen wurde „was uns nicht umbringt, macht uns härter" im Sinne von stark oder widerstandsfähig.

Der Arzt und Autor Gabor Maté geht noch einen Schritt weiter und sagt: „Trauma ist nicht das, was dir passiert, sondern das, was *in* dir infolgedessen passiert, was dir passiert ist. Trauma ist die Vernarbung, die dich unflexibler, rigider, gefühlloser und wehrhafter macht."[1] An der Atmung meiner Klientinnen und Klienten sehe ich dies immer wieder.

Linda

Linda war ein Extrembeispiel für einen Menschen mit einem langjährigen, ungelösten Trauma. Als sie zu mir kam, war sie etwa Mitte 50. Sie litt unter ständigen psychischen Beschwerden – sie sagte, sie sei unruhig, ängstlich und neige zu negativen Gedanken, solange sie denken könne. Ich konnte sehen, dass ihre Atmung verkrampft und wie erstarrt war; es strömte nur sehr wenig Atemluft ein und aus, und selbst dieses Wenige wirkte sehr kontrolliert. Ziemlich schnell merkte ich, dass um ihr Zwerchfell herum viele Verspannungen waren, vor allem in der Körpermitte, im Bereich des Solarplexus. Das deutet darauf hin, dass es der Person an Vertrauen mangelt oder sie an ihrer Angst festhält. Lindas Atmung entsprach der erstarrten/kontrollierten Atmung.

Wir begannen mit der „Unendlichkeitsatmung", um den Energiefluss bewusst zu erhöhen und ihre Körperchemie zu verändern. Durch manuelle Akupressur konnte ich ihr helfen, Muskelverspannungen und Kontraktionen im Zwerchfell zu lösen. Außerdem ermutigte ich sie, festsitzenden Gefühlen mit Hilfe von Tönen Stimme und Ausdruck zu geben. Diese Methode empfinde ich als sehr hilfreich für Klientinnen und Klienten, die besonders hartnäckige festsitzende Emotionen loswerden wollen. Viele kennen das befreiende Gefühl, in ein Kissen zu schreien. Wir werden später noch genauer darauf eingehen.

Nach etwa 20 Minuten Atmen konnte ich sehen, dass sich viel Energie aufbaute, worauf ein Gefühlsausbruch folgte. Tränen liefen ihr über die Wangen, die Verspannung in ihrem Solarplexus löste sich, ihre Atmung wurde offen und frei fließend. Nach unserer Atemsitzung erzählte sie mir, dass sie durch einen Autounfall, der sich vor etwa 40 Jahren ereignet hatte, schwer traumatisiert war. Seitdem war sie angespannt, konnte das Erlebnis nicht loslassen und brachte es nicht mehr über sich, in ein Auto zu steigen. Das hatte Auswirkungen auf ihre Beziehungen, ihren Beruf – auf jeden Aspekt ihres Lebens. Nach der Sitzung sagte sie, sie fühle sich befreit und wieder lebendig.

Wenn sich ein traumatisches Ereignis wie Lindas Autounfall ereignet oder etwas geschieht, das die Betroffenen als traumatisch empfinden, dann werden die Erinnerungen im Gehirn und im Nervensystem in fehlangepasster Form gespeichert, und man bleibt im Trauma gefangen. Deine Atmung wird steif und bringt dich in die Nähe eines unserer Archetypen, und deine Emotionen erstarren, anstatt verarbeitet zu werden. Unsere „Unendlichkeitsatmung" öffnet deine Atmung und erzeugt einen Energiefluss in deinem Körper. Sie hilft dabei, Verspannungen und negative emotionale Aufladungen loszulassen, sodass du deine Erinnerungen in gut angepasster Form speichern kannst. Dann kannst du auf ein Ereignis zurückblicken, ohne getriggert zu werden und großen Schmerz zu empfinden.

Meine Erinnerungen an Tiff und ihren Tod sind mir geblieben. Aber das lähmende Gefühl der Trauer ist nicht mehr da. In der Trauer hat mein Unbewusstes verhindert, dass der Atem in meine Brust fließt, um mich vor dem emotionalen Schmerz in meinem Herzen zu schützen. Aber dadurch, dass ich die Anspannung, die tiefe Gefühle blockiert hat, gelöst und meinen Körper für den vollen Fluss des Atems geöffnet habe, konnte ich dieses Trauma schließlich verarbeiten und wieder nach vorne schauen. Ja, an jedem Valentinstag, dem Jahrestag ihres Todes, kann es sein, dass meine Psyche und meine Gedanken vermehrt Emotionen hervorbringen, aber weil mein Trauma verarbeitet ist, ist meine Atmung offen und kann fließen, und diese Emotionen beeinflussen mich körperlich und psychisch nicht mehr so stark. Sie kommen und gehen wieder. Ich stelle mir das gerne wie eine alte Knöchelverletzung vor. Manchmal spürst du beim Tanzen ein leichtes Stechen. Aber deshalb gehst du nicht von der Tanzfläche. Wenn deine Atmung frei und fließend ist, muss Trauma dein Glück nicht beeinträchtigen.

Trauma muss dein Glück nicht beeinträchtigen.

Öffne dein Herz

Ein offenes Herz ist ein Zustand, in dem du dich frei und weit fühlst und Dinge gut annehmen kannst. Dein Atem ist offen und fließt ungehindert, und du empfindest Liebe, Freude und Vertrauen. Wir alle sehnen uns nach einem offenen Herzen, aber manchmal haben wir unbewusst zu viel Angst und fühlen uns zu verletzlich, um uns so zu zeigen. Trauer und andere Formen von Trauma können dazu führen, dass unser Unbewusstes unser „Herzzentrum" in der Brust verschließt und verhindert, dass sich unser Atem bis dorthin ausbreitet. Mit dieser Methode versucht es, unseren Schmerz abprallen zu lassen, indem es zumacht und so tut, als sei er gar nicht da oder würde keine Rolle spielen. Dadurch wird es für uns schwerer, uns liebevoll mit uns selbst und anderen zu verbinden.

Anzeichen für ein verschlossenes Herz:

- Gefühl, emotional wie gelähmt oder betäubt oder im Leben festgefahren zu sein.

- Wütend, gemein und zynisch oder überkritisch gegenüber sich selbst und anderen sein.

- Sich selbst und anderen Liebe und Zuneigung vorenthalten.

- Fehler bei anderen finden und sie verurteilen.

- Neue Erfahrungen und Abenteuer meiden.

- Verbindungen zu anderen meiden.

Anzeichen dafür, dass dein Herz offen ist:

- Lächeln, lachen und sich frei ausdrücken.

- Anderen gegenüber Zuneigung und Freundlichkeit zeigen.

- Sich eher aufs Gute im Menschen konzentrieren als aufs Negative.

- Offen für neue Erfahrungen und Chancen sein.

- Resilient sein und Widrigkeiten überstehen können.

- Sich positiv, gelassen und energiegeladen fühlen.

ÜBUNG 24

Atmen, um das Herz zu öffnen

Probiere dies nur aus, wenn du dir sicher bist, dass du mit dem Zwerchfell atmest und dein Atem sich zuerst in den Unterkörper hinein ausbreitet. Versuch dann, ob du in zweiter Linie eine Ausbreitung in die Körpermitte und nach oben in den Brustraum erreichen kannst, die einer Wellenbewegung folgt. Bauch-Mitte-Brust, rauslassen und wiederholen.

- Nimm eine bequeme Haltung ein, im Sitzen oder Liegen.

- Leg eine Hand aufs Herz, die andere auf den Bauch.

- Atme durch die Nase ein und weite dich in die Hand auf dem Bauch.

- Spüre dann bei derselben Einatmung, wie sich diese Weite wie eine Welle in die Körpermitte zwischen deinen Händen ausbreitet, bis sie schließlich in die Hand auf deinem Herzen fließt.

- Atme durch die Nase aus – entspann dich und lass los.

- Mach das insgesamt zehn Mal.

Wenn du möchtest, kannst du dabei das Mantra wiederholen: „Ich entscheide mich dafür, mein Herz zu öffnen", oder „Es kann mir nichts geschehen, wenn ich mein Herz öffne". Du kannst dich auch bei der „Unendlichkeitsatmung" (Übung 23) auf diesen vollständigeren Fluss und diese umfassendere Ausdehnung deines Atems konzentrieren, besonders wenn du das Gefühl hast, dass dein Herz verschlossen ist.

Glaubenssätze und Atmung

Wie der Vorfall mit dem Ketchup zeigt, können sich Traumata mit deinen grundlegenden Überzeugungen, also deinen Glaubenssätzen, verflechten, und deine Glaubenssätze können ihren Ursprung in deinen Erfahrungen haben, egal ob gut oder schlecht. Vielleicht hat der Moment, in dem dein kreatives Projekt von deiner Lehrerin oder deinem Lehrer gelobt wurde, eine dauerhafte Überzeugung in dir geweckt, oder vielleicht hast du zu Hause oft gehört, dass du ein tolles Kind bist, und dies hat in dir die Überzeugung gefestigt, dass du ein guter Mensch bist. Vielleicht wurden deine Bedürfnisse manchmal nicht so erfüllt, wie du es für richtig gehalten hättest. Vielleicht hast du, wie meine Schwestern Jane und Anna aus Kapitel 1, auch die Überzeugung entwickelt, dass bestimmte Dinge gefährlich oder schön sind, je nachdem, was du als Kind erlebt hast. Vielleicht glaubst du, dass du nicht gut genug bist, weil du als Kind mitbekommen hast, was jemand über dich gesagt hat, oder weil du dich immer abgemüht hast, die Ansprüche anderer zu erfüllen. Die Glaubenssätze, die diese Erfahrungen prägen, werden im Laufe der Jahre durch wiederholte Gedanken bestätigt und verstärkt.

Kommen wir noch einmal kurz auf Jane und Anna zurück, denn wir müssen verstehen, dass es Erfahrungen unterschiedlichen Typs gibt, die sich auf Atmung und Verhalten auswirken. Dieses einfache Beispiel lässt sich durch jede beliebige Erfahrung ersetzen, die starke Gefühle hervorruft. Wenn du, wie Jane, als Kind von einem Hund gebissen wurdest, hat der Schock dein Atemmuster verändert, es haben sich neue Nervenbahnen in deinem Gehirn gebildet, und du hast vielleicht den Glaubenssatz entwickelt, dass Hunde gefährlich sind und du sie in Zukunft meiden solltest. Das ist *gefühlte* Erfahrung.

Wenn der Hund jedoch nicht Jane, sondern meine Mutter gebissen und meine Mutter ihr daraufhin gesagt hätte, dass sie bloß nie zu einem Hund hingehen soll, hätte Jane dennoch gelernt, dass der Umgang mit Hunden gefährlich ist, und würde sie deshalb meiden, auch wenn sie diese Gefährlichkeit nicht selbst erlebt hat. Das wäre dann eine *erlernte* Erfahrung.

Alle unsere Erfahrungen prägen unsere Auffassung von der Welt. Gefühlte und erlernte Überzeugungen können sich unter den Menschen verbreiten und zu allgemeinen Überzeugungen werden. Nehmen wir ein anderes einfaches Beispiel: Wenn ein Hochhausbewohner drei Stunden mit dem Aufzug stecken bleibt und dann seinem Umfeld erzählt, dass der Aufzug nicht sicher ist, haben am Ende vielleicht alle in dem Haus Angst, den Aufzug zu benutzen. In Familien, Gemeinschaften und in der Gesellschaft insgesamt kursieren häufig allgemeine Überzeugungen. Stell dir vor, du schaltest eines Tages die Nachrichten ein und erfährst, dass kein einziger Aufzug auf der Welt ungefährlich ist. Ein individueller Glaubenssatz kann sich wie ein Lauffeuer verbreiten.

Glaubenssätze können auch auf andere Weise entstehen – durch wiederholte Gedanken – und die werden dann womöglich von Generation zu Generation weitergegeben. Die Kultur, in der wir aufwachsen, die Sprache, die wir sprechen, die Informationen, die über die verschiedenen Medien verbreitet werden, oder auch unsere Umgebung, dies alles kann unser Glaubenssystem prägen.

Zum Beispiel wird Frauen in bestimmten Kulturen manchmal beigebracht, dass es in Ordnung ist oder sogar erwartet wird, dass sie emotional ausdrucksstärker sind als Männer. Dass Männer Gefühle zeigen (außer Wut), gilt hingegen in manchen Kreisen immer noch als „Tabu". Das galt für mich, meinen Vater, seinen Vater und dessen Vater, möglicherweise schon für Generationen vor ihm, bis zurück in jene Zeit, als es für Männer kulturell inakzeptabel wurde, über ihre Gefühle zu sprechen. Ich habe das als kleiner Junge erlebt, als ich die Haustür aufmachte und meinen Vater weinend vorfand. „Hol Mum", sagte er. „Ich bin vom Fahrrad gestürzt."

In der Gesellschaft, in der ich aufgewachsen bin, haben Männer nur geweint, wenn sie schwer verletzt waren, und selbst dann war es oft verpönt. In Wahrheit hatte er einen Nervenzusammenbruch aufgrund von Stress bei der Arbeit und Burnout, aber er meinte, er müsse seinem Sohn ein Bild der Stärke vermitteln. Damit übertrug er diesen Glaubenssatz auf mich, oder zumindest verstärkte er eine Überzeugung, die in meinem Umfeld allgemein verbreitet war.

Ich wuchs also in dem Glauben auf, Männer sollten „stark" sein. Das könnte von meinem Vater stammen, aber auch aus einer Kultur, in der ich oft zu hören bekam: „Große Jungs weinen nicht". Dieses Klischee wurde auf jeden Fall durch das Kinderbuchidol Tough Ted und meine Jahre im Judo, mit dem ich im Alter von vier Jahren angefangen habe, noch verstärkt. Mein allererster Judo-Trainer ließ sich von uns sogar „Superman" nennen.

ÜBUNG 25

Unendlichkeitsatmung mit Ton

Klang und Bewegung können bei der Unendlichkeitsatmung zu schnelleren Ergebnissen führen. Jeder Ton, egal ob er eine hohe oder niedrige Frequenz hat, hat einen höheren Schwingungspunkt als feste Masse. Das bedeutet, dass dein Körper durch das Erzeugen von Tönen in Schwingung gerät und sich niedrig-schwingende negative Emotionen aufgrund des Entrainment-Phänomens, also der Phasenkopplung oder des Einschwingens aufeinander, auflösen können. Bewegung kann körperliche Verspannungen lösen und trägt so weiter zu diesem Gefühl klärenden Auflösens bei. Deshalb möchte ich, dass du in deine tägliche Unendlichkeitsatmung ein paar Töne und Bewegungen einbaust.

* Such dir einen bequemen Platz und setz oder leg dich hin. (Möglichst nicht im Schlafzimmer, weil es mit Schlafen verbunden ist.)

* Stell einen Timer auf fünf Minuten oder wähle ein Musikstück von etwa dieser Dauer.

* Denk noch einmal an deine Intentionen zu Beginn dieses Buches. Was möchtest du mit dieser Übung erreichen?

* Nimm dir einen Moment Zeit, um anzukommen und dich und deinen Atem in deinem Körper zu verankern.

* Atme drei Sekunden lang durch die Nase ein und spüre, wie dein Bauch sich hebt.

- Atme ohne Pause gleich wieder aus und lass deinen Atem drei Sekunden lang gehen, ebenfalls durch die Nase. Achte darauf, dass du nicht mit Nachdruck ausatmest – lass deinen Atem einfach aus deinem Körper heraus, ohne ihn zu forcieren oder zu kontrollieren.

- Atme ohne Pause gleich wieder ein.

- Wenn der Timer klingelt, trommle mit den Händen auf die Knie und summe dabei.

- Mach das Trommeln und Summen insgesamt drei Mal.

- Mach noch einmal eine fünfminütige Runde Unendlichkeitsatmung.

- Es kann sein, dass sich das kribbelnde und brummelnde Gefühl im Lauf der Übung verstärkt. Denk immer daran, dass du das Ruder in der Hand hast. Deshalb hör auf oder unterbrich, wenn es dir unangenehm wird. Wenn Emotionen aufsprudeln, lass sie fließen und lass sie los.

In der Kindheit laden wir unsere Betriebssystem und unsere Dateien, unsere Programmierung herunter.

Das kindliche Gehirn

Die frühe Kindheit ist eine Zeit nicht nur des körperlichen Wachstums, sondern auch der psychischen Entwicklung, die Veränderungen in Anatomie, Physiologie, Chemie und Nervensystem mit sich bringt. Das Alter zwischen null und sieben ist die Zeit, in der wir programmiert werden. In dieser Phase befinden wir uns praktisch in einem permanenten Hypnosezustand, in dem wir von unserer Umgebung konditioniert werden und empfänglich für Suggestionen sind. Unser Gehirn befindet sich in einem super aufnahmefähigen Lernzustand, lernt auswendig, denkt nach und löst Probleme, und wir bauen unsere Beziehungen zu uns selbst und unserer Umwelt auf.

Unser Gehirn entwickelt sich in dieser Zeit sehr schnell. In gewisser Weise laden wir in der Kindheit unsere Dateien, unser Betriebssystem und unsere Programmierung herunter. Jetzt entwickeln wir unsere Grundüberzeugungen – die Glaubenssätze, die beeinflussen, wie wir uns selbst und die Welt sehen, und die eine entscheidende Rolle für unsere körperliche und psychische Gesundheit als Erwachsene spielen. Diese Überzeugungen sind zwar nicht unbedingt *objektiv* wahr, aber sie bieten einen Rahmen für die Interpretation von Informationen. Du kannst fast alles denken und diesen Gedanken unzählige Male umsetzen – aber die tiefe Überzeugung, in die sich der Gedanke verwandelt, ist lediglich eine Geschichte, die du dir selbst erzählt hast.

Hirnwellen

In verschiedenen Phasen unseres Lebens dominieren unterschiedliche Hirnwellen, und als Kinder wie als Erwachsene wechseln wir zwischen ihnen hin und her. Das kann von selbst passieren, etwa im Tiefschlaf, oder wir können bewusst Methoden wie Atemarbeit oder Meditation einsetzen, um in verschiedene Zustände zu gelangen und eine Veränderung anzuregen.

Es gibt vier verschiedene Arten von Gehirnwellen. Man unterscheidet sie anhand ihrer elektrischen Muster und ihrer Frequenz:

DELTA: Kinder von 0-2 Jahren (und sogar im Mutterleib). Erwachsene im Tiefschlaf. Bei Kindern ist dies eine intensive Entwicklungsphase, und diese Gehirnwellen sind mit den tiefsten Ebenen von Entspannung und erholsamer Heilung im Schlaf verbunden.

THETA: Kinder von 2-5 Jahren. Erwachsene in Hypnose oder kurz vor dem Einschlafen. Es ist die Welt der Fantasie und der Tagträume. Ein Zustand besonderer Lernfähigkeit (wie ihn das „Superlearning" nutzt), in dem wir empfänglich für Suggestionen sind.

ALPHA: Kinder von 5-7 Jahren. Erwachsene in der Meditation. Wir sind ruhig und entspannt, aber hellwach. Wir können Schlussfolgerungen aus unserer Umwelt ziehen, und die innere Vorstellungswelt ist meist genauso real wie die äußere Wirklichkeit. Ideal für Brainstorming und Lernen.

BETA: Kinder von 8-12 Jahren und älter. Erwachsene bewegen sich meistens in dieser Frequenz. Es ist die Welt des bewussten, analytischen Denkens. Der Geist ist wach, fokussiert, aufmerksam und zu logischer Verarbeitung fähig.

Programmierung in der Kindheit und Grundüberzeugungen

Beschäftigen wir uns etwas näher mit Glaubenssätzen – genauer gesagt, mit deinen Grundüberzeugungen. Deine Grundüberzeugungen sind die Vorstellungen von der Welt, die dein Gehirn als Kind bildet, und sie bleiben lebenslang unbewusst. Sie bilden deine Kindheitsprogrammierung, die auf deinen Erfahrungen beruht, auf dem, was du bei anderen Menschen siehst, und auf den Ratschlägen, die andere dir auf dem Weg zum Erwachsenwerden mitgeben. Im Erwachsenenalter zeigen sie sich in deinen Gedanken, Gefühlen und Wahrnehmungen und spielen eine Rolle bei deinem Handeln, bei den Entscheidungen, die du triffst, bei der Wahl deiner Freundschaften, Paarbeziehungen und so weiter. Sie sind Produkte deiner Prägung durch deine Erfahrungen und dein Umfeld, keine objektiven Fakten.

Durch diese Konditionierung machst du dir ein Bild von der Welt. Und diese Deutung der Welt im Licht unserer bestehenden Überzeugungen nennen wir *Confirmation Bias* oder *Bestätigungstendenz*. Ein Teil deines Gehirns, das retikuläre Aktivierungssystem (RAS), filtert viele Informationen, die es aufnimmt, aus, um eine Reizüberflutung zu vermeiden. Bei diesem Filterungsprozess priorisiert es die Dinge, die du seiner Meinung nach erkennen musst, also zum Beispiel etwas, auf das du dich konzentriert oder über das du nachgedacht hast, oder etwas, das zu deiner tieferen Programmierung gehört, wie etwa deine Grundüberzeugungen. Wenn du zum Beispiel glaubst, dass Hunde gefährlich sind, filtert dein Gehirn ihr freundliches Verhalten womöglich aus oder interpretiert es entsprechend deiner Überzeugung. Dann nimmst du ihr verspieltes Springen vielleicht als bösartigen Angriff wahr. Oder wenn du glaubst: „Niemand hört mir zu", filterst du ein Gespräch so, dass du etwas hörst oder dahingehend interpretierst, dass es diese Überzeugung untermauert. „Was der Denker auch denkt, der Beweisführer wird es beweisen." sagt Leonard Orr, der die Atemtechnik des *Rebirthing* entwickelt hat. Wir hören, was wir aufgrund unserer Überzeugungen hören wollen, und wir sehen, was wir aufgrund unserer Überzeugungen sehen wollen – dieser *Confirmation Bias* bedeutet, dass du überall Beweise für das siehst, was du bereits glaubst, was dann wiederum „beweist", dass deine Überzeugung real begründet ist. Das passiert sogar, wenn du es durch gezielte Intention steuerst. Wenn du dich mit etwas beschäftigst, über das du normalerweise nicht nachdenkst, ist dir dann schon einmal aufgefallen, dass du es plötzlich überall siehst, egal, wohin du schaust? Das ist der Grund, warum das Setzen positiver Intentionen, das wir am Anfang des Buches gemacht haben, so wirkungsvoll sein kann. Wir fangen an, dein RAS umzuprogrammieren, damit es für dich und nicht gegen dich arbeitet.

Was der Denker auch denkt, der Beweisführer wird es beweisen.

Leonard Orr, Entwickler der Atemtechnik des *Rebirthing*

In gewisser Weise liefern deine Grundüberzeugungen das Handbuch für dein RAS. Dieses dient dann wiederum als Anleitung dafür, wie du die Ereignisse in deinem Leben interpretierst. Einen Teil dieses Handbuchs haben wir schon so lange, dass es sich anfühlt, als würde es zu unserer Identität gehören, und das macht es schwierig, es zu ändern. Aber wenn unser Handbuch der Grund für unsere ständigen Selbstzweifel, unsere Unsicherheit, unsere schlechte Laune und unser ständiges Verlangen nach Anerkennung ist, dann sind wir es uns selbst schuldig, es zu hinterfragen und zu ändern. Vielleicht bist du mit Glaubenssätzen programmiert wie: „Das Leben ist ungerecht." „Warum passiert das immer mir?" „Ich bin nicht gut genug." „Wenn ich erst dieses oder jenes habe, dann bin ich glücklich." „Ich habe es nicht verdient." „Ich bin nichts wert." „Mich kann man ja gar nicht mögen." Hinter diesen oberflächlichen Eigenschaften, von denen wir glauben, dass sie uns ausmachen, verbirgt sich eine authentischere, kreativere Version von uns selbst – eine Version, mit der wir uns wieder verbinden müssen. Das alles bildet sich in deiner Atmung und den Atmungs-Archetypen ab, die du erlebst.

Um dein Verhalten zu ändern, musst du diese alten, nicht dienlichen Überzeugungen durch neue, hilfreiche ersetzen. Wie immer beginnt auch diese Veränderung mit Gewahrsein. Wenn du in Verbindung mit deiner Atmung nicht auch hinterfragst oder überprüfst, wer du zu sein glaubst, bleibst du möglicherweise in alten Glaubenssätzen stecken, die verhindern können, dass du wirklich glücklich wirst und dich lebendig und frei fühlst. Auch wenn du es nicht glaubst, du hast es verdient, glücklich zu sein.

Wir haben alle eine andere Vorgeschichte. Wir werden von unserer Umgebung, unserem schulischen Umfeld, unseren Lehrkräften, Vorbildern und vor allem von unseren Eltern und Bezugspersonen geprägt. Ich gehe davon aus, dass die meisten Eltern und Bezugspersonen sich nach Kräften bemühen, dir alles zu geben, was du brauchst, und zwar nach bestem Wissen und Gewissen – aber das gelingt nicht immer. Eltern und Bezugspersonen handeln nach ihren eigenen Grundüberzeugungen, die sie von ihren Eltern, in ihrer Schulzeit und von anderen wichtigen Menschen übernommen und natürlich durch ihr Umfeld, ihre Erfahrungen und ihre eigenen unbewältigten Traumata entwickelt haben. Das kann ihr Handeln beeinflussen. Manchmal stehen sie unter großem Stress, machen zu und sagen im Affekt verletzende Dinge oder handeln in verletzender Art und Weise. Wenn dich etwas, das dir als Kind widerfahren ist, sehr stark belastet, solltest du dir neben den Übungen in diesem Buch zusätzliche Unterstützung holen. Sprich mit deinem Hausarzt, einer Therapeutin oder einer anderen ausgebildeten Fachkraft; sie haben hervorragende Ressourcen und Möglichkeiten, dir zu helfen.

Vielleicht hat es dir in deiner Kindheit an etwas gefehlt. Vielleicht konntest du dich nicht ausdrücken und deshalb lautet deine Grundüberzeugung, dass du nicht gehört oder gesehen wirst. Vielleicht hast du geglaubt, du hättest niemanden, mit dem du deine Sorgen über die Schule, über Freunde oder Familie teilen kannst. Daher lautet deine Grundüberzeugung, dass dein emotionaler Schmerz nicht wichtig ist oder dass du deinen Gefühlen nicht trauen kannst. Vielleicht haben die Erwachsenen in deiner Kindheit dich ständig angetrieben und versucht, sich durch dich zu verwirklichen, sodass deine Grundüberzeugung lautet, Erfolg sei absolut notwendig und dein authentisches Selbst spiele keine Rolle. Vielleicht hast du abfällige Bemerkungen gehört wie „deine Schwester ist schlauer als du", „du bist ja so ein Tollpatsch" oder „du schaffst es nie in die Mannschaft". Alles, was du in deiner Kindheit hörst oder erlebst, kann sich tief in deine Psyche eingraben, zu Verspannungen in deinem Atemzyklus führen und erhebliche Auswirkungen auf dein Erwachsenenleben haben. So entsteht das Handbuch, nach dem dein RAS heute funktioniert.

Sogar wenn deine Kindheit sehr schön war, hast du dennoch Grundüberzeugungen. Du lädst dir trotzdem dein Handbuch herunter, mit dem du dir ein Bild von der Welt machst. Wenn du allerdings immer wieder auf die gleichen Probleme stößt, wird es wahrscheinlich Zeit, dass du dein Handbuch aktualisierst.

Werfen wir einen Blick in meines. Mit dem Eintrag zu der Vorstellung, stark sein zu müssen – verstärkt durch Erfahrungen, traditionelle Männlichkeitsbilder, Judo-Training, Tough Ted und so weiter –, haben wir uns bereits beschäftigt. Aber packen wir mal ein paar andere aus. Als Kind hatte ich das Glück, unterstützende Lehrkräfte, gute Freunde und ein stabiles häusliches Umfeld zu haben. Ich bin meinen Eltern sehr dankbar; sie haben viel gearbeitet und ihre ganze Zeit und Energie darauf verwendet, meinen drei Geschwistern und mir eine positive und gesunde Bildung und Erziehung zu vermitteln. Trotzdem habe ich in meinem Handbuch ein paar wenig hilfreiche Einträge gefunden, auch wenn der Prozess sehr subtil war. Zum Beispiel gab es einen Eintrag zum Thema Geld: *Geld fällt nicht vom Himmel*, sagten meine Eltern immer, wahrscheinlich weil sie in abwechselnden Schichten so viel gearbeitet haben, damit genug hereinkommt. Mein Vater leistete wahnsinnig viele Überstunden als Catering-Manager, um uns zu ernähren, und meine Mutter nicht weniger: Nachts arbeitete sie als Krankenschwester, weil sie das mit der Frühstückspension unter einen Hut bringen konnte, die meine Eltern nebenher betrieben. Wenn wir aufwachten, kam sie von der Nachtschicht, machte den Gästen das Frühstück, brachte uns zur Schule, schlief ein wenig, holte uns von der Schule ab, fuhr uns zu unseren verschiedenen Hobbys, brachte uns ins

Bett und fuhr wieder zur Arbeit. Meine Eltern wollten das Beste für uns und uns alles bieten, was sie sich als Kind gewünscht hätten. Auch sie hatten ihr Handbuch. Sie hatten ihr eigenes Päckchen zu tragen, ihre Grundüberzeugungen, ihre Konditionierung. Wie wir alle. Sie haben einige sehr schwierige Erfahrungen durchgemacht. Da ich mit viel arbeitenden, häufig gestressten Eltern aufgewachsen bin, die mehr als genug Tragödien erlebt haben, ist es kein Wunder, dass in meinem mentalen Handbuch die Vorstellung verankert war, man müsse fleißig arbeiten, um es im Leben zu etwas zu bringen. In vieler Hinsicht ist das eine gute Überzeugung, aber sie verstärkt die Vorstellung, dass man immer „etwas tun", immer aktiv sein, immer arbeiten muss. So wurde ich wahrscheinlich stresssüchtig und hatte ein stressiges Atemmuster. Vielleicht war das sogar die Geburtsstunde von Flughafen-Stu.

Als Familie hielten wir immer zusammen. Aber als ich Kind war, wurden die Worte „Ich hab dich lieb" bei uns zu Hause nur selten ausgesprochen. Vielleicht waren sie sogar verpönt. Meine Eltern glaubten, „Ich hab dich lieb" seien leere Worte, wenn man sie nur so dahinsagt. Ihrer Meinung nach war es viel besser, seine Liebe durch das zu zeigen, was man tut. Für ihr Empfinden brauchten sie diesen Satz also nicht auszusprechen, um uns ihre Liebe zu beweisen. Ich habe mich zwar nie ungeliebt gefühlt, aber daraus, dass ich diese Worte nie gehört habe, hat sich ein Glaubenssatz entwickelt, wie ich als Erwachsener in meinen Beziehungen meine Liebe zum Ausdruck bringen sollte. Als ich anfing, mich mit Mädchen zu verabreden, merkte ich, dass es mir unangenehm war, wenn eine Freundin „Ich liebe dich" sagte, weil das ja laut meiner Kindheitsprogrammierung überflüssig war. Dem könnte man entgegenhalten, wenn ich zwar jeden Tag „Ich hab dich lieb" zu hören bekommen hätte, aber von Eltern, die das nicht auch wirklich zeigen, hätte das noch ganz andere Auswirkungen auf meine Beziehungen als Erwachsener gehabt. Das zeigt, dass wir alle konditioniert sind, egal wie. Wir alle haben unser Handbuch. Und das beeinflusst, wie wir uns heute verhalten.

Sobald dir klar wird, dass wir *alle* vom *Confirmation Bias*, also von der Tendenz betroffen sind, nur das wahrzunehmen, was unsere Überzeugungen bestätigt, kannst du dich darin üben, etwas offener mit deiner

Wahrnehmung und deinen Urteilen umzugehen. Wenn du weißt, dass deine Atmung deine Gedanken und Gefühle beeinflusst, kannst du sie – neben bewusster Wahrnehmung und Umprogrammierung – als Instrument nutzen, um deine Glaubenssätze zu ändern. Das bedeutet, dass du nicht dein ganzes Leben lang an Glaubenssätze gebunden bleiben musst, die durch Kindheitserfahrungen entstanden sind. Du kannst dich davon befreien. Es ist also an der Zeit, dass wir unser Päckchen auspacken und unser Handbuch ändern – aber zunächst möchte ich dir Jasmine vorstellen.

Jasmine

Jasmine nahm an einer Gruppensitzung teil, die ich in London leitete. Als Teil der Übung bat ich alle in der Gruppe, zu „tönen" und ihren Körper bei der Atemübung immer wieder einmal zu bewegen, ähnlich wie bei unserer Übung „Unendlichkeitsatmung mit Ton" (Übung 25), um festsitzende Emotionen zu lösen.

Kurz nach Beginn der Sitzung fiel mir eine Frau auf, die kaum einen Ton herausbrachte. Ich ging zu ihr und ermutigte sie, es zu versuchen. Aber es kam immer noch nichts. Wir machten in diesem Format fünf bis zehn Minuten mit der Atmung weiter, dann folgten zwei Minuten mit Bewegung und Tönen. Im Laufe der einstündigen Sitzung öffnete sie sich allmählich, und von Runde zu Runde tönte sie lauter, bis sie schließlich die lauteste Person im Raum war. Sie war mehr als laut, und am Ende lachte sie unter Tränen und war voller Freude.

Nach der Sitzung kam sie zu mir und bedankte sich. Sie erzählte, als Kind habe sie davon geträumt, Sängerin zu werden, aber jemand habe ihr gesagt, ihre Stimme sei schrecklich – eine extrem traumatische Erfahrung für sie. Der Glaube, sie sei schrecklich in dem, was sie am liebsten tat, hatte ihr Selbstvertrauen schwer angeschlagen; sie zog sich in sich selbst zurück, wurde unglücklich und still. Durch den Atemarbeitskurs konnte sie sich öffnen und diese schmerzliche Kindheitserfahrung überwinden. Sie fing an zu glauben, dass sie ein Recht hat, sich auszudrücken. Einen Monat später simste sie mir, sie habe mit Gesangsunterricht begonnen und sei ganz begeistert.

Bist du ein People-Pleaser?

Kinder, die in einem chaotischen oder kontrollierenden Umfeld aufwachsen, können zu sogenannten People-Pleasern werden, also zu Menschen, die es allen recht machen wollen, weil sie lernen, dass sie durch Bravsein oder gutes Benehmen Konflikte vermeiden und Liebe bekommen können. Man spricht von der „Fawn Response", im Deutschen manchmal „Bambi-Reflex" genannt (nach engl. „fawn" für Rehkitz, aber auch „to fawn" für liebtun, einschmeicheln, Anm. d. Ü.), eine Alternative zu Kampf oder Flucht und Erstarren. Als Erwachsene können Menschen, die es allen recht machen wollen, emotionale Verwandlungskünstler sein, die ihre eigenen Bedürfnisse und Wünsche herunterschrauben, um die anderer zu befriedigen. Dieses Verhalten rührt von der Überzeugung her, dass Liebe an Bedingungen geknüpft ist.

Bist du ein People-Pleaser? Mach den Schnelltest:

- Strengst du dich an, um dich von anderen „gesehen" zu fühlen?

- Fällt es dir schwer, nein zu sagen?

- Lädst du deine Gefühle bei Fremden ab?

- Hast du Schuldgefühle, wenn du wütend auf andere bist?

- Fühlst du dich für die Reaktionen anderer verantwortlich?

- Machst du anderen zuliebe Kompromisse bei deinen Werten?

- Spaltest du beim Zusammensein mit anderen deine eigenen Gefühle ab?

Wenn du eine der oben genannten Fragen mit Ja beantwortet hast, bist du vielleicht ein People-Pleaser. Es allen recht machen zu wollen, ist nicht immer eine Folge von Trauma, und eine gewisse Tendenz dazu haben wir praktisch alle. Wichtig ist, dass wir erkennen, dass wir nie wirklich wissen können, was andere Menschen wollen, und dass daher unsere Versuche, es allen recht zu machen, manchmal nach hinten losgehen können. Wenn wir wirklich gemocht werden wollen, müssen wir einfach authentisch wir selbst sein.

Es ist Zeit, dass wir unser Päckchen auspacken und unser Handbuch ändern.

ÜBUNG 27

Was ist in deinem Päckchen?

Da Grundüberzeugungen oft mit Kindheitserfahrungen, insbesondere in den prägenden Jahren zwischen null und sieben, zu tun haben, ist es eine gute Übung, einmal zu überlegen, was Menschen in deinen ersten Lebensjahren häufig gesagt oder getan haben.

Denke an deine Kindheit, insbesondere an die Zeit deiner frühesten Erinnerungen bis zum Alter von sieben Jahren. Hier sind ein paar Fragen, die dir helfen können:

- Hat es größere oder kleinere traumatische Erlebnisse gegeben, die sich bis heute auf dein Verhalten auswirken?

- Haben deine Bezugspersonen dir viel Aufmerksamkeit geschenkt?

- Wie haben sie dir Liebe gezeigt?

- Welche Botschaften hast du als Kind häufig erhalten? Hat man dir gesagt: „Schsch, nicht weinen"? Wurdest du für etwas ausgeschimpft, das du nicht getan hast oder hat man dir gesagt, dass du für irgendetwas nicht gut genug bist? Hat es Botschaften rund um Geld, Arbeit oder Beziehungen gegeben? Hat man dir gesagt, dass man Menschen trauen kann?

- Wie sind deine Eltern miteinander umgegangen?

- Waren sie meistens zu Hause oder nicht da?

- Hat man dir gesagt, dass du in irgendetwas nicht gut bist?

- Hat man dir gesagt, dass du in etwas gut bist?

- Haben deine Bezugspersonen über andere geurteilt?

- Hat jemand gesagt, dass du deine Meinung nicht sagen darfst?

- Haben sich deine Bezugspersonen oft über ihre Arbeit beklagt?

- Hast du Geschwister? Welche Dynamik gab es zwischen euch? Wurdest du ständig mit ihnen verglichen?

Diese Fragen decken nicht alles ab, was du als Kind vielleicht gehört hast, aber sie regen bestimmt deine Gedanken an. Nimm dir jetzt einen Moment Zeit, um über die Botschaften nachzudenken, die du erhalten hast. Kannst du dir vorstellen, wie sie dein heutiges Verhalten beeinflussen? Kannst du deine Grundüberzeugungen so verändern, dass sie positiver sind oder deine persönliche Entwicklung fördern? In der folgenden Tabelle findest du ein paar Anregungen.

Bitte beachte: Wenn du dich an gar nichts aus deiner Kindheit erinnern kannst, hast du dich in dieser Zeit möglicherweise ständig in einem Zustand der Erstarrung befunden. Dieser verschlossene, in sich gekehrte Zustand ist eine Form des psychischen Schutzes vor traumatischen oder überfordernden Erlebnissen. Mit unserer Übung „Unendlichkeitsatmung" lassen sie sich dennoch verarbeiten.

Verändere deine Grundüberzeugungen

Negativer Glaubenssatz	Umformulierter Gedanke
Ich bin ein Versager, eine Versagerin.	Ich tue mein Bestes.
Ich bin nicht gut genug.	Ich bin etwas wert.
Ich bin an allem schuld.	Ich kann getrost loslassen.
Nie mache ich etwas richtig.	Ich lerne aus meinen Fehlern.
Ich bin nicht liebenswert. unerwünscht. unattraktiv. hässlich.	Ich liebe und akzeptiere mich bedingungslos. Ich bin gut genug.
Was soll's?	Ich habe der Welt etwas Positives zu geben.
Warum mache ich mir überhaupt die Mühe?	Ich folge meiner Intuition.
Ich bin einfach ein ängstlicher Mensch.	Ich bin in Sicherheit. Ich entscheide mich für Zuversicht und Selbstvertrauen. Angst bestimmt nicht darüber, wer ich bin.
Ich bin ständig pleite.	Chancen bieten sich überall.
Ich habe nie Geld.	Ich habe die Fähigkeiten, um mir meinen Lebensunterhalt zu verdienen.
Ich bin dumm.	Ich vertraue mir und glaube an mich. Ich lerne aus meinen Fehlern und werde besser.
Keiner hört mir zu.	Ich werde gehört. Ich werde gesehen. Ich drücke mich frei und offen aus.
Warum passiert das immer mir?	Was will mich das lehren?

Es gibt noch eine wichtige Erfahrung, die wir alle machen und über die wir sprechen müssen. Sie landet als erstes in unserem Päckchen und wird vielleicht zum ersten Eintrag in deinem Handbuch.

Geburtstrauma

Als du auf die Welt kamst, war das ein ziemlicher Schock, aber du bist angekommen. Die Geburt ist eine unserer ersten gefühlten Erfahrungen. Sie kommt ins Päckchen – daran führt kein Weg vorbei. Sie ist traumatisch. Und das nicht nur für dich, sondern höchstwahrscheinlich auch für deine Mutter und wohl auch für deinen anderen Elternteil. Dieser erste Atemzug kann eine große Rolle dabei spielen, wer du bist und wie du die Realität wahrnimmst. Er ist der erste Eintrag in deiner Lebenschronik.

Manche behaupten sogar, dass die Art und Weise, wie du geboren wurdest – eingeleitete Geburt, Steißgeburt, Kaiserschnitt oder anders – dem Bild entsprechen kann, das du dir von der Welt machst. Babys, deren Geburt eingeleitet wurde, könnten nach dieser Hypothese in dem Glauben aufwachsen, dass sie nichts allein zustande bringen. Wenn es eine schwierige Geburt war, wächst du vielleicht in dem Glauben auf, dass die Welt für dich gefährlich ist. Bei manchen wird diese Angst durch frühkindliche Erfahrungen wie ein chaotisches Elternhaus noch verstärkt. Diese Überzeugung kann sich dein ganzes Leben lang in deinen Gefühlen und Entscheidungen widerspiegeln und dazu führen, dass deine Atmung einem störrischen Archetyp entspricht, etwa der umgekehrten oder sogar der hastigen Atmung, was dich davon ablenkt, im Hier und Jetzt zu sein. Dein Unbewusstes kann dich in einen Dauerzustand von Kampf, Flucht oder Erstarren versetzen. Vielleicht fühlst du dich ständig ängstlich, gestresst oder unbeholfen im Zusammensein mit anderen.

Das Konzept vom Geburtstrauma begegnete mir zum ersten Mal, als ich auf das Werk von Leonard Orr und sein *Rebirthing* stieß. Orr gilt als Pionier der Atemarbeitsbewegung in der westlichen Kultur. Seine Lehren sollen von dem Kriya-Yoga-Guru Mahavatar Babaji inspiriert worden sein

(Yoganandas Guru – schon wieder dieses Buch!). Doch seine erste Erkenntnis und die Fähigkeit, die Erinnerungen an seine eigene Geburt zu entschlüsseln und aufzulösen, kamen Orr 1962, und zwar nicht durch die Ashrams im Himalaya oder spirituelle Schriften.

Sein erster großer Durchbruch kam, wie viele unserer Aha-Momente: in der Badewanne. Er fand heraus, dass man durch die Verschmelzung von Einatmung und Ausatmung in einem sanften, entspannten Rhythmus – so wie wir es bei der „Unendlichkeitsatmung" tun – die, wie er sagte, „acht dicksten Trauma-Fische beim Menschen heilen kann: das Geburtstrauma, das elterliche Missbilligungssyndrom, spezifische Negativa, den unbewussten Todestrieb, Karma aus früheren Leben, das Religionstrauma, das Schultrauma und Senilität". Aus einer Badewanne heraus ist das eine ziemlich gewagte Behauptung.

Orr und seine Lehren verbreiteten sich in der westlichen Welt wie ein Lauffeuer. Man schätzt, dass er über 100.000 Ausbilderinnen und Ausbilder unterrichtet und über 10 Millionen Menschen erreicht hat. Es wird viel Gutes über diese Technik gesagt, aber auch weniger Gutes, denn einige *Rebirthing*-Extremisten gehen zu weit. Dennoch wird *Rebirthing* bis heute praktiziert, und die Technik ist die Grundlage der meisten heute anerkannten Schulen für Atemarbeit mit „bewusster Energie".[2]

Wenn man eine Ausbildung in einem Bereich macht, der auch nur ansatzweise in die spirituelle Richtung geht, hört man oft Geschichten über den Mann, der übers Wasser ging, den Mann, der so viel Yoga machte, dass er vom Boden abhob, oder den Menschen, der durch bloßes Luftatmen alle seine Probleme und Beschwerden geheilt hat. Auch bei mir schrillten immer wieder die Alarmglocken meiner Skepsis, als ich die Welt der Atemarbeit erforschte, aber die Übungen und Praktiken, die ich erlernte, hatten tiefgreifende Wirkung auf mich und viele andere, mit denen ich arbeitete, die ich kennenlernte, mit denen ich in Ausbildung war und mit denen ich mich austauschte. Vom Geburtstrauma allerdings – von der Anwendung von *Rebirthing*-Techniken – habe ich immer nur in der Ausbildung gehört. Und dann begegnete ich Danny.

Danny

Danny lernte ich durch seine Mutter Trish kennen. Sie sagte mir, er habe mit starker Trennungsangst zu kämpfen. Es war so schlimm, dass er in Panik geriet, wenn er im Garten spielte und sie die Tür zumachte. Sie fragte sich, ob das etwas mit ihren Schwierigkeiten bei seiner Geburt zu tun haben könnte. Ich sagte ihr, von Geburtstrauma hätte ich bisher immer nur gehört, aber ich würde Danny gerne sehen und hoffte, dass ich irgendwie helfen könnte.

Als ich ihn das erste Mal sah, sagte mir seine Körpersprache, dass er viel zu viel Angst hatte, um sich auf ein Gespräch einzulassen. Seine Schultern fielen nach vorne und sein Körper rundete sich nach innen, so dass seine Atmung zusammensackte. Er stand hinter dem üppigen Haar seiner Mutter und schaute auf seine Nikes hinunter – wie angewurzelt, seine Haltung wie erstarrt und seine Atmung wie gelähmt.

Mental wirkte er wie abgeschaltet und abwesend – die Erkennungszeichen eines Menschen mit zusammengesackter und umgekehrter Atmung. Tatsächlich war seine Atmung fast nicht vorhanden, und immer wieder keuchte er auf, als ob er nach Luft schnappen wollte. Menschen, die wie Danny in ständiger Angst leben, können kaum klar denken, und jegliche Leistungsanforderung kann dazu führen, dass sie noch mehr zumachen. Also ließ ich es langsam angehen. Ich bat ihn, sich zu setzen und zu atmen. Bald konnte ich feststellen, dass er tatsächlich umgekehrt atmete, also ermutigte ich ihn, tiefer in den Rumpf zu atmen und atmete mit ihm.

Nach vier Sitzungen hatte sich Dannys Atmung vertieft, sein Zwerchfell war beteiligt, seine Haltung verbesserte sich und er hatte wieder eine gleichmäßige Farbe im Gesicht. Von Woche zu Woche wirkte er ein bisschen selbstsicherer und gesprächsbereiter. In der fünften Sitzung hatten wir einen Durchbruch. Nach etwa zehn Minuten Unendlichkeitsatmung brachen die Emotionen aus ihm heraus, und über eine Minute lang schrie er aus vollem Hals. Wie von Zauberhand stellte sich seine Atmung um. Jetzt war sie weit, frei und fließend, effizient und mühelos.

Zum nächsten Termin kam Danny ohne seine Mutter zu mir in die Praxis. Er war munter und charmant und erzählte mir, er sei der Fußballmannschaft der Schule beigetreten. Er war wie ein völlig anderer Mensch. Er wirkte von seinem Trauma befreit, doch ob es bei seiner Geburt oder später passiert ist, werden wir nie erfahren. Aber dies war eine der dramatischsten Verwandlungen, die ich je miterlebt habe.

Ich möchte, dass du dir unsere Lebenschronik-Übung „Was ist in deinem Päckchen?" noch einmal ansiehst (Übung 27). Könnte die Person, die du als Kind warst, und die Person, die du heute bist, von deinem Geburtserlebnis beeinflusst worden sein? Natürlich musst du wahrscheinlich ein paar Leute fragen, wie deine Geburt war, aber das könnte ein weiterer Hinweis sein, der dir hilft, tief verwurzelte Glaubenssätze loszulassen, die dir nicht mehr dienen.

Obwohl unser Geburtserlebnis traumatisch ist, reichen die Liebe und Fürsorge, die Nahrung und Wärme, der Schutz und die Verbundenheit, die wir von unseren Eltern erhalten, normalerweise aus, um das Trauma unserer Bruchlandung auf der Erde zu überwinden. Wir kommen zu dem Schluss (oder der Überzeugung), dass es doch nicht so schlimm war. Damit ist das Päckchen leer, und wir können unsere Lebensreise fortsetzen. Als kleines Kind bist du ein leerer Bewusstseinsraum, und dein Gehirn ist ein Schwamm, der Informationen aufsaugt und nur darauf wartet, regelmäßige Verbindungen und Bahnen herzustellen, mit denen du dich im Leben zurechtfinden kannst.

Aber nicht jeder hat das Glück, in ein liebevolles, fürsorgliches Zuhause geboren zu werden und so aufzuwachsen. Manchmal haben die Bezugspersonen noch mit ihrem eigenen Trauma zu kämpfen und sind zu sehr mit sich selbst beschäftigt, um sich um unsere Bedürfnisse kümmern zu können. All diese Erfahrungen und Einflüsse können dein Leben heute beeinträchtigen, aber du kannst das Ruder herumreißen.

Deine Vergangenheit kannst du nicht ändern, aber du kannst aus ihr lernen, damit du jetzt bessere Entscheidungen treffen kannst. Es geht darum, die Menschen und deine Erfahrungen zu verstehen und Frieden mit ihnen zu schließen, daraus zu lernen und neugierig auf dich selbst, deine Glaubenssätze und dein Verhalten zu sein, nicht darum, sie aus deiner Geschichte auszuradieren.

Du weißt jetzt, dass du mit täglichem Gewahrsein und regelmäßiger funktionaler Atmung dein Päckchen nach und nach ablegen kannst, was deinen Stress verringert und alle Schmerzen lindert. Mithilfe der „Unendlichkeitsatmung" kannst du aber auch herausholen, was sich in dem Päckchen befindet. Du kannst Traumata nach und nach auflösen, selbst wenn sie so eng mit deinen Glaubenssätzen verflochten sind, dass du sie nicht als solche erkennen kannst.

Leere dein Päckchen

In diesem Kapitel haben wir gelernt, dass wir fast alle große oder kleinere Traumata mit uns herumtragen, und wie sie mit unseren Grundüberzeugungen verflochten sein können: den Vorstellungen, die uns als Kindern begegnet sind und die wir nun verinnerlicht haben. Wir haben gesehen, dass diese Überzeugungen sogar durch unsere Geburt beeinflusst sein können und wir haben auch erforscht, inwiefern sie wie ein mentales Handbuch sind, das uns sagt, wie wir durchs Leben zu gehen haben. Aber durch Atmen können wir schädliche Glaubenssätze und Erfahrungen überwinden. Wir können unser Päckchen nach und nach leeren.

Manchmal sind unsere Grundüberzeugungen und Verhaltensweisen so tief verankert, dass es schwierig ist, uns sofort von ihnen zu befreien. Es erfordert Zeit und Hingabe an deine Atemarbeitspraxis. Wenn wir ernsthaft versuchen, Gewohnheiten und Verhaltensweisen zu verlernen, die uns das Leben schwer machen und verhindern, dass wir weiterkommen, müssen wir uns ein tägliches Training angewöhnen. So können wir den Reset-Knopf drücken. Zu diesem Reset gehört auch eine bewusste Umprogrammierung – wir müssen die Geschichte, die wir uns erzählen, neu schreiben, unser Handbuch und unsere Grundüberzeugungen ändern. Das gelingt dir, wenn du deine regelmäßige Unendlichkeitsatmung mit Affirmationen verbindest.

Unendlichkeitsatmung mit Ton und Affirmationen

Ich möchte, dass du deine Übung „Unendlichkeitsatmung mit Ton" um Affirmationen erweiterst. Das können die drei Sätze sein, die du zu Beginn des Buches ausgewählt hast (Übung 1), oder etwas Neues, das dir hilft, deine Grundüberzeugungen neu zu vernetzen. Zum Beispiel: Ich bin gut genug; ich bin kraftvoll; ich bin es wert, alles zu bekommen, was ich brauche. Jede Formulierung, die sich für dich stimmig anfühlt.

Verwende dasselbe Übungsformat wie in Übung 25 „Unendlichkeitsatmung mit Ton" und:

- Such dir einen bequemen Platz und setz oder leg dich hin.

- Stell einen Timer auf zehn Minuten oder wähle ein Musikstück von etwa dieser Dauer.

- Gönne dir etwas Zeit, um dich in deinem Körper zu verankern.

- Nimm deinen Körper wahr; lass ihn weich werden. Lass alle Spannung in Gesicht, Kiefer und Nacken los.

- Nimm deinen Geist wahr: Achte auf deine Gedanken, Urteile und Meinungen.

- Jetzt spüre deinen Herzschlag in der Brust und sprich deine Affirmationen, deine drei Sätze.

- Beginne mit deiner Atmung. Atme drei Sekunden lang durch die Nase ein und spüre, wie sich erst dein Bauch hebt und der Atem dann wie eine Welle durch die Körpermitte nach oben in die Brust strömt und alles weitet.

- Atme ohne Pause gleich wieder aus und lass deinen Atem drei Sekunden lang gehen, ebenfalls durch die Nase. Achte darauf, dass du nicht mit Nachdruck ausatmest – lass deinen Atem einfach aus deinem Körper heraus, ohne ihn zu forcieren oder zu kontrollieren.

- Atme ohne Pause gleich wieder ein.

- Mach im Fluss dieser Unendlichkeitsatmung weiter.

- Immer wenn dir danach ist, trommle mit den Händen auf die Knie und summe dabei. Mach das dreimal, kehre dann zur Unendlichkeitsatemübung zurück und wiederhole alles so lange, bis zehn Minuten um sind.

- Komm hier an, verankere dich wieder in deinem Körper und entspann dich vollständig.

- Lass deine Atmung langsamer werden.

- Spüre wieder deinen Herzschlag, leg vielleicht sogar die Hände aufs Herz.

- Fühle die Wertschätzung für dein schlagendes Herz, das Leben und die Vitalität in deinem Körper.

- Fühle Dankbarkeit für alles, was dir Sicherheit gibt und das Gefühl vermittelt, geliebt zu werden – die Menschen in deinem Leben, die Ressourcen und Möglichkeiten, die dir zur Verfügung stehen. Manchmal löst dies einen Schwall von Emotionen aus. Das ist in Ordnung – lass sie fließen.

- Kehre jetzt wieder zu deinem Herzschlag zurück und wiederhole deine Affirmationen, ganz gleich, wie sie lauten: *Ich bin stark, ich bin liebevoll, ich werde unterstützt. Ich bin stolz. Ich entscheide mich dafür, ich selbst zu sein.*

- Sprich sie nicht nur in Gedanken, spüre sie wirklich in deinem Körper.

- Komm wieder zurück in deinen Raum.

Denk dran, diese Affirmationen sind einzigartig und nur für dich. Sie helfen dir, dein Handbuch und deine Grundüberzeugungen zu ändern.

KAPITEL 7

Loslassen und umwandeln

Der perfekte Mentor

Während meiner gesamten Atemarbeits-Reise wurden meine Vorstellungen, was Atemarbeit bewirken kann, anhand meiner Erfahrungen und der Erfahrungen meiner Klientinnen und Klienten immer wieder geprüft und bestätigt. Ich habe erlebt, wie Menschen ihre Trauer überwunden und Traumata bewältigt haben sowie fast über Nacht zu glücklicheren, gesünderen und leistungsfähigeren Menschen geworden sind.

Ich weiß aus eigener Erfahrung, dass Atemarbeit diese Probleme lösen kann. Aber ich weiß auch: Wenn ich möglichst vielen Menschen helfen will, muss ich diese transformierenden Erfahrungen in der Sprache der westlichen Wissenschaft erklären können. Die Atemarbeit muss weiter erforscht werden, um herauszufinden, warum sie das kann, und ich bin fest entschlossen, meinen Teil dazu beizutragen. Ein paar Jahre nachdem ich mit der Atemarbeit begonnen hatte, machte ich mich auf die Suche nach Antworten und fand einen Mentor – jemanden, der aus Wissenschaft und Forschung kam und mir helfen konnte. Ich begegnete ihm ausgerechnet auf Ibiza.

Zu Ibiza hatte ich schon immer eine tiefe Verbindung – die Natur, die Sonnenuntergänge, die Kultur – und ich habe viele zauberhafte Sommer auf der Insel verbracht. Geologen sagen, dass Ibiza zu den Orten mit dem stärksten Magnetismus auf der Erde gehört, und manchmal frage ich mich, ob ich wohl deshalb dort meinen idealen Forschungspartner gefunden habe.

Diese Reise war ein bisschen anders als sonst. Zum ersten Mal war ich als Heilpraktiker auf Ibiza, nicht als DJ. Ich war eingeladen worden, auf dem alljährlichen *International Music Summit* Workshops zu geben. Die Veranstaltenden wollten einen Ort schaffen, an dem die elektronische Musikbranche mehr über psychische Gesundheit erfahren und Strategien zur Unterstützung erkunden konnte.

Ich war noch ein bisschen schwach auf den Beinen, weil ich so früh hatte aufstehen müssen. Die Sonne ging gerade auf, als ich auf den Rücksitz des Kleinbusses kletterte, der uns von unserem Hotel zum Konferenzort bringen sollte. Im Shuttle saßen lauter Expertinnen und Experten aus der ganzen Welt, aber ich war ein totaler Neuling, und wenn mich jemals das Hochstapler-Syndrom überkommen hat, dann definitiv dort. Es gab Schlafexperten, Neurowissenschaftlerinnen und Weltklasse-Coaches. Ich fühlte mich, gelinde gesagt, ein wenig fehl am Platz. Ich merkte, dass mein Atem erstarrte. Vor mir im Bus saß ein älterer Herr mit einem cremefarbenen Panamahut. Er trug eine runde Brille und strahlte Intelligenz aus. Ich war noch nicht ganz wach, als er sich umdrehte und begann, mich auszufragen.

„Hallo Stuart. Ich bin Norm. Ich habe mitbekommen, dass die Leute über die wirkungsvolle Atemtechnik reden, die du lehrst. Wie sieht die wissenschaftliche Forschung dahinter aus?" Donnerwetter. Mit einer Frage, auf die ich das ganze letzte Jahr über eine Antwort gesucht hatte, traf er direkt ins Schwarze. Damals wusste ich nicht, dass es sich bei Norm um Dr. med. Norman E. Rosenthal handelte, einen weltbekannten Wissenschaftler, Forscher und Psychiater. Er leitete das Team, das als erstes den Begriff „saisonal abhängige Depression" (SAD) geprägt hatte, und war Wegbereiter der Lichttherapie, die zu deren Behandlung eingesetzt wird. Er war Bestsellerautor und arbeitete mit einer langen Reihe hochkarätiger Klientinnen und Klienten. Er war vom Fach.

Es trat eine lange Stille ein. Unangenehme Spannung. In jedem Western wäre das ein klassischer Steppenroller-Moment gewesen. Ich wünschte, ich hätte eine solide Antwort. *Lass mich in Ruhe*, dachte ich. *Ich bin gerade erst aufgewacht.* Aber ich antwortete: „Sie ist ein bisschen lückenhaft."

Dr. Norm schaute mich vielsagend an. Seine gut geschulten Augen blieben ruhig, aber er hätte sie ebenso gut verdrehen und sich über mich lustig machen können. Er sagte kein Wort, aber wie telepathisch hörte ich durch meinen Hochstapler-Syndrom-Filter: „Das ist verdammt lächerlich und unbrauchbar. Warum bist du überhaupt hier?" Der Kleinbus setzte sich in Bewegung; Norm drehte sich um und schaute wieder nach vorne.

An diesem Tag beobachtete mich Dr. Norm ohne mein Wissen aus der Ferne, während ich meine Atemarbeits-Gruppen leitete. Außerdem erkundigte er sich bei einigen Teilnehmerinnen und Teilnehmern über ihre Erfahrungen mit mir. Ich hatte keine Ahnung, dass ich heimlich ausgeforscht wurde. Später, nachdem wir beide unsere verschiedenen Workshops, Vorträge und Gespräche abgeschlossen hatten, kam er auf mich zu und sagte: „Dein offensichtliches Engagement für deine Praxis und deine Aufrichtigkeit haben mich neugierig gemacht. Ich frage mich, ob du vielleicht Zeit hast, mir eine Einzelsitzung zu geben." Mit einem Lächeln antwortete ich: „Aber gerne."

Am nächsten Morgen, die Sonne ging gerade auf, trafen wir uns in einem Behandlungsbereich auf dem Hotelgelände. Vor Beginn der Sitzung erklärte ich, dass wir mit kraftvollen und dynamischen Atemübungen und dem Einsatz bewusster Energie arbeiten würden, die festsitzende Emotionen und Traumata lösen und helfen könnten, das Gehirn neu zu vernetzen. Norm legte mir die Hand auf die Schulter und schaute mich wieder so vielsagend an. „Ich bin seit 40 Jahren Therapeut", sagte er. „Es würde mich wundern, wenn etwas hochkäme." Dann fingen wir an.

Norm

Norms Sitzung war wie viele andere, die ich geleitet habe, nur dass ich dieses Mal das Gefühl hatte, es ginge um mehr. Ich merkte, dass er skeptisch war, und wollte ihm beweisen, dass das, was ich tue, seinen Wert hat. Ich leitete ihn zum Atmen an, und die Energie kam in Fluss. Er zuckte und zitterte, und nach einiger Zeit konnte ich sehen, dass er etwas verarbeitete. In seiner rechten Schulter war eine Verspannung, was, wenn du dir unsere

Körperkarte aus Kapitel 5 (Seite 177) ansiehst, auf unausgesprochene Wut hindeutet.

Durch Druck und leichte Massage half ich ihm, die Verspannung körperlich zu lösen, doch sein Zittern wurde immer stärker. Seine Wangen röteten sich, die Wut kam in Bewegung und baute sich auf, und er gab erste Töne von sich. Die Wut arbeitete sich in Form von Verspannungen, Zuckungen und Krämpfen in seinen Kiefer vor, und schließlich kam es zu einem Gefühlsausbruch, einem Schrei. Dann liefen ihm die Tränen ungehemmt übers Gesicht. Fast anderthalb Minuten ging das so, gerade so lange, wie man braucht, um Gefühle vollständig zu verarbeiten.

Wir atmeten weiter, aber jetzt änderte sich die Emotion; an die Stelle der Tränen trat ein Lachen – ein richtiges Bauchlachen, so wie man lacht, wenn man gerade den witzigsten Witz aller Zeiten gehört hat. Er lachte so sehr, dass sich meine Energie von seiner mitreißen ließ und ich mit ihm lachen wollte. Auch das dauerte 90 Sekunden, dann entspannte sich sein Körper. Seine Atmung wurde offen, fließend und mühelos. Ich führte ihn wieder in einen entspannteren Zustand. Als es vorbei war, reichte ich ihm ein Glas Wasser.

„Wie fühlst du dich?", fragte ich. „Das war sehr …" – es folgte eine lange Pause – „… interessant." Mehr sagte er nicht. „Möchtest du etwas teilen? Möchtest du über dein Erleben sprechen?" „Nein. Es war einfach sehr …" – wieder eine lange Pause – „… interessant." Er nahm seine Sachen und ging in sein Zimmer.

Ich fühlte mich durch Norms Erfahrung bestätigt, hörte aber an dem Tag nichts mehr von ihm, denn er flog schon frühmorgens zurück nach Washington, DC. Etwa eine Woche später erhielt ich einen Anruf von einer Nummer aus den USA. Es war Norm, und er erzählte mir, was er erlebt hatte.

Emotionen, von denen er glaubte, er hätte sie schon vor Jahren verarbeitet, waren hochgesprudelt und herausgekommen, und seit der Sitzung, so sagte er, fühlte er sich ungewöhnlich positiv und gelassen. Wie so häufig bei uns allen, waren auch bei ihm die Emotionen, die er vermeintlich verarbeitet hatte, lediglich im Keller seines Unbewussten weggesperrt. Sie waren nicht zu hören und nicht zu sehen und wirkten sich doch auf sein tägliches Leben aus. Aber Norm hatte noch etwas zu sagen.

„Die Begeisterung, mit der ich auf unsere Atemsitzung reagiere, erinnert mich an das Gefühl, als meine Kolleginnen und Kollegen und ich 1981 mit der Erforschung der saisonal abhängigen Depression und der Lichttherapie begonnen haben, oder als ich auf die Transzendentale Meditation gestoßen bin." Darüber hält er auf der ganzen Welt Vorträge. „Die Forschungslage zu deiner Technik ist offenbar dünn. Ich würde dir gerne helfen, die Lücken zu schließen."

Was wir gefunden haben

Seit diesem Gespräch habe ich unter Norms Anleitung die Aussagen von 636 Menschen zusammengetragen, und die Ergebnisse werfen immer mehr Licht auf die Auswirkungen der Atemarbeit auf das Leben der Menschen. Durch die COVID-19-Pandemie wurde meine Mission zwar unterbrochen, aber wir sammeln weiterhin die Daten von Klientinnen und Klienten, die an meinen Online-Sitzungen teilnehmen.

Nach Selbstaussagen sind die Effekte der Atemarbeit bislang überwältigend. Berichtet wird immer wieder dasselbe: Stimmung und Wohlbefinden verbessern sich, altes Trauma wird gelöst, die Teilnehmenden können wieder nach vorne schauen und gewinnen neue Erkenntnisse. Bei Männern wie Frauen, Gruppen wie Einzelpersonen, sogar online ebenso wie offline (was mich überrascht hat), waren die Ergebnisse durchweg positiv. Aber wir wollten uns in Bezug auf die Resultate nichts vormachen und baten die Teilnehmenden, etwaige negative Auswirkungen anzugeben. Einige Teilnehmende – 19 Prozent – gaben an, dass sie solche erlebt hätten, darunter körperliche Beschwerden, belastende Emotionen, Müdigkeit und Rückzug nach innen. Doch auch wenn einige Teilnehmende negative Auswirkungen gespürt haben, berichten 99 Prozent, dass die Erfahrung hilfreich war, und 26 Prozent gaben an, sie habe transformierend gewirkt.

Das war ein vielversprechender Anfang. Aber wir wollen noch mehr wissen. In meiner Atemarbeitspraxis und in meinem Unterricht wurde deutlich, dass die Verbindung zwischen körperlicher Verspannung und tiefen Emotionen im Atemzyklus stark ist. Wenn du wie Norm glaubst, dass du alte Emotionen verarbeitet hast, hast du sie möglicherweise lediglich in einer Kiste im Keller deiner Psyche verstaut, und sie prägen noch heute deine Atmung und wirken sich auf dein Leben aus. Für den Körper gibt es kein „altes" Trauma. Energetisch findet das Trauma in gewisser Weise auch jetzt noch statt. Norm und ich haben noch einen weiten Weg vor uns, bis wir die Auswirkungen von Atemarbeit als Intervention bei Traumata und festsitzenden Emotionen vollständig verstehen. Aber wir sind gespannt, was noch kommt.

Ausgetretene Pfade

Wir sind Gewohnheitstiere. Immer wenn du etwas denkst oder fühlst, verstärkst du die Schaltkreise in deinem Gehirn, sodass es zunehmend wahrscheinlicher wird, dass du auch weiterhin so denkst oder fühlst. In deinem Alltag suchst du Bestätigung für diese Überzeugungen, auch wenn du dir dessen nicht bewusst bist und auch wenn es dir dadurch schlecht geht.

Je mehr Zeit vergeht, desto tiefer schleifen sich diese Gewohnheiten ein, da die Pfade im Gehirn ausgetreten werden. Wir können neue Pfade schaffen, die wir beschreiten wollen, aber unser Gehirn wird weiterhin versuchen, den Weg des geringsten Widerstands zu gehen und auf die ursprünglichen Pfade zurückzugreifen, die es am besten kennt, denn es geht davon aus, dass wir die neuen Muster nicht mit Absicht schaffen. Dies ist ein weiterer Grund, warum es so wichtig war, zu Beginn dieses Buches deine Intention zu formulieren (Übung 1). An diesem Punkt unserer Reise kann es sich sogar lohnen, noch einmal auf diese Fragen nach deiner Intention zurückzukommen und nachzusehen, ob du sie in irgendeiner Form ändern musst.

Wie du weißt, sind die Gewohnheiten, die du schon seit vielen Jahren hast, am schwersten zu ändern. Diese Gewohnheiten sind tief im Gehirn verankert, und wenn du 25 Jahre alt bist, hast du bereits so viele bestehende

Pfade, auf die sich dein Gehirn verlässt, dass es sehr schwer ist, sie zu ändern. Manchmal bist du denselben Weg so oft gegangen, dass sich ein tiefer Graben gebildet hat – so tief, dass du nicht einmal mehr über seinen Rand schauen und einen anderen Weg erkennen kannst.

Wenn das passiert, brauchst du etwas Radikaleres – eine transformative Intervention, etwas, das dir hilft, aus dem Graben zu klettern, damit du schnell andere Wege gehen kannst.

Unser Gehirn wird weiterhin versuchen, den Weg des geringsten Widerstands zu gehen.

Veränderung durch Atemarbeit

Die Atemarbeit, in die ich erstmals mit meiner Mutter hineingeraten bin, war so eine radikale Transformation. Die Technik ähnelte der, die ich seither bei Norm, Danny, Linda, Jasmine und Tausenden anderer Menschen angewendet habe und die bei ihnen durch eine Veränderung ihrer Atmung einen bemerkenswerten Wandel bewirkt hat. Vielleicht spürst du ja durch deine tägliche Unendlichkeitsatmung bereits erste Vorteile, Verschiebungen und Veränderungen.

Atemarbeit kann zu einer schnellen Neukonfiguration in Körper und Geist beitragen. Wie wir bereits besprochen haben, habe ich festgestellt, dass sie eine extrem effektive Methode ist, um Traumata, festsitzende Emotionen und alte Gewohnheiten loszulassen und Glaubenssysteme zu verändern, und das alles, ohne dass man unbedingt darüber reden muss. Ich habe aber auch festgestellt, dass sie enorm hilft, zum Kern lebenslanger Probleme wie Ängste, Stress, schlechter Schlaf, schlechte Verdauung, wenig Energie und mangelndes Selbstvertrauen vorzudringen, weil diese damit ein für alle Mal angegangen werden. Das Fantastische an der Atemarbeit ist, dass sie im Gegensatz zu Bewusstseins- und Coaching-Tools nicht „wissen" muss, was das Problem ist, um dir helfen zu können. Atemarbeit kann daher unglaublich hilfreich sein, wenn es darum geht, unbewusste Muster und Konditionierungen aufzulösen, die sich Tag für Tag in deiner Atmung widerspiegeln.

Die klassische Gesprächstherapie ist natürlich auch unglaublich hilfreich, aber manchmal haben wir weder die Worte, um zu erklären, wie wir uns fühlen, noch die Lösungen für das, was nicht stimmt. Manchmal untergraben wir auch unbewusst den Prozess, weil wir uns so sehr daran gewöhnt haben, wie wir sind, dass sich sogar unsere Probleme angenehm anfühlen – so kontraintuitiv das klingen mag. Aber alle deine Probleme bilden sich in deinem Atem ab. Hier kannst du nichts verbergen. Indem du mit deiner Atmung als Intervention arbeitest, kannst du die emotionalen Spannungen, die du in dir trägst, loslassen, die Chemie in deinem Körper verändern und die Pfade in deinem Gehirn neu vernetzen. Stell dir das wie den ultimativen Reset vor, wie das Drücken von Strg-Alt-Entfernen auf deinem Computer.

Der Atemworkshop, den ich etwa zwei Monate nach Tiffs Tod mit meiner Mutter besucht habe, war der Beginn meiner Trauerbewältigung. Er hat mich geknackt und mir ermöglicht, bedingungslos zu fühlen. Allein eine Übung, die bei Stress oder Schmerz starke, aber nur kurzfristige Erleichterung verschafft, wie etwa die Technik „Im Zweifel ausatmen" (Übung 14), hätte diese Trauer nicht verändern können, denn mein emotionaler Schmerz war tief mit meiner Vergangenheit, meinen Grundüberzeugungen und meiner Unfähigkeit, vollständig zu fühlen und loszulassen, verflochten. Ich musste tiefer unter die Oberfläche gehen. Die sichere Arbeit mit den Techniken der Atemarbeit mit bewusster Energie schenkte mir Trost, Geborgenheit und Zuspruch, was wiederum dazu führte, dass all die starken Gefühle, die ich in meinem Körper festhielt, zum Ausdruck kommen konnten. Ich konnte mein Päckchen ablegen. Dadurch fühlte ich mich leichter, und das gab mir die Kraft, den nächsten Schritt zu tun. Das kannst du auch.

Etwas, das du verloren hast

Eine radikale Intervention brauchte ich deshalb, weil ich Trauer durchlebte, eine hochkomplexe Emotion und eine extreme Form von sozialem Schmerz. Matthew Lieberman, Wissenschaftler und Autor des Buches *Social: Why Our Brains Are Wired to Connect* (nicht auf Deutsch erschienen, Anm. d.Verlags), sagt, dass wir Menschen die Veranlagung zu einem tiefen Bedürfnis nach sozialer Verbundenheit haben, weil sie für unser Überleben ausschlaggebend ist. Ein Baby könnte ohne eine starke Bindung zu seinen Eltern oder Bezugspersonen, die ihm Nahrung und Schutz bieten, nicht lange überleben. Alles, was die Gefahr birgt, unsere sozialen Bindungen zu anderen zu brechen, ist traumatisch. Das erklärt alltägliche Ausdrücke wie „Sie hat mir das Herz gebrochen" oder „Er hat meine Gefühle verletzt". Aber der tatsächliche Verlust einer sozialen Verbindung durch Trauer kann extrem schwer zu bewältigen sein. Er geht in der Regel mit einer verkrampften Atmung in den sekundären Atemmuskeln in der Körpermitte und im Brustkorb einher. Weißt du noch aus unserem vorherigen Kapitel, wie der Atemfluss um dein emotionales „Herzzentrum" herum erstarren kann, um dich vor der komplexen Emotion der Trauer zu schützen?

Trauer kann durch die unterschiedlichsten Dinge ausgelöst werden – sie ist der Abbruch einer sozialen Verbindung, der nicht nur durch Tod eintreten muss. Trauer kann auch nach einem großen Umbruch, einer Scheidung oder Trennung auftreten, oder wenn du dein Zuhause oder deinen Job verlierst. Trauer kannst du auch verspüren, wenn du in ein anderes Land auswanderst, die Schule wechselst, die Hoffnung oder Sicherheit oder den Kontakt zu dir selbst verlierst. Viele Spitzensportlerinnen und -sportler erleben diese Art von tiefem emotionalem Schmerz, wenn sie ein wichtiges Spiel verlieren oder sogar, wenn sie Silber statt Gold gewinnen.

Manchmal können wir uns gar nicht so recht erklären, was wir eigentlich verloren haben. Wir können das Gefühl für uns selbst, das Gefühl der Sinnhaftigkeit und schlicht unsere Sicherheit verlieren, wenn wir den Eindruck haben, dass sich die Welt um uns herum schnell verändert und wir nicht mitkommen. Wenn etwas „geht", das uns wichtig war, kann sich unser Leben plötzlich instabil und unberechenbar anfühlen. Und wenn unsere Zukunft unwiderruflich verändert wird, empfinden wir Verlust und Trauer um das Leben, das wir gerne geführt hätten, aber nicht mehr führen können – unser Traum, Fußballer zu werden, wird durch eine schwere Knieverletzung zunichte gemacht oder der Urlaub, den wir schon immer machen wollten, wird aufgrund von Reisebeschränkungen abgesagt. Wir können auch unseren Glauben an etwas oder an jemanden verlieren, zu dem wir einst volles Vertrauen hatten.

Manchmal haben wir bei dieser Art von Verlust weniger das Gefühl, dass wir etwas verloren haben, sondern eher, dass uns etwas *genommen* wurde. Wir können das Gefühl der Zugehörigkeit verlieren, wenn sich die Welt, die wir kennen, radikal verändert, und es uns so vorkommt, als hätten wir die Wurzeln verloren. Flüchtlinge, die vor Not und Elend fliehen, können Trauer empfinden, weil sie ihre Heimat verlassen haben, selbst wenn diese von Bomben zerstört wurde. Direkt oder indirekt sind das alles verlorene soziale Verbindungen. Der Schmerz über den Verlust und die Trauer, die wir empfinden, ist sehr real. Das erfahren wir im Leben alle hin und wieder.

Atemarbeit kann dir helfen, mit Ungewissheit umzugehen und mit der Veränderung durch einen Verlust besser zurechtzukommen. Denn im Gegensatz zum Verlust können wir den Atem kontrollieren. Wir können unsere Atmung verlangsamen, um den Geist zu beruhigen, und wir können sie nutzen, um uns mit unseren Emotionen zu verbinden, diese rauszulassen und unsere Gefühle zum Ausdruck zu bringen. Wenn du in Zeiten der Ungewissheit die Kontrolle über deinen Atem übernimmst, bringst du ein Gefühl der Stabilität in deine Gedanken und Gefühle.

Ungewissheit ist interessant, denn sie kann Ursprung und Folge eines Schmerzes sein. Sie kann uns Angst machen und uns dazu verleiten, die Zukunft vorherzusagen. Und weil wir von Natur aus negativ eingestellt sind, malen wir womöglich schwarz und geraten in eine Negativspirale. Die ehrgeizige Sportlerin erleidet eine schwere Verletzung und fragt sich, ob sie jemals wieder in der Lage sein wird, an dem geliebten Wettkampf teilzunehmen. Der liebende Ehemann verliert seine Frau und weiß nicht, ob er ohne sie an seiner Seite zurechtkommen wird. Ungewissheit gibt uns das Gefühl, keine Kontrolle über unser Leben zu haben, und das kann dazu führen, dass wir uns unserer Umwelt gegenüber machtlos und verwundbar fühlen.

Meist kommen wir damit nur schwer zurecht. Wir möchten glauben, dass wir die Kontrolle über unser Leben haben. Wir versuchen nach Kräften, alles im Griff zu haben, und wir kämpfen, wenn wir merken, dass das nicht mehr so ist. Aber ich verrate dir ein Geheimnis: Wir haben nie wirklich die volle Kontrolle über unser Leben, und es ist in Ordnung, das Bedürfnis nach Kontrolle loszulassen.

Die Vorstellung, die Kontrolle loszulassen, mag beängstigend klingen, vor allem, wenn du der kontrollierte Archetyp bist. Aber wir müssen lernen, die Dinge loszulassen, die wir nicht kontrollieren können, wie etwa unsere Umwelt, die Handlungen anderer Menschen, unsere Vergangenheit und unsere Ängste. Loszulassen, was wir nicht kontrollieren können, vermittelt uns ein Empfinden größerer Kontrolle und ein Gefühl der Freiheit. Wenn wir akzeptieren, vergeben und vertrauen, verringern wir die Unsicherheit nicht, aber wir empfinden sie nicht mehr so stark. Wir verspüren weniger emotionalen Schmerz, und das gibt uns das Gefühl, mehr Kontrolle über uns und unser Leben zu haben. Ich habe zwar viel über Kontrolle gesprochen und dir beigebracht, wie du deinen Atem kontrollieren kannst, um dein Denken und Fühlen zu steuern, aber ich möchte auch, dass du weißt, dass du die Kontrolle loslassen kannst, um dich von deiner Vergangenheit zu befreien.

Komplexe Emotionen wie Trauer und Verlust oder auch Reue und Eifersucht sind individuell, variabel und langwierig. Dein Unbewusstes tut sein Bestes, um dich vor dem Schmerz komplexer Emotionen zu bewahren und zu schützen. Deshalb wird deine Atmung eingeschränkt – und du hältst an deiner Vergangenheit fest. So können Symptome einer dysfunktionalen Atmung entstehen, wie sie sich in allen Atmungs-Archetypen finden.

Je komplexer die Emotionen oder je enger sie mit deinen Glaubenssätzen verflochten sind, desto „festsitzender" oder kontrollierter kann dein Atem werden. Je länger diese Gefühle oder das von ihnen verursachte Muster des Atemanhaltens andauern, desto wahrscheinlicher ist es, dass du dich in der Dramatik deines emotionalen Verhaltens in deinem Leben festgefahren fühlst. Die Steine und Brocken in dem Päckchen, das du mit dir herumschleppst, werden schwerer.

Zum Teil liegt dieses Problem daran, dass wir uns in der modernen Welt nicht offen ausdrücken können. Mit den Übungen in diesem Buch haben wir bereits gelernt, besser im Fühlen zu werden, indem wir unseren Atem nutzen, um an den Fluss der Emotionen im Körper heranzukommen und ihn frei fließen zu lassen. Selbstverständlich ist es nicht immer angebracht, in Tränen auszubrechen und dann weiterzumachen, als wäre nichts gewesen, aber deine Gefühle unter Verschluss zu halten, ist auch nicht gut für dich. Die Atemarbeit bietet dir einen sicheren Raum, in dem du das Bedürfnis loslassen kannst, dich unter Kontrolle zu halten und „angemessen" zu handeln. Sie gibt dir die Erlaubnis, das Trauma, den Stress und die Belastung herauszulassen, und bietet dir einen sicheren Ort, an dem du tief in deine Psyche eintauchen kannst, um Weisheit und Klarheit zu erlangen, wofür uns in der Alltagshektik ja häufig kaum Zeit bleibt.

Dein Atem ist der Trommelschlag deines Lebens.

Unendlichkeitsatmung und Loslassen

Wir haben über Kontrolle gesprochen und darüber, wie wichtig es ist, dass wir erkennen, wenn etwas nicht in unserer Hand liegt. Bis hierhin hat sich deine „Unendlichkeitsatmung" vielleicht recht kontrolliert angefühlt. Du hast dein Einatmen kontrolliert, weil du drei Sekunden lang eingeatmet hast, und dann hast du dein Ausatmen kontrolliert, weil du drei Sekunden lang ausgeatmet hast. Es war ein „Tun", während du eingeatmet hast, und es war ein „Tun", während du ausgeatmet hast. Diese Praxis ist aber auch eine sehr effektive Intervention, die dir helfen kann, ein Gleichgewicht zwischen Kontrolle und Loslassen der Kontrolle herzustellen. Durch sie kannst du die Kontrolle übernehmen und vorankommen, indem du etwas tust – beim Einatmen – und du kannst loslassen, die Kontrolle abgeben und einfach „sein" – wenn du ausatmest. Sie kann dir helfen, loszulassen, deine komplexen Emotionen zu verarbeiten, von deiner Vergangenheit zu heilen, dein Päckchen abzulegen und auszuleeren.

Die Grundlage dieser Praxis ist dieselbe wie bei Übung 28 – Unendlichkeitsatmung mit Ton und Affirmationen.

* Such dir einen bequemen Platz und setz oder leg dich hin.

* Stell einen Timer auf zehn Minuten oder wähle ein Musikstück von etwa dieser Dauer.

* Gönne dir etwas Zeit, um dich in deinem Körper zu verankern.

* Nimm deinen Körper wahr; lass ihn weich werden. Lass alle Spannung in deinem Gesicht, in Kiefer und Nacken los.

* Nimm deinen Geist wahr: Achte auf deine Gedanken, Urteile und Meinungen.

* Jetzt spüre deinen Herzschlag in der Brust und sprich deine Affirmationen, deine drei Sätze.

- Beginne mit deiner Unendlichkeitsatmung.

- Dieses Mal möchte ich, dass du einfach fühlst und nicht zählst.

- Atme durch die Nase ein, spüre, wie dein Bauch sich hebt, und vielleicht ein leichtes sekundäres Weiten in deiner Körpermitte, dann in der Brust. Wie eine Welle, die nach oben strömt.

- Atme ohne Pause durch die Nase aus, aber kontrolliere dein Ausatmen nicht, sondern lass den Atem einfach raus. Lass ihn vollständig los. Tue nichts, sei einfach. Lass zu, dass dein ganzer Körper sich entspannt und die Kontrolle abgibt. Dein Zwerchfell geht von selbst wieder zurück wie ein Gummiband nach der Dehnung.

- Atme ohne Pause wieder ein; lass zu, dass sich zuerst dein Bauch hebt – öffne dich und werde weit.

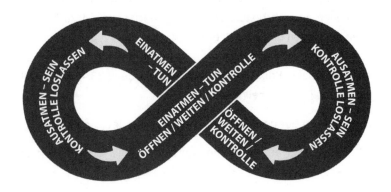

- Atme aus. Entspann dich und lass los.

- Mach im Fluss dieser Unendlichkeitsatmung weiter.

- Dein Einatmen ist dein Zustand des „Tuns". Du sagst „ja" zum Leben. *Ich bin hier und ich will hier sein und komme voran.*

- Dein Ausatmen ist dein Zustand des „Seins". *Ich vertraue und lasse los.*

- Du kannst das bei jedem Ausatmen sagen – *Ich vertraue und lasse los* oder *Ich kann getrost loslassen*. Das hilft dir, die Kontrolle mit jedem Ausatmen tiefer loszulassen.

- Hier an diesem Kreuzungspunkt in deiner Unendlichkeitsatmung von „Tun", wenn du einatmest, und „Sein", wenn du ausatmest, beginnt dein Päckchen sich zu leeren.

- Immer wenn dir danach ist, trommle mit den Händen auf die Knie und summe dabei. Du kannst das dreimal machen und dann wieder zu deiner Unendlichkeitsatmung zurückkehren. Denk dran, wenn irgendeine Emotion auftaucht, erlaube dir, sie zu fühlen. Wenn es dir unangenehm wird, mach eine Pause.

- Wenn der Timer geht und die zehn Minuten um sind, komme wieder hier an und verankere dich in deinem Körper. Atme ein paarmal langsam, tief und entspannt durch.

- Spüre wieder deinen Herzschlag; leg vielleicht sogar die Hände aufs Herz.

- Fühle die Wertschätzung für dein schlagendes Herz, das Leben und die Vitalität in deinem Körper.

- Fühle Dankbarkeit für alles, was dir Sicherheit gibt und das Gefühl vermittelt, geliebt zu werden – die Menschen in deinem Leben, die Ressourcen und Möglichkeiten, die dir zur Verfügung stehen. Manchmal löst dies einen Schwall von Emotionen aus. Das ist in Ordnung – lass sie fließen.

- Kehre jetzt wieder zu deinem Herzschlag zurück und wiederhole deine Affirmationen, ganz gleich, wie sie lauten: *Ich bin stark. Ich bin liebevoll. Ich werde unterstützt. Ich bin stolz. Ich entscheide mich dafür, ich selbst zu sein.*

- Sprich sie nicht nur in Gedanken, spüre sie wirklich in deinem Körper.

- Komm wieder zurück in deinen Raum.

Eine wertvolle Lehrerin

Komplexe Emotionen können trotz allem erstaunlich gute Lehrerinnen sein. Nicht immer mögen wir unsere Lehrerin oder unseren Lehrer und nicht immer sind wir mit dem einverstanden, was sie uns beibringen. Nehmen wir zum Beispiel den schrecklichen Schmerz der Trauer – sei es durch den Verlust eines geliebten Menschen, eines Jobs oder eines Traums. Er vermittelt uns Wissen, ob uns das gefällt oder nicht, und dieses Wissen ist wertvoll. Wie kaum etwas anderes lehrt er uns, dass das, was wir auf der Welt am meisten lieben und schätzen – sogar etwas, das wir kaum wahrnehmen, wie etwa ein Leben ohne Schmerzen – uns im Handumdrehen entrissen werden kann. Wenn wir uns damit verbinden, kann uns das extrem dankbar dafür machen, was wir haben.

Das bedeutet nicht nur, dass wir nichts für selbstverständlich halten, sondern auch, dass wir eher Zusammenhänge herstellen und versuchen, unser Leben sinnvoll zu gestalten. Wir können nach etwas streben, das echten Wert und Sinn hat, anstatt nach materiellen Dingen. Es ist ja schon fast ein Klischee, dass die Menschen am Ende ihres Lebens im Allgemeinen bedauern, nicht mehr Zeit mit Freunden und Familie verbracht zu haben. Viel seltener sagt jemand: „Weißt du was? Ich wünschte, ich hätte mehr Schuhe gehabt."

Verlust macht uns auch bewusst, dass wir alle gleich sind. Wir alle verlieren etwas, und am Ende verlieren wir unser Leben. Der Tod ist der ultimative Gleichmacher. Letztendlich verlässt jeder und jede Einzelne von uns diese uns bekannte Welt und geht an einen unbekannten Ort. Ich stelle mir gerne vor, dass wir alle als reines Bewusstsein auf einer großen Party im Himmel enden, aber es gibt keine konkreten Beweise dafür, dass nach diesem Leben noch etwas kommt, und selbst wenn, können wir nichts Materielles mitnehmen. Nehmen wir also den Tod als Beispiel, um jetzt erfüllter zu leben. Wir müssen nicht erst jemanden verloren haben oder selbst kurz vor dem Lebensende stehen, um über den Tod nachzudenken. Wir profitieren immer davon, wenn wir uns mit dem Tod auseinandersetzen – als Motivation für ein besseres, zielgerichteteres und sinnvolleres

Leben. Und auch wenn es morbide klingt, das Gegenteil ist richtig: Der Tod verbindet dich mit einem erfüllter gelebten Leben.

Eines habe ich aus meiner Erfahrung mit der Trauer gelernt: In gewisser Weise wird sie zu einem Teil von uns. Du kannst deinen Atem nutzen, um den harten Griff der Trauer zu lockern und den lähmenden Schmerz loszuwerden. Aber es kann sein, dass du immer wieder kleine schmerzhafte Stiche verspürst, die dich mit der Person oder der Sache, die du verloren hast, verbinden. Das klingt vielleicht merkwürdig, denn wir haben ja darüber gesprochen, wie wir Trauer verarbeiten, wieder nach vorne schauen und die nächsten Schritte tun können. Aber wir tun diese Schritte *mit* unserer Trauer.

Aus eigener Erfahrung und dadurch, dass ich anderen geholfen habe, die Herausforderungen in ihrem Leben zu meistern, habe ich gelernt, dass wir alle viel, viel stärker sind, als wir meinen – indem wir das, was wir kontrollieren können, in den Griff bekommen, und das, was wir nicht kontrollieren können, loslassen.

ÜBUNG 30

Stell dich dem Tod und lebe besser

- Wenn heute dein letzter Tag wäre:

- Mit wem würdest du ihn verbringen?

- Welche Träume würden verloren gehen?

- Wem möchtest du vergeben?

- Was würde dir fehlen?

- Würdest du das tun, was du im Moment für heute geplant hast?

Wir können nicht immer genau das tun, was wir am jeweiligen Tag am liebsten tun würden, sonst kämen wir bei unseren Projekten nie voran. Aber wenn du die letzte Frage an zu vielen Tagen hintereinander mit „nein" beantwortest, erkennst du vielleicht, dass sich etwas in deinem Leben ändern muss. Wenn du dich auf diese Weise mit dem Tod auseinandersetzt, kann dir das helfen, deine Intentionen und das, was du im Leben wirklich willst, im Blick zu behalten.

Keine Angst vor dem Sensenmann

Im Westen haben wir Angst vor dem Tod. Wir versuchen nach Kräften, ihn zu vermeiden und unsere Zeit auf Erden um jeden Preis zu verlängern, auch wenn das für alle Beteiligten großes Leid bedeutet. Viele haben lieber eine schlechte Lebensqualität, als ihr Leben enden zu lassen. Aber Zeit ist nur relativ. Wichtig sind die Qualität der Erfahrungen und das gelebte Leben, nicht die Lebensdauer. Als das Leben noch unsicherer schien, hatten die Menschen eine engere Beziehung zum Tod. Die griechischen Philosophen der Antike meditierten über den Tod und seine Bedeutung, und viele große Religionen beschwören den Tod regelmäßig als Mahnung, dass das Leben vergänglich ist und wir uns nicht zu sehr von irdischen Freuden, materieller Zufriedenheit und äußeren Errungenschaften hinreißen lassen sollten. Manche Buddhisten praktizieren *Maranasati* – ein Gewahrsein des Todes – um sich zu vergegenwärtigen, dass der Tod jederzeit eintreten kann.

●

Toll, dass du so weit gekommen bist. Unser Abschnitt über die tiefergehende Arbeit kann dich mit profunden Wahrheiten über dich selbst konfrontieren. In diesem Abschnitt haben wir erkundet, wie Emotionen funktionieren, wie sie sich festsetzen und wie du sie mit deiner Atmung veränderst, verarbeiten und integrieren kannst.

Wir haben darüber nachgedacht, inwiefern die Erfahrungen, die wir im Laufe unseres Lebens machen, großen Einfluss auf unser seelisches Wohlbefinden haben können, und in welcher Art und Weise unser Trauma, auch wenn es subjektiv und mit unseren Glaubenssätzen verflochten ist (erinnerst du dich an die Ketchupflasche?), tatsächlich Auswirkungen auf unser alltägliches Denken, Fühlen und Verhalten hat.

Wir haben darüber gesprochen, dass es Verbindungen im Gehirn stärken kann, wenn wir jahrelang dasselbe tun und denken, und wie eine radikalere Intervention durch die Atmung uns dabei helfen kann, diese Verbindungen und die damit zusammenhängenden Gewohnheiten endgültig zu durchbrechen und hinter uns zu lassen. Und du hast meinen guten Freund und Mentor Dr. Norm kennengelernt.

Ich möchte, dass du von nun an 40 Tage lang mit den in diesem Abschnitt eingeführten Formen der „Unendlichkeitsatmung" sowie mit Praktiken und Übungen deiner Wahl aus Teil 1 weitermachst.

Jetzt ist es Zeit für den dritten und letzten Teil des Buches, in dem ich dir zeige, wie du deine Atmung optimieren kannst, damit es für dich bei der Arbeit, beim Sport und in anderen Lebensbereichen aufwärts geht. Wenn du glaubst, dass du noch nicht genug tiefergehende Arbeit geleistet hast, um zur Optimierung deiner Atmung überzugehen, dann keine Sorge: auch bei den nächsten Schritten kannst du dein Päckchen weiter leeren.

TEIL 3:
_____

OPTIMIEREN

KAPITEL 8

Flow, Fokus und Energie finden

Einen optimalen Zustand erreichen

Bisher hast du herausgefunden, wie du dadurch, dass du dir deiner Atmung gewahr wirst und die Absicht entwickelst, sie zu ändern, den Weg zu einem gesünderen und glücklicheren Leben beschreiten kannst. Vom Mundzumachen (er sollte immer noch zu sein!) übers Entschleunigen (erinnerst du dich an Yogananda?) bis zum Abbau von Verspannungen in deinem Zwerchfell hast du nun ein paar einfache, leicht zugängliche und doch wirkungsvolle Methoden zur Verfügung, um deine Gedanken und Gefühle im Alltag in den Griff zu bekommen. Wir haben aber auch darüber nachgedacht, wie sich Erfahrungen, die du vor fünf, zehn oder 15 Jahren gemacht hast, heute auf dich auswirken können, und wie du durch eine radikalere Intervention, darunter deine 40 Tage Unendlichkeitsatmung (nicht aufhören!), Muster durchbrechen, ungesunde Gewohnheiten verlernen, dein Päckchen leeren und eine neue Art zu denken, zu sein und dich zu verhalten in deinem Gehirn vernetzen kannst.

Aber ich weiß, was du denkst: Was, wenn ich nicht weniger, sondern mehr will? Was, wenn ich Fokus und Flow, mehr Kreativität oder mehr Selbstvertrauen vor einer großen Rede möchte? Da bist du nicht allein. Seien wir ehrlich: Egal, ob wir ins Büro gehen, uns zu Hause im Arbeitszimmer verkriechen oder auf dem Sportplatz auflaufen, wir wünschen uns alle, dass wir zuverlässig Bestleistung bringen können. Doch auch nach all der vertiefenden Arbeit kann das Leben uns noch einen Strich durch die Rechnung machen. Vielleicht hat dich das Baby die ganze Nacht wachgehalten, oder die Pizza von gestern spätabends liegt dir noch schwer im Magen, oder du warst wegen des bevorstehenden Tages so aufgeregt, dass du dich die ganze Nacht hin und her gewälzt hast. Vielleicht hat die ultimative Ablenkung – dein Smartphone – deine ganze Aufmerksamkeit gestohlen. Tägliche Höchstleistung – müheloser Flow, Jedi-Fokus, konstante Energie, grenzenlose Kreativität – ist anscheinend ein Ding der Unmöglichkeit, und die Leute, die das schaffen, wirken übermenschlich. Doch diesen optimalen Zustand zu erreichen, ist einfacher, als du vielleicht denkst.

Finde deinen Flow

Kennst du Tage, an denen du das Gefühl hast, dass dich nichts aufhalten kann? Du gibst bei jedem Schritt dein Bestes. Peng, peng, peng. Du schmetterst die To-dos von Deiner Liste wie Serena Williams und schwingst mühelos von einer Aufgabe zur nächsten. Du hast viel Energie und bist trotzdem ruhig und gelassen. Deine Atmung ist gleichmäßig, Zeit existiert nicht mehr, und es gibt keine Selbstzweifel oder abschweifenden Gedanken. Du bist genau hier, genau jetzt und voll und ganz bei dem, was du gerade tust.

Das bezeichnen wir als „Flow-Zustand", den idealen Punkt oder Sweetspot zwischen Stress und Ruhe. Im Sport nennt man das „in der Zone" sein. Es ist die optimale physiologische und psychologische Umgebung für Spitzenleistungen. Es ist der Zustand, in dem Musiker jammen und alle tanzen, Unternehmerinnen einen Raum voller Investoren mit einer bahnbrechenden Idee in ihren Bann ziehen und Olympiateilnehmende auf der Zielgeraden einen Rekord brechen. So wollen wir uns alle fühlen. Ganz besonders an Tagen, an denen wir unbedingt gute Leistungen bringen müssen: am Tag des Vorstellungsgesprächs, bei der Hochzeitsrede, bei der wichtigen Präsentation, am Wettkampftag.

Gut möglich, dass du schon einmal in diesem Zustand warst. Ist dir schon mal aufgefallen, dass du unter den richtigen Bedingungen (etwa, wenn ein Urlaub vor der Tür steht und du unbedingt noch ein paar Dinge erledigen musst) die Arbeit einer ganzen Woche in wenigen Stunden geschafft kriegst? Das ist Flow.

Ein Engelskreis

Die Idee des *Flow-Zustands* wurde erstmals in den 1970er Jahren von Mihaly Csikszentmihalyi beschrieben. Der ungarisch-amerikanische Psychologe mit dem zungenbrecherischen Namen (gesprochen Mihai Tschiksendmihaji) gehört zu den Pionieren der Glücksforschung. Er hat Tausende hochleistungsfähiger Spitzenkräfte untersucht und herausgefunden, dass eine Aufgabe, die so schwierig ist, dass sie die Fähigkeiten eines Menschen heraus-, aber nicht überfordert, diese Person sowohl zum Anpacken motiviert als auch mit Befriedigung erfüllt, wenn sie erledigt ist. Wenn Menschen eine Aufgabe erfolgreich bewältigt haben, werden sie geschickter darin und möchten eine schwierigere Aufgabe lösen. Flow schafft also einen positiven Kreislauf aus Herausforderung und Erfolg.[1]

Mit anderen Worten: Wenn wir eine Aufgabe erledigen, die unsere Fähigkeiten knapp übersteigt, befriedigt uns das zutiefst, und wir werden besser. Das spornt uns an, noch anspruchsvollere Aufgaben zu bewältigen, damit wir dieses positive Gefühl immer wieder erleben. Flow und hohe Leistung gehen oft Hand in Hand, denn wenn wir besser werden, müssen wir uns immer wieder selbst herausfordern, um dieses Gefühl zu halten. Das bedeutet, dass wir immer noch besser werden. Eine über zehn Jahre laufende Studie hat gezeigt, dass Menschen im Flow-Zustand fünfmal produktiver sind.[2] Stell dir vor, wie viel du an einem Tag erledigen könntest oder wie viel Zeit zur Entspannung du hättest, wenn du jederzeit deinen Flow finden könntest!

Wie kommen wir überhaupt in diesen Zustand? Wie Csikszentmihalyi sagt, fängt es damit an, dass wir unsere Fähigkeiten und den Schwierigkeitsgrad der Aufgabe aufeinander abstimmen. Das bedeutet, wir müssen dafür sorgen, dass die Aufgabe nicht so leicht ist, dass sie uns langweilt, und nicht so schwer, dass wir uns abschrecken lassen oder aufgeben. Aber es gibt noch eine andere wirkungsvolle Methode, diesen Zustand zu erreichen. Und das ist die Atmung.

Wenn du ein Atemmuster praktizierst, das ein Gleichgewicht zwischen deiner Stressreaktion und deiner Ruhereaktion fördert, erhöht sich deine Herzratenvariabilität, und du sendest einen kohärenten Herzrhythmus an dein Gehirn. Das hilft, verschiedene Systeme im Körper auf diesen Rhythmus auszurichten, um in den Flow zu kommen. Eine erste Variante haben wir mit unserem „Atmen im magischen Verhältnis" (Übung 11) erkundet.

Flow und hohe Leistung gehen oft Hand in Hand.

Eine Frage von Leben und Tod

Beim Umwandeln von Stress in Ruhe in Kapitel 4 haben wir gelernt, dass die Atmung quasi binär ist. Wenn du mehr einatmest, legst du den „Ein"-Schalter um, was den Sympathikus anregt und deine Herzfrequenz erhöht. Langsames Atmen und längeres Ausatmen hingegen drückt den „Aus"-Knopf, was deinen Parasympathikus aktiviert und deine Herzfrequenz senkt. Da wir im Flow-Zustand unsere Stress- und Ruhereaktion ins Gleichgewicht bringen und einen kohärenten Herzrhythmus haben müssen, müssen wir unsere Ein- und Ausatmung miteinander abgleichen, um diesen Zustand zu erreichen.

Du brauchst mir das nicht einfach so abzunehmen. Die US Navy Seals, die zu den leistungsfähigsten und bestausgebildeten Spezialeinsatzkräften der Welt gehören, machen genau das, um schnell in einen Flow-Zustand zu kommen, bevor sie sich in eine gefährliche Situation begeben. Sie wollen nicht gestresst, aber auch nicht völlig entspannt sein. Diese militärischen Eliteeinheiten müssen sich voll und ganz auf ihre Aufgabe konzentrieren und dürfen sich nicht von den unzähligen Dingen ablenken lassen, auf die sie im Einsatz stoßen. Es geht buchstäblich um Leben und Tod. Und ich denke, was gut für sie ist, ist auch gut für uns.

ÜBUNG 31

Box-Breathing

Die Technik, die die Navy Seals anwenden, heißt *Box Breathing* oder Box-Atmung und ist für mich eine sichere Bank zwischen Meetings oder Sitzungen mit Klientinnen und Klienten zur optimalen mentalen Vorbereitung. Auch wenn ich von A nach B gehe oder immer, wenn ich mental zur Ruhe kommen und meinen Flow finden muss, wende ich diese Technik an. Zugleich ist sie eine großartige Methode, um den Sauerstoff- und Kohlendioxidgehalt im Körper auszugleichen.

Die Box-Atmung hat ihren Namen daher, dass sie vier Seiten hat (wie ein Kästchen auf kariertem Papier). Probieren wir sie einfach mal aus:

- Atme durch die Nase ein und zähl dabei auf vier. Setz dein Zwerchfell ein und spüre, wie sich dein Bauch hebt.

- Halte den Atem vier Zähler lang an.

- Atme vier Zähler lang gleichmäßig und kontrolliert durch die Nase aus.

- Halte den Atem vier Zähler lang an. Geh dabei behutsam mit dir um. (Nichts Krampfhaftes, keine Anspannung, das Atemanhalten ist sanft und leicht.)

- Wiederholen.

Schon eine einzige Runde wirkt sich positiv auf Geist und Körper aus, aber ein Flow-Zustand stellt sich nicht von jetzt auf gleich ein. Herz, Körper und Geist brauchen Zeit, um sich zu synchronisieren und in diesen Atemrhythmus einzufinden. Einige Studien zeigen, dass es bis zu 15 Minuten dauern kann, bis dieser Zustand erreicht ist[3], aber ich habe festgestellt, dass du mit etwas Übung schon nach vier Minuten Box-Atmung diesem Zustand nahekommen kannst. Wenn möglich, versuche, die nächsten vier Minuten dranzubleiben, du kannst es gerne auch beim Weiterlesen probieren.

Wenn du merkst, dass du in diesen vier Minuten zu viel Lufthunger verspürst (das merkst du daran, dass du ein unkontrollierbares Atemverlangen bekommst), beginne im Rhythmus 3-3-3-3 und steigere ihn mit der Zeit. Du kannst diese Atmung in der Stille genießen, dich dazu hinsetzen und die Augen schließen, oder im Gehen und das Zählen mit deinen Schritten koordinieren – vier Schritte einatmen, vier Schritte halten, vier Schritte ausatmen, vier Schritte halten. Ich mache diese Atmung gern auf meinem täglichen Weg in die Praxis, aber du kannst auch üben, wenn du zum Einkaufen, von Zimmer zu Zimmer oder mit deinem Hund spazieren gehst – wann immer du Gelegenheit dazu hast.

Wenn die Box-Atmung in der Gruppe gemacht wird, geschieht etwas Besonderes – der Herzrhythmus aller Teilnehmenden synchronisiert sich. Körper und Geist der Teilnehmenden werden eins, wenn die Energie der Gruppe sich zusammenfindet, um einen kollektiven Flow-Zustand zu erreichen. Du kannst dir vorstellen, wie effektiv es für eine Spezialeinheit wie die Navy Seals ist, mit *einem* kollektiven Gehirn zu denken, das wie eine Einheit nach links und rechts schaut. Ich habe festgestellt, dass die Box-Atmung insbesondere bei der Arbeit mit Unternehmensteams hilfreich ist, zum Beispiel wenn eine Gruppe vor einer Präsentation, einem Projekt oder einer Aufgabe kollektiver und kohärenter denken und fühlen sollte.

Jedi-Fokus

Man kann nicht über Flow reden, ohne über Fokus zu sprechen. Aber entgegen der landläufigen Meinung ist das nicht dasselbe. Ohne Fokus kann man nicht in einen Flow-Zustand kommen. Aber ohne Flow-Zustand kann man fokussiert sein. Vielleicht hast du das Gefühl, dass du dich zu sehr auf das Negative konzentrierst, und wünschst dir, du könntest weniger fokussiert sein, wie etwa damals, als du etwas gesagt hast, das dir hinterher leidtat, und du dann tagelang an nichts anderes mehr denken konntest, oder wenn du dir zwanghaft Gedanken über etwas machst, das in der Zukunft liegt und das du nicht in der Hand hast. In einem *rein* fokussierten Zustand – wenn du dich nur auf den Moment konzentrierst und nicht irgendwelchen Gedanken nachhängst – gibt es die Vorstellung von Vergangenheit und Zukunft nicht, denn du bist völlig präsent und im Moment versunken. Wenn du wirklich im wahrsten Sinne des Wortes fokussiert bist und nicht nur die Aufmerksamkeit auf etwas lenkst, sondern dich voll und ganz auf etwas einlässt, können deine Gedanken weder abschweifen und alte Fehler wieder aufwärmen oder über die Vergangenheit nachgrübeln, noch über die Zukunft sinnieren. Du konzentrierst dich einzig und allein auf das, was jetzt wichtig ist.

Wir alle wünschen uns, wir könnten uns ein bisschen mehr auf das fokussieren, was uns wichtig ist. Aber wenn wir das wollen, müssen wir uns als Allererstes auf eine einzige Aufgabe beschränken – ich sage es wirklich nur ungern, aber Multitasking ist ein Mythos. Wenn wir versuchen, viele Dinge gleichzeitig zu tun, überfordern wir uns, unsere Gedanken wirbeln durcheinander, und wir können kaum noch klar denken. In unserem Kopf entsteht ein Konflikt, weil wir nicht wissen, was wir als Erstes tun sollen. Wir jagen verschiedenen Dingen gleichzeitig hinterher, denken chaotisch und werden schnell müde. Auch wenn wir uns einreden, dass wir super im Jonglieren sind, die Wahrheit lautet: Wir sind es nicht. Selbst im allerbesten Fall kommen wir viel langsamer voran, als wenn wir eins nach dem anderen erledigen würden. Laut Informatiker und Psychologe Gerald Weinberg verringert sich deine Produktivität um bis zu 80 Prozent, wenn du an mehreren Aufgaben gleichzeitig arbeitest. Stell dir das so vor: Wenn du dich auf eine Aufgabe konzentrierst, investierst du 100 Prozent deiner produktiven Zeit in diese Aufgabe. Wenn du zwei Dinge gleichzeitig machst, wendest du 40 Prozent deiner produktiven Zeit für jede Aufgabe auf und verlierst 20 Prozent durch ständigen Kontextwechsel. Sobald du auf drei Aufgaben erhöhst, konzentrierst du dich nur noch 20 Prozent der Zeit auf eine Aufgabe und verlierst 40 Prozent durch Kontextwechsel. Und so weiter.[4] So ist nicht nur unsere Aufmerksamkeit begrenzt, sondern wenn wir Multitasking betreiben, lenken wir uns freiwillig ab und kommen garantiert nicht in einen Flow-Zustand. Und es ist ja durchaus nicht so, dass man uns erst auf die Idee bringen müsste. Unsere Welt ist voll von Ablenkungen. Manchmal scheint es, als ob sie extra dafür geschaffen worden wäre, uns vom Konzentrieren abzuhalten. Unser Handy schickt uns täglich unzählige Mitteilungen, in unserem Internetbrowser konkurrieren die Tabs dutzendweise um unsere Aufmerksamkeit, im Fernsehen laufen so viele Sendungen, dass wir es nicht einmal schaffen, eine ganze Folge durchzuhalten (und wahrscheinlich hantieren wir währenddessen sowieso mit unserem Smartphone herum) und auch am Arbeitsplatz gibt es jede Menge Ablenkungen. Jedes Mal, wenn wir abgelenkt werden, verlieren wir unseren Fokus und verhindern entweder, dass wir in die „Zone" kommen, oder wir reißen uns selbst aus unserem Flow. Die Uhr springt auf Null, und wir müssen uns wieder vollkommen neu in das vertiefen, was wir gerade getan haben.

Heute haben wir nicht immer den Luxus, Ablenkungen ausschalten zu können. In einem belebten Büro herrscht überall Lärm. In manchen Berufen, etwa im Kundenservice, muss man sofort auf alles reagieren, was gerade passiert. Menschen in Elternzeit und Angestellte im Home Office müssen oft versuchen, ihre To-do-Liste abzuarbeiten und gleichzeitig den Bedürfnissen ihrer Kinder gerecht zu werden. Und Spitzensportlerinnen und Spitzensportler müssen sich inmitten tausender johlender Fans auf die anstehende Aufgabe konzentrieren. Bei den Navy Seals steht Beschuss ziemlich weit oben auf der Ablenkungsliste.

Lama im Labor

Forschende, die sich für den Schreckreflex interessieren, dessen Intensität den Grad der negativen Emotionen einer Person vorhersagt, haben Tests mit dem buddhistischen Mönch Matthieu Ricard durchgeführt, der unter dem Pseudonym Lama Oser zehntausende Stunden Meditationspraxis gesammelt hatte. Nach einem Countdown wurde ihm ein Schuss vorgespielt, dessen Lautstärke am oberen Rand der menschlichen Hörschwelle lag. Obwohl eine Studie in den 1940er Jahren ergeben hatte, dass man den Schreckreflex nicht verhindern kann (selbst Polizeischützen, die routinemäßig Gewehre abfeuern, können ein Erschrecken nicht vermeiden), gelang es Lama Oser, seine Reaktion vollständig zu unterdrücken. Später sagte er: „Wenn man richtig in diesem Meditationszustand bleiben kann, wirkt der Knall neutral, wie ein Vogel, der am Himmel vorüberzieht."[5] Wir können zwar nicht alle Einsiedlermönche wie Lama Oser werden, aber mit Hilfe unserer Atmung können wir das Ausmaß unserer tagtäglichen Ablenkungen verringern.

Wenn wir Ablenkungen nicht ausschalten können,

müssen wir sie minimieren und weniger stark darauf reagieren.

Was ist eine Ablenkung?

Was ist eine Ablenkung? Wir alle wissen, was uns ablenkt: das lustige Video, das uns unsere Partnerin oder unser Partner schickt, ein neuer Post auf unseren Social-Media-Kanälen. Evolutionär betrachtet war die Ablenkung durch überraschende Geräusche wichtig, denn sie sorgte dafür, dass wir unsere Umgebung aufmerksam beobachteten, falls eine Gefahr oder eine günstige Gelegenheit auftauchen sollte. Allerdings ist eine Ablenkung immer etwas, das deine Aufmerksamkeit von dem abzieht, was du gerade tust oder denkst. Zugleich gilt: Was den einen ablenkt, muss den anderen nicht ablenken. Manche Menschen, wie zum Beispiel unsere Navy Seals oder eine gute Servicekraft in einem belebten Restaurant, nehmen bestimmte Reize nicht so intensiv als „Ablenkung" wahr wie andere, entweder weil sie daran gewöhnt sind oder weil sie über eine hoch entwickelte Konzentrationsfähigkeit verfügen. Natürlich gibt es auch Gründe, warum wir abgelenkt werden wollen – zum Beispiel wollen Eltern ihr Kind hören können, wenn es im anderen Zimmer ist. Aber zumeist lassen wir uns leicht ablenken und wünschten, es wäre nicht so. Das Wichtigste ist: Wenn wir Ablenkungen nicht ausschalten können, müssen wir sie minimieren und weniger stark darauf reagieren, so wie Lama Oser. Die gute Nachricht ist: Je besser wir uns fokussieren können, desto weniger nehmen wir Ablenkungen wahr, die uns aus dem Konzept bringen und unseren Flow stören, und je mehr wir üben, desto schwieriger wird es für Ablenkungen, uns aus dem herauszureißen, was wir gerade tun.

Wie gelingt uns das? Der erste Schritt besteht darin, Ablenkungen zu minimieren. Das kann bedeuten, dass du dein Telefon auf Flugmodus stellst. Mir hilft das sehr. Noch besser ist es, wenn du es in einem anderen Raum liegen lässt, alle Benachrichtigungen ausschaltest und deinen Freunden, Verwandten und Kollegen sagst, dass sie dich nicht stören sollen (das ist sehr wichtig). Natürlich kann die Ablenkung auch dein eigener Kopf sein – deine rasenden Gedanken und Ideen. Wie ich bereits erwähnt habe, kann sich ein Teil unserer Aufmerksamkeit in der Zukunft oder in der Vergangenheit verfangen haben, was zu Besorgnis oder endlosen Gedankenschleifen führt.

Zu viel grübeln

Hand hoch, wenn du dir Sorgen über Dinge machst, die du nicht beeinflussen kannst – dein Umfeld, die Folgen bestimmter Situationen, das Handeln anderer Menschen, sogar das Wetter? Der gute alte Dalai Lama sagt: „Wenn ein Problem lösbar ist, wenn eine Situation so ist, dass du etwas dagegen tun kannst, dann gibt es keinen Grund zur Sorge. Wenn es nicht lösbar ist, dann ist es sinnlos, sich Sorgen zu machen. Es bringt überhaupt nie etwas, sich Sorgen zu machen."

Und ja, ich verstehe es, Eure Heiligkeit Dalai Lama. Aber sich zu sagen, „mach dir deswegen keine Sorgen", wenn man in einem Teufelskreis aus „sich Sorgen machen – versuchen, die Sache in den Griff zu kriegen – scheitern – sich noch mehr Sorgen machen – und das Ganze wieder von vorn" steckt, ist wirklich schwierig.

Im Folgenden ein paar Tipps, mit deren Hilfe du dein Kopfzerbrechen in den Griff bekommst, damit du die Dinge anders angehen kannst:

Tipp 1: Erkenne, was du in der Hand hast und was nicht

- Wenn du vor einem Problem stehst und dir darüber so sehr den Kopf zerbrichst, dass du leidest, dann frag dich, ob es sich um ein Problem handelt, das du lösen kannst. Vielleicht musst du dein Verhalten und deine Gefühle in Bezug auf das Problem ändern?

- Wenn du es in der Hand hast, pack es an.

- Wenn nicht, kannst du vielleicht etwas tun, um Bewegung in die Sache zu bringen? Zum Beispiel kannst du dein Team nicht zur Produktivität zwingen, aber du kannst ihnen die Instrumente und die Unterstützung geben, die sie für ihren Erfolg brauchen. Du kannst niemanden zwingen, seine Ernährung umzustellen, aber du kannst ihm oder ihr ein inspirierendes gesundes Kochbuch geben.

- Wenn deine Gedanken immer noch rasen, dann fokussiere dich mit ein paar Runden „Jedi-Atmung" mit oder ohne Handeinsatz (Übung 32) auf die Gegenwart.

Tipp 2: Plane regelmäßig „Zeit zum Sorgenmachen" ein

- Klingt verrückt, oder? Aber es gibt Studien, die bestätigen, dass es hilft.[6]

- Leg jeden Tag ein Zeitfenster von 15 Minuten fest, an dem du dir Sorgen machst (nur nicht unmittelbar vor dem Zubettgehen).

- Wenn du dir außerhalb deines Zeitfensters Sorgen machst, dann sag dir, dass gerade nicht „Sorgen-Zeit" ist.

- Schreibe in deinen 15 Minuten „Sorgen-Zeit" alles auf, worüber du dir Sorgen machst, das aber nicht in deiner Hand liegt.

- Wenn die Zeit vorbei ist, wende dich wieder deiner normalen Tätigkeit zu. Schon bald wirst du dich beim Sorgenmachen an die 15 Minuten halten, was entschieden besser ist, als sich rund um die Uhr Sorgen zu machen.[7]

Jedi-Atmung

Die Atmung kann viel bewirken, wenn du versuchst, dich zu fokussieren und das Kopfzerbrechen in Dauerschleife zu durchbrechen. Ich setze dazu unter anderem eine Technik ein, die ich gern „Jedi-Atmung" nenne. Dabei handelt es sich um unsere „Wechselatmung" aus Kapitel 3 (Übung 7) mit einer leichten Abwandlung. Beginnen wir also mit einer Runde dieser Technik. Wir atmen gleichmäßig ein und aus, wie bei der „Box-Atmung" (Übung 31), nur mit dem Unterschied, dass wir die Nasenlöcher wechseln, was uns dazu zwingt, uns noch mehr zu konzentrieren.

- Mach mit deiner rechten Hand ein Peace-Zeichen und nimm dazu Daumen und Ringfinger zu Hilfe.

- Schließ dein rechtes Nasenloch mit dem rechten Daumen und atme durch dein linkes Nasenloch vier Zähler lang gleichmäßig ein.

- Halte den Atem an, während du dein linkes Nasenloch mit dem rechten Ringfinger schließt und das rechte öffnest.

- Atme ruhig vier Zähler lang durch dein rechtes Nasenloch aus und halte am Ende des Ausatmens den Atem kurz an.

- Atme durch dein rechtes Nasenloch vier Zähler lang gleichmäßig ein.

- Halte den Atem an, während du dein rechtes Nasenloch mit dem rechten Daumen schließt und das linke öffnest.

- Atme vier Zähler lang ruhig durch dein linkes Nasenloch aus.

- Jetzt hast du die Bewegungen für die Wechselatmung drauf. Zeit, zur Jedi-Atmung überzugehen. Ich möchte, dass du dieselbe Atemtechnik ausprobierst, aber ohne Hände.

- Atme vier Zähler lang durch dein linkes Nasenloch ein.

- Atme vier Zähler lang durch dein rechtes Nasenloch aus.

- Bleib bei mir! Konzentriere dich!

- Jetzt atme vier Zähler lang durch dein rechtes Nasenloch ein.

- Und atme vier Zähler lang durch dein linkes Nasenloch aus.

- Wiederholen.

Ich weiß. Es ist echt schwer. Und es erfordert sehr viel Konzentration, die Wahrnehmung jeweils ausschließlich auf den Luftstrom in einem Nasenloch zu richten. Aber ich möchte dich etwas fragen: Als du diese Technik geübt hast, woran hast du dabei sonst noch gedacht?

Diese Technik ist so anspruchsvoll, dass sie dich zwingt, einzig und allein an deine Atmung zu denken. Die sonst oft himmelweite Wahrnehmung deines Denkens richtet sich auf diese eine Sache. Du atmest mit einer so starken Absicht, dass sich dein Geist in einen hochkonzentrierten Zustand versetzt und deine Gedanken wie ein Laserstrahl auf einen einzigen Punkt gerichtet werden. Du denkst nicht mehr an die Vergangenheit oder machst dir Sorgen über die Zukunft. Du fokussierst dich auf die Gegenwart. Auf deinen Atem und die Luft, die durch das jeweilige Nasenloch ein- und ausströmt.

Das ist besonders effektiv, wenn du lernen, etwas redigieren oder an einem Projekt arbeiten musst, das deine volle Aufmerksamkeit erfordert. Oder wenn du dich von deiner Umgebung oder deinen Gedanken besonders stark abgelenkt fühlst. Solange du dich auf deine Atmung konzentrierst, ist deine Aufmerksamkeit vollständig von allem abgezogen, was um dich herum vor sich geht. Der Lärm des Tages verstummt und du bist bereit, dich voll und ganz auf das zu konzentrieren, was du als Nächstes tun musst.

Jetzt hast du die Box-Atmung geübt, um deinen Flow zu finden, und die Jedi-Atmung, um deinen Fokus zu verbessern, und du hast so viele Ablenkungen wie möglich ausgeschaltet. Aber dein Gehirn ist ein gieriges Organ und verschlingt bis zu einem Viertel deiner Energie. Du brauchst Treibstoff, um deine Konzentration über längere Zeit aufrechtzuerhalten, und wenn du erst spät ins Bett gekommen bist oder wegen der Kinder, wegen der Party bei deinen Nachbarn oder wegen eines Jetlags nicht schlafen konntest, brauchst du vielleicht etwas, das dir den nötigen Schwung gibt, um den Tag zu überstehen.

Die Box-Atmung kann dir zu Ausgeglichenheit verhelfen, aber manchmal musst du vielleicht tatsächlich den „Ein"-Schalter anwerfen und eine Stressreaktion des Sympathikus auslösen. Ich will dir sagen, warum.

Stress ist gut

Die Vorteile des Parasympathikus liegen für die meisten Menschen offen auf der Hand, die des Sympathikus hingegen weniger. Warum in aller Welt sollte ich mich gezielt in einen Stresszustand versetzen, fragst du? Nun, Stress ist gut, zumindest manchmal, auch wenn er selten ein gern gesehener Gast ist und oft als der Böse gilt. Aber es gibt sowohl guten als auch schlechten Stress. Du hast bereits gelernt, dass dein Körper dir durch Stress das Leben rettet (erinnerst du dich an unseren Grizzlybären?). Darüber hinaus gibt es so etwas wie guten Stress, den sogenannten *Eustress*, der kurzfristige Wirkung hat und sich aufregend anfühlt. Er kann dich stärker, schneller, energiegeladener und produktiver machen. Er kann dich motivieren und dich handlungs-, reaktions- und leistungsbereit machen, wenn es darauf ankommt – etwa vor einem wichtigen Meeting, einer Hochzeit, einem Umzug oder einer Beförderung. Lass dir das von Dr. Kerry Ressler, Professorin für Psychiatrie an der Harvard Medical School, erklären. Sie sagt: „Ein Leben ohne Stress ist nicht nur unmöglich, sondern wäre wahrscheinlich auch ziemlich uninteressant – tatsächlich ist ein gewisses Maß an Stress hilfreich für das Wachstum".[8]

Vielleicht brauchst du ein bisschen Unternehmungsgeist oder etwas, das dir aus deinem Nachmittagstief heraushilft. Mit der Stimulierung des

Sympathikus solltest du sparsam umgehen, genau wie mit dem Kaffeetrinken. Wir alle wissen, wie verpeilt wir uns fühlen können, wenn wir gerade unseren sechsten Espresso gekippt haben. Atmen sticht Koffein aus, weil es den Adenosinrezeptoren im Gehirn, die wir in Kapitel 4 kennengelernt haben, nicht dazwischenfunkt.

Bauch-Brust-Ausatmung

Diese Übung ist perfekt, wenn du einen kleinen Energieschub brauchst. Ich habe sie DJs beigebracht, die sich vor einem Set auf gesunde Weise aufputschen wollen, damit sie auf dem gleichen Level wie das Publikum sind. Ich finde, es ist auch eine gute Übung, um die einzelnen Atem-Abschnitte zu öffnen. Das ist hilfreich, wenn du immer noch merkst, dass dein Brustkorb zusammengesackt ist und dein Atem nicht in dein emotionales Zentrum fließt. Ein paar Runden dieser Übung helfen dir außerdem, den Energiefluss zu Beginn deiner täglichen Unendlichkeitsatmung zu erhöhen.

- Atme einen halben Atemzug lang durch die Nase in den Bauch.

- Atme einen weiteren halben Atemzug lang durch die Nase in die Brust.

- Atme einen ganzen Atemzug lang durch die Nase aus.

- Mach drei Runden zu je 16 Wiederholungen.

Die Bewegung wird vom Zwerchfell und den Zwischenrippenmuskeln angetrieben. Wenn du stattdessen nur stark durch die Nase schnaufst, wird dir wahrscheinlich ein bisschen schwindelig oder du fühlst dich benommen. Dann mach eine Pause und übe in einem passenden Tempo, damit die Bewegung richtig ausgeführt wird. Durch langsames Üben können einengende Muster in deinem Brustkorb aufgebrochen werden, während dynamisches Üben deine Energie richtig ankurbelt. Auch Musik hilft bei dieser Übung. Spiel ein paar energiegeladene Stücke und dreh die Lautstärke auf!

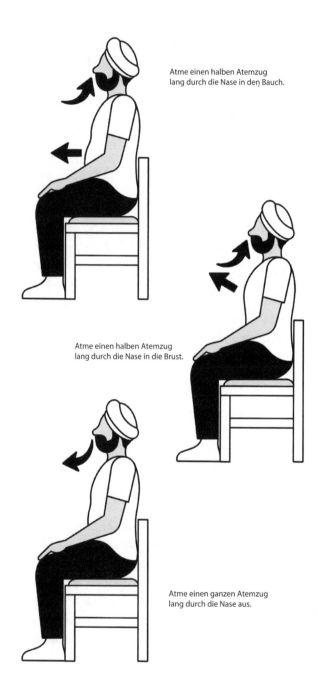

Atme einen halben Atemzug lang durch die Nase in den Bauch.

Atme einen halben Atemzug lang durch die Nase in die Brust.

Atme einen ganzen Atemzug lang durch die Nase aus.

ÜBUNG 34

Atempumpe

Wenn du eine andere Methode für frischen Schwung brauchst, ist die folgende Übung gut. Sie unterscheidet sich insofern von der „Bauch-Brust-Ausatmung", als sie dein Energieniveau noch etwas stärker anhebt. Wende sie nur an, wenn du einen schnellen Energieschub brauchst. (Ich nutze sie gern zur Bekämpfung von Jetlag.)

Bei dieser Übung aktivierst du deinen Sympathikus, deshalb solltest du sie nicht den ganzen Tag machen. Du würdest ja auch nicht den ganzen Tag Kaffee trinken. Wenn dir schwindlig oder schwummerig wird oder du dich benommen fühlst, hör auf. Wenn du gerade menstruierst oder schwanger bist, solltest du diese Übung auslassen. In dieser Zeit ist es wichtig, dass du deinen Körper umsorgst und ihm Ruhe gönnst, und das ist bei dieser Übung ganz und gar nicht der Fall!

Die Übung geht vom Nabelpunkt (Bauchnabel) aus, da er bei jedem Aus- und Einatmen kraftvoll rein- und rausgepumpt wird.

- Setz dich aufrecht hin, die Wirbelsäule ist gerade. Deine Brust bleibt entspannt und leicht angehoben.

- Damit du die Bewegung des Bauchnabels nachvollziehen kannst, möchte ich, dass du erst einmal hustest. Kannst du spüren, wie dein Bauchnabel Richtung Wirbelsäule zurückgeht? Nun mach den Mund wieder zu und ahme diese Bewegung folgendermaßen nach.

- Atme schnell durch die Nase ein; setz dabei das Zwerchfell ein, sodass dein Bauch heraustritt.

- Atme schnell durch die Nase aus und aktiviere dabei deine Körpermitte; dein Nabel zieht kraftvoll Richtung Wirbelsäule.

- Einatmung und Ausatmung sollten gleich lang sein.

- Sobald du diese Bewegung draufhast, legen wir richtig los und nehmen nun auch die Arme mit dazu.

- Atme schnell durch die Nase ein; spüre, wie dein Bauch sich hebt und hebe dabei die Arme über den Kopf.

- Atme schnell durch die Nase aus, aktiviere deine Körpermitte und pump den Nabel Richtung Wirbelsäule, zieh zugleich die Ellenbogen an die Körperseite.

- Wiederhole die Bewegungen, atme durch die Nasenlöcher ein und aus, pump den Nabel und hebe und senke dabei die Arme.

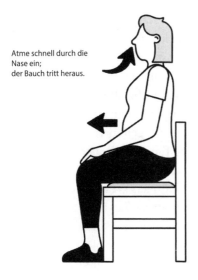

Atme schnell durch die
Nase ein;
der Bauch tritt heraus.

Atme schnell durch die
Nase aus;
der Bauch geht nach innen.

Atme schnell durch die
Nase ein; der Bauch hebt sich
und deine Arme gehen
nach oben über den Kopf.

Atme schnell durch die
Nase aus; dein Bauch geht zurück
und deine Ellenbogen sinken
zu den Körperseiten.

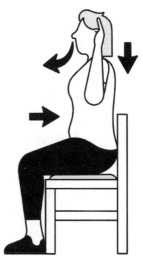

Kreativitätsschub

Wie oft hast du Leute schon sagen hören: „Ich bin kein kreativer Mensch"? Wir verstehen uns gern entweder als kreativ oder als unkreativ, wahrscheinlich weil wir Kreativität zumeist ausschließlich mit Künstlern, Musikerinnen und innovativen Personen in Verbindung bringen.

Aber Kreativität ist mehr als das; sie ist überall und ein grundlegender Aspekt unseres Lebens. Selbst auf Gebieten, die als streng logisch oder rein praktisch gelten, ist oft unsere Kreativität gefordert. Es ist ein Mythos, dass Berufe entweder kreativ oder funktional sind, auch wenn viele natürlich in die eine oder andere Richtung tendieren. Alles, was wir denken und tun, ist kreativ. Wir sind so sehr von Natur aus kreativ, dass wir uns dessen gar nicht bewusst sind, vor allem, wenn unser Tag voller Routineaufgaben steckt. Dann schalten wir oft ab und gehen auf Autopilot, nur um alles erledigt zu bekommen. Aber wir sollten Kreativität nicht nur den künstlerischen Bereichen unseres Lebens zuschreiben, wie zum Beispiel Handarbeit und Hobbys, sondern wir können in allem, was wir tun, und bei jeder Idee, die wir haben, kreativ sein.

Wenn du lernst, dir deine Kreativität zunutze zu machen, entdeckst du bessere und effizientere Vorgehensweisen, findest genialere Lösungen und hast sogar an den banalsten Alltagsaufgaben mehr Freude. Hast du schon mal Videos von den sogenannten „Sign Spinners" gesehen, die am Straßenrand mit Verkehrsschildern jonglieren? Oder von Polizisten, die tanzenderweise den Verkehr regeln? Diese Menschen haben eine neue, lustige Art und Weise gefunden, etwas zu tun, das normalerweise als langweilig gilt. Und das Beste ist, je mehr du deine kreative Kraft nutzt, desto kreativer wirst du.

Der britische Sozialpsychologe und Pädagoge Graham Wallas unterscheidet vier Phasen des kreativen Prozesses: Vorbereitung, Inkubation, Illumination und Verifizierung.[9] Das kann man sich nur schwer merken, deshalb stelle ich mir Kreativität gerne wie Kuchenbacken vor. In Wallas' erster Phase stellst du die Zutaten bereit – du bereitest dich vor, indem du Informationen und Inspirationen sammelst, Moodboards (Collage aus Fotos, Illustrationen und Grafiken, um Ideen visuell umzusetzen und in

Bildern auszudrücken, Anm. d. Verlags) erstellst und versuchst, so viel wie möglich über das Projekt oder das Problem herauszufinden, an dem du arbeitest, zum Beispiel wie du etwas Alltägliches angenehmer gestalten kannst. Beim Mischen und Vermengen der Zutaten brauchst du dann vielleicht Zeit für dich, um dich auf das Problem zu konzentrieren, das du zu lösen versuchst; vielleicht musst du aber auch einfach nur raus und dich von deiner Umgebung inspirieren lassen. In der Vorbereitungsphase der Kreativität kann die „Jedi-Atmung" (Übung 32) hilfreich sein, besonders wenn du dich leicht ablenken lässt.

Je mehr
du deine kreative
Kraft nutzt,

desto kreativer
wirst du.

In der nächsten Phase, der Inkubation, schiebst du die vermischten Zutaten einfach in den Ofen deines Gehirns. Dann ziehst du deinen Fokus vollständig davon ab und lässt das ganze Material, das du gesammelt hast, in deinem Gehirn aufgehen. Für Menschen mit dem Archetyp der kontrollierten Atmung, die immer etwas tun wollen und oft wettbewerbsorientiert, ehrgeizig und ungeduldig sind, kann das schwer sein, denn dieser Prozess läuft am effektivsten ab, wenn der Geist ruht, auch im Schlaf. Ich bezeichne das manchmal als defokussierte Aktivität – wenn du aufhörst, dich gezielt auf eine Aufgabe zu fokussieren, aber die Ideen und Einflüsse, auf die du dich in der Vorbereitungsphase konzentriert hast, in deinem Hinterkopf weiterlaufen, neue Verbindungen eingehen und zu Erkenntnissen führen. Einstein nannte diesen unbewussten Prozess „kombinatorisches Spiel". Wir können diese Phase verstärken, indem wir etwas Entspannendes tun – spazieren gehen, baden oder duschen, ein Nickerchen machen oder ein bisschen mit unserer Unendlichkeitsatmung herumspielen.

Stufe drei – die Illumination – ist der Augenblick, in dem wir den Kuchen aus dem Ofen holen. Manchmal wird er als „Heureka!"-Moment bezeichnet, nach dem Moment der Erkenntnis bei Archimedes. Für dich könnte dieser Moment während deiner täglichen Atemarbeit kommen. Diese Geistesblitze sind Momente reiner schöpferischer Intelligenz, und sie sind selten, weil unser Alltagsdenken praktisch ein ununterbrochener Prozess ist. Erst wenn der Bewusstseinsstrom nicht mehr ständig im Gedächtnis herumkramt, kann er lange genug zur Ruhe kommen, damit ein neuer elektrischer Gedankenimpuls entstehen kann. Diese voll ausgebildete neue Idee kann uns nur dann kommen, wenn der Geist ruhig ist und das endlose innere Geplapper unseres Bewusstseinsstroms versiegt. Einen solchen Moment zu erleben, ist oft ungeheuer befriedigend – lass die Emotionen deinen Körper überfluten.

In der vierten Phase – der Verifizierung – können wir unseren Kuchen probieren und erfahren, ob die Zutatenmischung stimmt. Wenn nicht, feilen wir so lange an unserer Idee, bis sie passt. Wir bringen unsere Ideen in unsere Musik, unser Unternehmen oder unser Buch ein und bauen darauf auf. Stell dir das vor wie beim Goldsieben: Wir müssen sie waschen und alles Unwichtige entfernen, damit wir am Ende ein perfektes, brauchbares

Nugget haben. Vielleicht brauchen wir ein wenig konzentrierte „Jedi-Atmung" (Übung 32), um dem Ganzen den letzten Schliff zu geben.

Die wichtigen kreativen Momente am Morgen sind richtiggehend gekapert worden.

Hirnwellen verändern, um Kreativität zu nutzen

Erinnerst du dich an unsere Hirnwellen aus Kapitel 6? Einige der größten Geister der Menschheitsgeschichte haben neuartige Möglichkeiten gefunden, mit deren Hilfe sie ihre wichtigsten Erkenntnisse auf eine Formel bringen konnten. Sowohl Albert Einstein als auch Thomas Edison nutzten die frühe Einschlafphase, in der Theta-Wellen überwiegen, um über große Ideen nachzudenken. Dmitri Mendelejew erträumte das Periodensystem der Elemente in einem tiefen Delta-Zustand, und Salvador Dalí lernte, zwischen Theta- und Alpha-Wellen zu surfen, um neue Ideen und kreative Lösungen zu finden.

Am anderen Ende des Tages – am frühen Morgen – kann der Mensch noch fünf bis 15 Minuten im kreativen Theta-Zustand verweilen, sodass also die ersten bewussten Momente die perfekte Zeit für den freien Fluss von Ideen sind. Diese Zeit kann extrem produktiv sein, eine Zeit sinnvoller und kreativer geistiger Aktivität. Deshalb ist es schade, dass diese wichtigen kreativen Momente am Morgen in den letzten Jahrzehnten bei den meisten Menschen richtiggehend gekapert worden sind. Eine Umfrage unter 7.000 Smartphone-Nutzenden hat ergeben, dass 80 Prozent der Befragten innerhalb von 15 Minuten nach dem Aufwachen ihr Handy benutzen.[10] Wir lassen zu, dass die kreativste Zeit unseres Gehirns von den Ideen anderer Menschen vereinnahmt wird – von ihren Social-Media-Feeds, ihren Bildern, Videos und Nachrichten, anstatt dass wir uns die Zeit nehmen, etwas Neues und ganz Persönliches zu entdecken. Ich bekenne mich schuldig, manchmal auch als Erstes zu meinem Handy zu greifen, aber wenn du dir diese ersten 15 Minuten gönnst – handyfrei –, um im Theta-Zustand Ideen zu entwickeln, nachzudenken und Tagebuch zu schreiben, hat das nachhaltigen Einfluss auf deine Stimmung am ganzen Tag.

Bis zu einer Reihe von Experimenten, die zwischen 1970 und 1977 mit dem berühmten Yogi Swami Rama durchgeführt wurden, ging man davon aus, dass tiefere Delta-Wellen-Zustände auf natürliche Weise nur im Schlaf – und in den flüchtigen Momenten davor oder danach – auftreten. Diese Experimente waren die ersten ihrer Art und haben viele Thesen der westlichen Wissenschaft erschüttert. Im Labor konnte Swami Rama durch Atmung und Meditation die Temperatur verschiedener Teile seiner Hand um 5,5 Grad Celsius verändern und seine Herzfrequenz nach Belieben von 70 auf 300 Schläge pro Minute erhöhen. Außerdem konnte er willentlich steuern, dass sein Herz 17 Sekunden lang gar nicht schlug. In einer weiteren Studie gelang es Swami Rama, seine Hirnwellen zunächst in Theta-, dann in Delta-Wellen zu verändern – was bisher nur im erholsamen Tiefschlaf für möglich gehalten wurde. Swami Rama blieb sich jedoch seiner Umgebung voll bewusst und konnte sich an alle Geschehnisse während dieser Zustände erinnern. Er hat gezeigt, dass Menschen das Potenzial haben, sich in veränderte Zustände zu versetzen und diese zu steuern, um ihre Kreativität zu steigern und Körper und Geist zu regenerieren.

Genie unter der Dusche

Auf der Website Reddit gibt es eine Unterseite mit dem Titel *r/ShowerThoughts*, wo Nutzerinnen und Nutzer ihre Erkenntnisse unter der Dusche posten. Unsere Fähigkeit, bei der Körperreinigung zu brillanten Einsichten zu gelangen, hat der Kognitionswissenschaftler Scott Barry Kaufman, Mitautor des Buches *Wired to Create*, näher untersucht. Seine Studie unterstreicht „die Bedeutung der Entspannung für kreatives Denken", denn er stellt fest, dass 72 Prozent der Menschen unter der Dusche kreative Ideen entwickeln. „Die entspannende, vorurteilsfreie Umgebung unter der Dusche, in der man ganz für sich ist, kann kreatives Denken fördern", so Kaufman, „denn sie begünstigt, dass man seinen Gedanken freien Lauf lässt und daher offener wird für seinen inneren Bewusstseinsstrom und seine Tagträume. [11]

Als Erwachsene befinden wir uns tagsüber zumeist in einer Beta-Gehirnwellenfrequenz. Dieser Zustand kennzeichnet unseren „Tun-Modus": aktives Denken, Problemlösung, Konzentration auf Aufgaben oder auch allgemeines Grübeln.

Durch deine tägliche Atemarbeit verlangsamt sich jedoch deine Hirnfrequenz, um sich deiner Atmung anzupassen, und dein Gehirn sendet Alpha-Wellen aus. Du wirst ruhiger, introspektiver und kommst in den „Sein-Modus", der in gewisser Weise eine Brücke zwischen Bewusstsein und Unterbewusstsein bildet. Ganz natürlich tritt dieser Zustand ein, wenn du zum Beispiel nach der Abgabe eines großen Projekts entspannt aufatmest, sowie jeden Abend vor dem Einschlafen. Wenn dein Gehirn aus irgendeinem Grund nicht sonderlich viele Alpha-Wellen produziert, befindest du dich wahrscheinlich in einem überängstlichen Gemütszustand.

Sobald du etwas Übung im Herstellen des Alpha-Zustands hast, kannst du lernen, deine Gehirnwellen weiter zu verlangsamen und tief entspannte, aber wache Theta-Frequenzen zu erreichen. Theta-Zustände sind mit Intuition, kreativen Erkenntnissen und Tagträumen verbunden und ermöglichen dir den Zugang zu Erinnerungen, Gefühlen und Empfindungen im Unterbewusstsein. Theta-Wellen dominieren in dem klaren Moment kurz vor dem Einschlafen oder unmittelbar nach dem Aufwachen und werden auch bei tiefer Fokussierung ausgesendet, wie sie etwa in der Meditation und im Gebet entsteht. Dies sind auch die Hirnwellen bei „defokussierter Aktivität", zum Beispiel in Momenten der Erkenntnis unter der Dusche oder in der Badewanne oder sogar beim Rasieren oder Haare kämmen. Solche Zustände werden erreicht, wenn eine Aufgabe so automatisch abläuft, dass du dich gedanklich davon lösen und dich dem freien Fluss der Ideen hingeben kannst.

Vor Leuten zu reden war so,
als würde ich einen Tiger
im Raum entdecken.

Vor Leuten reden

Wie die allermeisten Menschen hatte ich mein Leben lang Angst, vor anderen zu sprechen. In der Schule habe ich versucht, jede erdenkliche Ausrede zu erfinden, um nur ja keine Präsentation halten zu müssen: „Ich habe eine Lebensmittelvergiftung." „Ich habe mich aus Versehen eingeschlossen." „Ich bin auf dem Weg zur Schule von Piraten entführt worden." An der Uni war es nicht anders, selbst nach jahrelangen Judo-Wettkämpfen vor Hunderten von Zuschauern, und genauso war es, als ich als DJ vor Tausenden auflegte. Gib mir ein Mikro, und schon bin ich der stille Stu.

Das hat mich frustriert. Einzeln konnte ich mit jedem reden, und wenn du mich gefragt hättest, hätte ich gesagt, dass ich ein selbstbewusster Mensch bin. Aber kaum stand ich vor einer Gruppe, wurde ich ganz anders, und eine lähmende Angst machte sich breit. Meine Hände zitterten, mein Herz klopfte, und an Schultern, Hals und Gesicht wurde mir glühend heiß. Ich lief rot an, mein Mund wurde trocken und meine Stimme brüchig. Ich erkannte meine Stimme nicht einmal wieder. Und ich dachte: „Wer ist das denn?" Wenn sich etwas änderte, etwa die Beleuchtung, geriet ich völlig aus dem Konzept, stand einfach da und sagte gar nichts mehr. „Weiter, Stuart!", forderte die Stimme in meinem Kopf. Aber meistens war ich wie erstarrt.

Vor Leuten zu reden, das war für mein Unbewusstes und meinen Körper so, als würde ich einen Tiger im Raum entdecken. Den Kampf- oder Fluchtreflex hatte ich hinter mir und befand mich im Erstarrungs-Modus. Dann setzten die Paranoia, die negativen Gedanken und die Verlegenheit ein. Ich weiß, dass ich nicht der Einzige bin, der solche Erfahrungen gemacht hat. Laut einem Bericht des *National Institute of Mental Health* leiden bis zu 73 Prozent der Bevölkerung unter der Angst vor dem Reden in der Öffentlichkeit, der Glossophobie.[12] Sogar solch berühmte Redner wie Abraham Lincoln und Mahatma Gandhi standen Ängste aus, wenn sie öffentlich eine Rede halten mussten. Gandhi sagte, „die schreckliche Anspannung beim Reden vor Leuten" habe ihn jahrelang davon abgehalten, das Wort zu ergreifen, und sei es auch nur bei einem Essen unter Freunden.[13] Diese Angst kann durch eine Kombination genetischer Veranlagungen sowie durch umweltbedingte, biologische und psychologische Faktoren verursacht werden. Menschen, die Angst haben, vor anderen zu sprechen, befürchten vielleicht, vorgeführt oder abgelehnt zu werden. Das kann mit einer einzigen schlechten Erfahrung beim Sprechen in der Öffentlichkeit zusammenhängen – mit einer Erfahrung, die so schlimm war, dass man auf keinen Fall riskieren will, so etwas noch einmal zu erleben.

Selbst wenn wir meinen, dass wir vielleicht nie in der Öffentlichkeit sprechen müssen, ist es wichtig, dass wir uns dieser Angst stellen. Vielleicht wirst du gebeten, auf der Hochzeit deines besten Freundes eine Rede zu halten (oder das wird bei deiner eigenen Hochzeit erwartet). Vielleicht möchtest du eine Trauerrede für eine nahestehende Person halten, die zeigt, was für ein toller Mensch er oder sie war. Wenn du dich erst mit dem Sprechen in der Öffentlichkeit anfreunden kannst, wirst du feststellen, dass es dir in so vieler Hinsicht nützt, wie du es nie für möglich gehalten hättest. Du kannst deine Arbeit aufwerten, die Moral deiner Teamkollegen stärken, dich unter Fremden selbstsicher fühlen und sogar bessere Witze erzählen.

Die Angst vor dem Reden in der Öffentlichkeit überwinden

Nervosität ist normal. Die beste Methode zur Überwindung der Angst vor dem Reden in der Öffentlichkeit ist Vorbereiten, Üben, Atmen.

- **Vorbereiten und Üben:** Nimm dir Zeit für die Planung und gehe deine Notizen durch. Wenn du dich mit dem Stoff vertraut gemacht hast, übe, übe, übe. Du kannst dich sogar mit dem Handy filmen oder einen Freund, eine Freundin um eine Kritik deiner Vorstellung bitten.

- **Atmen:** „Im Zweifel ausatmen" (Übung 14).

Das verwandelt deinen Stress in Ruhe und schickt den Tiger aus dem Raum ...

Sobald du mit dem Reden in der Öffentlichkeit ein wenig besser zurechtkommst, macht es dir vielleicht sogar Spaß. Dann könntest du verschiedene Übungen nutzen, um in die „Zone" zu kommen – vielleicht die

„Box-Atmung" (Übung 31), um in deinen Flow zu finden, oder die „Jedi-Atmung" (Übung 32), um dich zu fokussieren. Oder eine unserer energetisierenden Übungen – „Bauch-Brust-Ausatmung" (Übung 33), oder „Atempumpe" (Übung 34) – um dich vor deinem Auftritt ein bisschen aufzuputschen.

Pavarottis Fantasie-Freund

Die Angst vor dem Reden in der Öffentlichkeit ist eine Art Lampenfieber, und einige der größten Namen in der Unterhaltungswelt haben darunter gelitten. Zu den besten Beispielen gehört die Geschichte des großen italienischen Opernsängers Luciano Pavarotti. Es heißt, dass er sich seine Auftrittsangst in Gestalt eines kleinen Kindes vorstellen musste, damit er sich traute, auf die Bühne zu gehen. Vor jedem Konzert klopfte ein imaginärer kleiner Junge namens Angst an seine Tür, und dann traten sie Hand in Hand gemeinsam vors Publikum. Egal, wer wir sind, wir alle müssen Mittel und Wege finden, unsere Ängste zu überwinden. Pavarotti hat es auf diese Art gemacht.

ÜBUNG 35

Gut ausgedrückt

Lies diesen Absatz laut vor:

Wachstum findet statt, wenn du aus deiner Komfortzone trittst und etwas tust, was du noch nie gemacht hast. Hör auf, dir einzureden, dass du es nicht kannst, dass du nicht genügend Erfahrung hast oder dass du nicht gut genug bist. Übe, bereite dich vor und atme. Du schaffst das.

Okay, wie hast du zwischen den Sätzen geatmet? Nase oder Mund? Die meisten Menschen, die durch meine Tür kommen, atmen beim Reden zwischen den Sätzen durch den Mund und wundern sich dann, warum sie gestresst, ängstlich und müde sind.

Weißt du noch, dass ich dir in Kapitel 3 gesagt habe, du sollst den Mund zumachen? Beim Sprechen ist es nicht anders. Wir haben nie wirklich gelernt, wie man beim Sprechen atmet. Wenn du in deinem Beruf viel sprechen musst, etwa als Lehrkraft oder im Verkauf, oder wenn du jemand bist, der oft versucht, seinen Standpunkt klarzumachen (wie Menschen mit dem Archetyp der hastigen Atmung), hast du dir beim Sprechen wahrscheinlich eine japsende Mundatmung angewöhnt. Und du weißt, wie problematisch Mundatmung sein kann.

Du musst lernen, durch die Nase einzuatmen und aus dem Mund zu sprechen. Es ist nicht ganz einfach, den Dreh rauszukriegen, und es braucht ein bisschen Übung, bis du deinen Rhythmus findest. Wie immer ist Gewahrsein der erste Schritt, und wenn du es schaffst, die Mundatmung zu reduzieren, ist das schon einmal ein guter Anfang. Wenn du auf Nasenatmung umstellst, wird dein Sprechen natürlich langsamer. Das fühlt sich vielleicht erst einmal merkwürdig an, aber du klingst dadurch überzeugender, besonnener und bewusster in deiner Wortwahl.

Hier macht nur Praxis perfekt. Versuch, den Text noch einmal laut zu lesen, aber atme diesmal durch die Nase ein und sprich aus dem Mund. Und gleich noch mal.

Aus Zuständen werden Eigenschaften

In der Neurowissenschaft gibt es die Redensart „Neurons that fire together, wire together", die besagt, dass Neuronen, die gleichzeitig aktiv sind, also zusammen feuern, synaptische Verbindungen bilden. Je häufiger wir etwas denken, desto eher denken wir es wieder. Dieser Prozess ist äußerst wirkungsvoll. Die *LA Lakers*, eines der erfolgreichsten Basketballteams aller Zeiten, wurden in Gruppen aufgeteilt, um ihre Visualisierungsfähigkeiten zu testen. Eine Gruppe übte Freiwürfe, die andere sollte nur visualisieren und ans Üben von Freiwürfen denken. Das Resultat? Die

Gruppe, die nur daran dachte, aber nicht körperlich übte, verbesserte sich fast genauso stark wie die Gruppe, die auf dem Spielfeld Freiwürfe machte.

Dieses Phänomen gilt auch für emotionale Zustände. Wenn wir ängstlich sind, werden wir mit hoher Wahrscheinlichkeit ängstlich bleiben, da die Pfade im Gehirn, die mit Angst zu tun haben, immer ausgetretener werden. Wenn wir uns hingegen darin üben, uns in positive emotionale Zustände zu versetzen, steigt die Wahrscheinlichkeit, dass wir uns positiv fühlen. So können unsere Zustände mit der Zeit zu Eigenschaften werden.

Deshalb ist es so wichtig, dass wir immer wieder üben, unsere Atmung einzusetzen, um Konzentration, Kreativität und andere positive mentale und emotionale Zustände zu verbessern. Je öfter wir dies tun, desto besser werden wir. Das gilt für alle Übungen in diesem Buch. Deshalb ist es auch so wichtig, dass du dich nicht entmutigen lässt, wenn du merkst, dass sich die laserscharfe Fokussierung auf Navy-Seal-Niveau nicht von heute auf morgen einstellt. Nur Praxis macht perfekt – also bleib dran.

Kaum jemand weiß mehr über die Bedeutung von Training als Sportlerinnen und Sportler, Menschen, die regelmäßig ins Fitnessstudio gehen und andere, die ihre körperliche Gesundheit und Fitness verbessern wollen. Das steht im Fokus unseres nächsten Kapitels.

KAPITEL 9

Verbessere deine Fitness

Eine unerschlossene Ressource

„Noch 40 Sekunden!", rief Billy. „Jetzt halt die Luft an und mach weiter!"

Billy war mein Judo-Trainer. Seit Barcelona 1992 war er bei allen Olympischen Spielen dabei, entweder als Spieler oder als Trainer. Als Teil unseres Trainings ließ er uns beim *Uchi-Komi*, also wiederholten Wurfübungen, immer den Atem anhalten. Ich habe das gehasst – es hat sich wie Folter angefühlt – und ich vermutete, dass das einer seiner Tricks war, um uns abzuhärten. Billy hatte oft unorthodoxe Trainingsmethoden, und das war wohl wieder so eine verrückte Idee von ihm. Erst Jahre später, als ich ein Atemtraining zur Leistungssteigerung mit Mitgliedern der Judo-Nationalmannschaft geleitet habe und ihm dabei zufällig begegnet bin, habe ich nachgefragt, warum er uns das hatte machen lassen. „Das koreanische Team hat es gemacht, und die waren damals die Besten der Welt", sagte er achselzuckend. „Also habe ich es in euer Programm aufgenommen."

Billy war das damals vielleicht nicht klar, aber wie sich herausstellt, ist der Ansatz des koreanischen Teams wissenschaftlich absolut fundiert und womöglich einer der Gründe, warum sie es an die Spitze geschafft haben. Ich erkläre dir gleich, wie. Zunächst aber wollen wir uns mit dem Zusammenhang zwischen Atmung und Leistung beschäftigen.

Egal, ob du olympisches Gold anstrebst, deine persönliche Bestzeit unterbieten oder einfach nur deine allgemeine Fitness verbessern willst, damit du mit deinen Kindern spielen kannst, ohne nach fünf Minuten außer Puste zu kommen – Atemarbeit ist enorm hilfreich. Wenn du verstehst, wie Atmung mit Fitness und Leistung zusammenhängt, kannst du nicht nur in deiner Sportart Fortschritte erzielen, sondern auch im Alltag die Effizienz deiner Atmung steigern und deine Gesundheit stärken.

Überleg doch mal. Was hält dich davon ab, den einen Kilometer mehr zu laufen oder bei deinem Workout oder Fitnesstraining noch eine Runde draufzulegen? Was zwingt dich, zwischendurch stehen zu bleiben, wenn der Aufzug ausfällt und du die Treppe nehmen musst?

Normalerweise ist es so, dass dir „die Puste ausgeht". Ein überwältigendes Gefühl der Atemnot zwingt dich zum Aufhören, oder deine Muskeln ermüden, und wegen der angesammelten Milchsäure setzen Schmerzen ein. Manchmal auch beides.

Weil Sauerstoff der Treibstoff für deine Muskeln ist, brauchst du umso mehr Sauerstoff, je aktiver du bist. Sauerstoff gibt deinen Muskeln die Energie, die sie brauchen, um ihre vermehrte Aktivität aufrechtzuerhalten. Dabei entsteht aber auch mehr Kohlendioxid. Du erinnerst dich aus Kapitel 3, dass das Bedürfnis zu atmen durch einen erhöhten Kohlendioxidgehalt im Blut ausgelöst wird. Der macht deinen pH-Wert saurer, und das führt zu dem Gefühl der Atemnot. Das heißt, je aktiver du bist, desto mehr signalisiert dein Gehirn, dass du schneller atmen musst, und dein Herz schlägt schneller, um den Austausch von Sauerstoff und Kohlendioxid aufrechtzuerhalten. Je effizienter du also deine Muskeln mit Sauerstoff versorgen und je eher du einen erhöhten Kohlendioxidgehalt tolerieren kannst, desto besser ist dein Atmungssystem, desto besser ist deine Gesundheit im Alltag und desto besser sind deine Resultate im Fitnessstudio.

Alle, die aufgrund von schlechten Atemgewohnheiten, Verletzungen, Krankheiten oder geringer Kohlendioxidtoleranz eine unzureichende Sauerstoffzufuhr haben, werden bei körperlicher Aktivität wahrscheinlich schnell Atemnot verspüren. Vielleicht fällt es dir sogar schwer, bis zum nächsten Laden zu gehen oder eine Treppe hinaufzusteigen, ohne außer Atem zu kommen. Damit wir alle ein gesundes, aktives Leben führen können, ist es deshalb wichtig, dass wir eine Kohlendioxidtoleranz aufbauen und damit das Einsetzen von Atemnot hinauszögern. Aber es gibt noch ein weiteres Teil im Atmungspuzzle.

Wenn du mit der aeroben Atmung (unter Verwendung des Luftsauerstoffs) den Energiebedarf für eine bestimmte Aktivität nicht decken kannst oder wenn deine Zellen keinen Sauerstoff mehr haben, beginnt ein neuer Prozess: die *anaerobe Atmung*. Die anaerobe Atmung braucht keinen Sauerstoff aus der Luft. Sie funktioniert, indem während eines internen Gärungsprozesses, der sogenannten *Glykolyse*, eine relativ kleine Menge ATP freigesetzt wird (die Energiequelle deiner Zellen, wie wir zu Beginn von Kapitel 1 besprochen haben). Bei diesem Prozess entsteht ein Abfallprodukt, die Milchsäure, die Schmerzen in deinen Muskeln verursacht und deine Leistungsfähigkeit verringert, und zwar nicht nur in deiner Sportart, sondern auch in deiner allgemeinen Atemökonomie und Gesundheit.

Das winzige Bisschen mehr

Zwischen 1908 und 2008 haben britische Radsportler bei den Olympischen Spielen nur eine einzige Goldmedaille gewonnen. Bei der Tour de France, dem größten und berühmtesten Radrennen der Welt, hatte seit 110 Jahren kein britischer Radsportler mehr gesiegt. Doch um die Jahrtausendwende geschah etwas Merkwürdiges. 1998 heuerte *British Cycling* einen unkonventionellen Sportwissenschaftler und Fahrradverkäufer namens Dave Brailsford als Berater an und ernannte ihn 2003 zum Sportdirektor. Er verfolgte eine kühne neue Strategie, die auf dem Grenzertragstheorem basierte.

„Das ganze Prinzip beruht auf folgender Idee: Wenn man alles irgend Erdenkliche, was beim Radfahren eine Rolle spielt, einzeln betrachtet und dann um ein Prozent verbessert, erzielt man zusammengenommen eine signifikante Verbesserung", sagte er.[1] Also konzentrierte sich Daves Team zwar auf die Verbesserung der Aerodynamik, blieb aber dabei nicht stehen. Sie überarbeiteten die Fahrradsitze, um sie bequemer zu machen; sie testeten verschiedene Massagegels, um herauszufinden, bei welchem die Muskeln am schnellsten regenerieren; sie ermittelten, mit welchen Kissen und

Matratzen die Fahrer jeweils am besten schliefen; und sie strichen sogar den Innenraum des Team-Trucks weiß, um kleine Staubpartikel zu entdecken, die normalerweise übersehen werden, aber die Leistung der sorgfältig eingestellten Räder beeinträchtigen könnten. Sie dachten an alles und jedes, was auch nur ein Prozent effektiver gemacht werden könnte, um die Leistung insgesamt deutlich zu verbessern. Das ist eine tolle Sicht auf das Leben und die Arbeit im Allgemeinen, nicht nur auf den Sport.

Und es hat funktioniert. Bei den Olympischen Spielen 2008 in Peking gewannen britische Radsportler 60 Prozent aller verfügbaren Goldmedaillen. In London 2012 stellten sie neun olympische Rekorde und sieben Weltrekorde auf. Im selben Jahr gewann ein britischer Radsportler – Bradley Wiggins – die Tour de France. Im nächsten Jahr gewann sie ein anderer britischer Radrennfahrer – Chris Froome. Und dann gewann er sie wieder – 2015, 2016 und 2017. Das sind fünf Tour-de-France-Siege in sechs Jahren. In den zehn Jahren von 2007 bis 2017 haben britische Radsportlerinnen und Radsportler insgesamt 178 Weltmeisterschaften, 66 olympische oder paralympische Goldmedaillen und fünf Mal die Tour de France gewonnen.

Als ich also im grünen Henley-on-Thames auftauchte, um mit olympischen Ruderern zu arbeiten, wollten sie wie die Radfahrer das kleine Bisschen extra – das eine Prozent bei der Atmung –, das in Kombination mit weiteren kleinen Verbesserungen viel ausmachen würde. Einer von ihnen sagte: „Unser Rhythmus im Wettkampf hängt zu einem großen Teil davon ab, wie wir atmen. Bei unseren Wettkämpfen war das schon immer ein sehr beherrschender Aspekt." Ein anderer ergänzte: „In einem olympischen Finale gibt es 200 Schläge, und in jeden einzelnen Schlag ist enorm viel Arbeit geflossen. Wenn wir also einen dieser Schläge auch nur um einen Prozentpunkt besser machen können, kommt ganz schön was zusammen."[2]

Sauerstoff ist der Treibstoff für deine Muskeln. Damit du überhaupt irgendetwas tun kannst – sprechen, gehen oder trainieren – musst du deine Muskeln mit Sauerstoff versorgen. Eine bessere Atmung würde den Ruderern bestimmt einen Grenzertrag bringen. Ich fand allerdings schnell heraus, dass das Verbesserungspotenzial bei weit über einem Prozent lag.

Es machte mich sprachlos, wie einige dieser großen Athleten atmeten. Ein Ruderer atmete hauptsächlich in die Brust. Ein anderer hatte eine unterdurchschnittliche Sauerstoffsättigung, was bedeutet, dass seine Atmung seine Muskeln nicht effektiv mit Energie versorgte. Das zeigt, dass selbst Sportlerinnen und Sportler in Bestform so atmen können, dass ihre allgemeine Funktions- und Leistungsfähigkeit eingeschränkt ist. Das ist hochspannend. Stell dir nur einmal vor, was für übermenschliche Leistungen wir sehen könnten, wenn Spitzensportlerinnen und Spitzensportler die Kraft der Atmung wirklich begreifen würden. Möglicherweise erleben wir dann nicht nur Grenzerträge, sondern gewaltige Leistungssteigerungen. Und wenn schon Profisportlerinnen und Profisportler besser atmen könnten, was bedeutet das dann erst für uns?

In einem ersten Schritt mussten die Ruderer (genau wie du) dafür sorgen, dass ihre Atemmechanik richtig funktioniert. Inzwischen hast du bei deiner Atmung hoffentlich ein bisschen was verändert. Aber jetzt möchte ich insbesondere darauf eingehen, wie du bei körperlicher Anstrengung atmest.

ÜBUNG 36

Visualisierung der Atemmechanik

Ich möchte, dass du dir vorstellst, dass du gerade Sport machst. Du könntest alles Mögliche tun: Laufen, Wandern, Tanzen, Gewichtheben – was du eben gerne machst.

- Stell dir vor, dass du dich zu maximaler Intensität antreibst.

- Wie atmest du?

- Atmest du in die Brust oder in den Bauch?

- Durch die Nase oder durch den Mund?

- Wie fühlst du dich?

Wenn es dir schwerfällt, dir das vorzustellen, achte beim nächsten Training genau darauf, wie du atmest. Denk dran, Gewahrsein ist der erste Schritt für alles. Wenn du möchtest, kannst du auch jetzt gleich auf der Stelle laufen oder fünf Minuten lang ein paar Sternsprünge machen, um herauszubekommen, wie du atmest.

In vielen Sportarten kannst du dir das Atmen

●

durch die Nase durchaus antrainieren.

Nase, Nase, Nase!

Wie du in den vorangegangenen Kapiteln gelernt hast, führt die effektivste Methode, Luft in deine Lungen zu bekommen, durch die Nase unter Einsatz deines Zwerchfells. Das ist beim Sport nicht anders. Und doch, wenn du so wie die meisten Läuferinnen und Läufer bist, die ich bei mir zu Hause am Kanal entlangschnaufen sehe, dann atmest du durch den Mund, vor allem, wenn die Bewegungsintensität zunimmt. Das passiert ganz von allein, wenn wir das Gefühl haben, dass wir für eine bestimmte Tätigkeit nicht schnell genug ausreichend Luft bekommen – unsere Atmung beschleunigt sich, wird kurz und flach, und wir schalten um auf Mundatmung. Die Mundatmung bietet einen geringeren Luftwiderstand als die Nasenatmung. Der Brustkorb bewegt sich kurz und flach, sodass wir unseren Durst nach Luft schneller stillen können. Das erscheint zwar als schnelle Lösung, doch Forschungsergebnisse deuten darauf hin, dass die Mundatmung für die Sauerstoffversorgung weniger ökonomisch ist.

Dies wurde im Rahmen einer Studie der *Colorado State University* untersucht.[3] Die Forschenden untersuchten Freizeitläuferinnen und Freizeitläufer, die sechs Monate lang beim Training ausschließlich durch die Nase geatmet hatten. Ihre VO$_2$ max, die maximale Rate des Sauerstoffverbrauchs („V" für Volumen, „O$_2$" für Sauerstoff und „max" für Maximum), veränderte sich bei Nasenatmung gegenüber Mundatmung nicht. Aber ihre Atemzüge pro Minute nahmen bei Nasenatmung ab, was bedeutet, dass sie mit weniger Atmung genauso viel Leistung bringen konnten. Weniger zu atmen, ist ökonomischer und für das System weniger belastend als eine hechelnde, hyperventilierende Atmung.

Wie du jetzt ja weißt, besteht eine Hauptaufgabe deiner Nase darin, dein Atmungssystem zu unterstützen – sie bereitet die Luft auf, filtert Partikel aus und fügt Feuchtigkeit und Wärme hinzu, um den Lufteintrag in die Lunge zu verbessern. Bei Nasenatmung wird außerdem Stickstoffmonoxid freigesetzt, was den Blutfluss erhöht und den Blutdruck senkt. Wenn du nicht durch die Nase atmest, kann das zu Komplikationen führen.

Bei der Routineuntersuchung der britischen Olympiamannschaft vor den Olympischen Spielen 2004 in Athen wurde festgestellt, dass 21 Prozent der Athleten an Belastungsasthma leiden (dabei verengen sich die Atemwege, sodass das Atmen schwerfällt) – doppelt so viele wie in der britischen Bevölkerung.[4] Das ist unglaublich und ergibt in logischer Hinsicht wenig Sinn. Warum sollte Belastungsasthma bei den fittesten Menschen des Landes so häufig vorkommen? Im Wintersport ist es anscheinend sogar noch weiter verbreitet: Einige Studien zeigen Quoten zwischen 35 und 50 Prozent im Spitzensport bei Eiskunstlauf, Eishockey und Skilanglauf.[5] Was ist da los? Vielleicht kannst du es dir denken.

Wissenschaftlerinnen und Wissenschaftler vermuten, dass Menschen mit Belastungsasthma während des Sports vermehrt zu Mundatmung neigen, wodurch die Feuchtigkeit in den Atemwegen abnimmt und es zu Dehydrierung und Entzündungen kommt.[6] Nasenatmung bietet jedoch einen guten Schutz davor. Untersuchungen haben gezeigt, dass eine ausschließliche Nasenatmung während des Sports eine atemwegsverengende Reaktion verhindert.[7] Natürlich gibt es Sportarten, bei denen reine Nasenatmung unmöglich ist – am offensichtlichsten wohl beim Schwimmen. Aber in vielen Sportarten kannst du dir das Atmen durch die Nase durchaus antrainieren.

Wohin geht das Fett?

Hast du dich schon einmal gefragt, wohin dein Gewicht verschwindet, wenn du abnimmst? Verdunstet es? Schwitzt du es aus? Verschwindet es in der Klospülung? Im Äther?!

Darüber, wie Menschen abnehmen, gibt es weit verbreitete Missverständnisse. Fett kann sich nicht einfach wie von Zauberhand in Wärme oder Energie umwandeln – das würde dem Massenerhaltungssatz widersprechen. Fett wird auch nicht in kleinere Teile aufgespalten. Ebenso wenig wird ein Großteil ausgeschieden oder in Muskeln umgewandelt, auch wenn manche das glauben.

Wo geht es also hin? Du kannst dir wahrscheinlich schon denken, was kommt. Genau, das meiste wird ausgeatmet.

> **Und das geht so:**
> Das durchschnittliche menschliche Fettmolekül hat die chemische Zusammensetzung C55H104O6. Das klingt wie ein Roboter aus *Star Wars*, bedeutet aber, dass Fett aus 55 Kohlenstoffmolekülen, 104 Wasserstoffmolekülen und sechs Sauerstoffmolekülen besteht. Wenn du dich mehr bewegst und weniger isst und dadurch ein Energiedefizit im Körper entsteht, wird das Fett „verbrannt", das heißt, es wird in folgende Moleküle aufgespalten: Kohlenstoff, Wasserstoff und Sauerstoff.

Nun wissen wir bereits, dass aus Glukose und Sauerstoff ATP, das wichtigste Molekül zur Speicherung und Übertragung von Energie in den Zellen, sowie Kohlendioxid und Wasser entsteht. Wenn nicht genug Glukose im Körper vorhanden ist, um den Energiebedarf zu decken, holt sich dein Körper die Energie aus deinen Fettzellen. Das bedeutet, dass der Großteil deines Fetts, nämlich 84 Prozent, als Kohlendioxid ausgeatmet wird, und die anderen 16 Prozent ausgeschwitzt, über den Urin oder als Wasser ausgeschieden werden.

Ich weiß, was du jetzt denkst. Wenn ich in diese Jeans passen will, kann ich dann einfach mehr atmen? Leider nicht. Der Umstieg auf die Fettreserven wird durch das Energiedefizit ausgelöst.

Deine Nase ist eine Smartwatch

Die Umstellung auf Nasenatmung während des Trainings kann anfangs eine Herausforderung sein. Der Körper braucht Zeit, um sich daran zu gewöhnen. Wir haben das bereits bei „Lass die Nase machen" (Übung 6) in Kapitel 3 geübt. Auch die „Box-Atmung" (Übung 31) und die „Jedi-Atmung" (Übung 32) können das Gefühl des Lufthungers mildern. Wenn du weißt, dass Lufthunger nicht dein Feind ist, kannst du die Nasenatmung zunächst beim Aufwärmen und beim Cool-Down vor beziehungsweise nach dem eigentlichen Training üben.

Dann ändere deine Einstellung zu deiner Aktivität. Nehmen wir an, du gehst eine Runde laufen. Anstatt an deine Geschwindigkeit oder Zeit zu denken, mach einfach so viel, wie deine Nasenatmung hergibt. Atme während des Laufens nur durch die Nase. Immer wenn du „außer Atem" bist oder das Bedürfnis hast, durch den Mund zu atmen, werde langsamer und geh ein Stück, bis du wieder zu Atem kommst. Atme einfach weiter durch die Nase, egal was passiert. Wenn deine Nase verstopft ist, dann denk an unsere „Nasefrei-Technik" aus Kapitel 3 (Übung 4). Mit der Zeit entwickelt sich deine Fähigkeit zur Nasenatmung beim Laufen immer weiter, und sie fällt dir leichter.

Ich nutze meine Nasenatmung beim Laufen fast wie eine Smartwatch, die mir signalisiert, wann mein Körper versucht, von aerober auf anaerobe Atmung umzuschalten. So kannst du an der Entwicklung deiner aeroben Schwelle arbeiten, die Milchsäurebildung begrenzen und Muskelkater vorbeugen. Das Restriktive der Nasenatmung hält dich eher in einem aeroben Zustand. Wenn du das Bedürfnis verspürst, durch den Mund zu atmen, etwa wenn du an einen steilen Anstieg kommst oder schneller wirst, schaltest du eher auf anaerob um. Spiele also mit dieser Schwelle: Finde ein Tempo, bei dem du nahe an das Bedürfnis, durch den Mund zu atmen, herankommst, aber nicht so stark, dass du musst. Und denk dran: Wenn du außer Atem kommst, mach langsamer und geh ein Stück, aber atme immer nur durch die Nase.

Wir brauchen mehr Hämoglobin-Busse

Gehen wir noch einmal zurück zu Kapitel 3 und erinnern uns an den Hämoglobin-Bus. Angetrieben von deinem Herzen transportiert der Hämoglobin-Bus den Sauerstoff aus der Lunge zu den Zellen und lässt ihn nur dann bei den Zellen aussteigen, die ihn brauchen, wenn diese bereits die entsprechende Menge Kohlendioxid enthalten. Jeder Hämoglobin-Bus hat nur vier Sitze. Wenn du also bloß über eine begrenzte Anzahl von Bussen verfügst, schafft es der Sauerstoff in der Lunge nicht rechtzeitig zur Arbeit, und die benötigte Energie wird durch den anaeroben

Atmungsprozess erzeugt. Dadurch entsteht Milchsäure, und du verspürst Schmerzen und Atemnot.

Wenn du also neben der Nasenatmung während des Trainings mehr Hämoglobin-Busse bauen und auf den arteriellen Autobahnen zusätzliche Fahrspuren einrichten kannst, damit die Busse leichter vorankommen, kannst du deine aerobe Atmungskapazität erhöhen. Die zusätzlichen Fahrspuren auf der Autobahn sind ziemlich einfach, denn durch die Nasenatmung wird Stickstoffmonoxid nutzbar gemacht, dadurch weiten sich wiederum die Blutgefäße, und auf den Autobahnen entsteht mehr Platz. Mit unserer Summtechnik, die du bei „Erkennen-Atmen-Umdenken" geübt hast (Übung 21) kannst du noch mehr Stickstoffmonoxid nutzen. Der Bau von mehr Bussen erfordert allerdings etwas größere Interventionen. Du musst mehr rote Blutkörperchen herstellen, denn rote Blutkörperchen enthalten Hämoglobin.

Sei (nicht) wie Lance

Es gibt ein körpereigenes Hormon, das das Knochenmark dazu anregt, mehr rote Blutkörperchen zu bilden. Es heißt Erythropoetin (EPO). Mehr rote Blutkörperchen bedeuten, dass mehr Hämoglobin-Busse zur Verfügung stehen, um Sauerstoff zur Arbeit in deinen Muskeln zu bringen. In der Medizin wird EPO Patienten mit chronischen Krankheiten verabreicht, die das Knochenmark unterdrücken. Es verhilft ihnen zu mehr Energie und erhöht die Leistungsfähigkeit im Alltag. EPO ist jedoch aus einem ganz anderen Grund ins Rampenlicht geraten, nämlich als der blamierte Radrennfahrer Lance Armstrong gegenüber Oprah Winfrey zugab, dass er bei allen sieben Tour-de-France-Siegen illegal EPO gespritzt sowie einen Cocktail aus weiteren leistungssteigernden Substanzen eingenommen hatte, um seine aerobe Kapazität zu erhöhen und sich so immer wieder aufs Podium zu mogeln. Hätte Lance nur nicht diese Abkürzung genommen und stattdessen daran gearbeitet, die leistungssteigernde Wirkung von EPO auf natürliche (und legale) Weise durch Atemarbeit zu erzielen.

In sauerstoffarmer Umgebung erhöht der Körper von Natur aus die EPO-Konzentration, um die Sauerstoffzufuhr zu fördern. Deshalb hast du vielleicht schon von Sportlern gehört, die in der Höhe trainieren. Intensives Höhentraining ist zwar schwierig, aber wenn ein Sportler auch in der Höhe schläft, steigert der erhöhte EPO-Effekt seine Leistung drastisch, wenn er auf Meereshöhe antritt. Daher wurden Hypoxie-Zelte entwickelt (*Hypo* bedeutet „niedrig" und *oxie* bezieht sich auf Sauerstoff), in denen Sportlerinnen und Sportler stundenlang schlafen oder herumliegen können, was die EPO-Produktion anregt. Wenn das EPO im Körper ansteigt, steigt auch die Anzahl der roten Blutkörperchen und die Sauerstofftransportkapazität des Sportlers oder der Sportlerin. Das verschafft ihnen einen Vorteil, wenn sie auf Meereshöhe zum Wettkampf antreten. Das ist eine völlig legale Strategie und wird von der Welt-Anti-Doping-Agentur (WADA) akzeptiert. Außer wenn Geld keine Rolle spielt, ist es jedoch eher unwahrscheinlich, dass du dir auf diese Weise die zusätzliche Energie verschaffst, um mit deinen Kindern zu spielen oder beim örtlichen Parkrun deine persönliche Bestzeit zu unterbieten. Die gute Nachricht ist, dass sich ein ähnliches Ergebnis auch mit einem etwas anderen Ansatz erreichen lässt.

Live Low – Train High
(Die Trainingsmethode „unten leben, oben trainieren")

Eine weitere Möglichkeit, das EPO zu erhöhen, besteht darin, auf Meereshöhe zu leben, aber in der Höhe zu trainieren, was, wie ich gerade erwähnt habe, körperlich schwierig ist. (Ein weiterer Knackpunkt: Du hast vielleicht keinen Zugang zu Höhe.) Aber du kannst Höhe durch hypoxische Atemtechniken und Hypoventilation simulieren – einfach ausgedrückt: Atem anhalten. Bevor wir uns damit befassen, muss klargestellt werden, dass bewusstes Atemanhalten etwas anderes ist als die unbewussten Atemanhalte-Muster, mit denen wir uns in den vorherigen Kapiteln beschäftigt haben. Hier geht es um eine bewusste Praxis des Atemanhaltens, um positive Veränderungen im Körper herbeizuführen; nicht darum, es sich im Alltag zur Angewohnheit zu machen.

Zu den Pionieren auf diesem Gebiet gehörte ein Mann, der einmal als „größter Läufer aller Zeiten" und „tschechische Lokomotive" bezeichnet wurde, Emil Zátopek. Er fing nur an zu laufen, weil die Chefs in der Schuhfabrik, in der er arbeitete, ihn zu einem Betriebslauf zwangen. Und das war nicht das einzig Unkonventionelle an ihm. So sagte Larry Snyder, der damalige Leichtathletiktrainer der *Ohio State University*: „Er macht alles falsch, außer dass er gewinnt."[8]

Genau wie mein Judo-Trainer Billy es von uns verlangt hat, hielt Zátopek beim Training oft die Luft an, was damals als merkwürdig galt, heute aber von der modernen Wissenschaft bestätigt wird. Ihm war klar, dass sein Körper, wenn er hart trainiert und dabei weniger Sauerstoff aufnimmt (Hypoventilation), den Sauerstoff würde effizienter nutzen müssen. Und genau das ist passiert. Zátopek brach 18 Weltrekorde und blieb sechs Jahre lang bei den 10.000 Metern ungeschlagen.

Es gibt zwei Möglichkeiten willentlicher Hypoventilation: entweder bei hohem Lungenvolumen – du atmest ein und hältst den Atem mit vollen Lungen an – oder bei niedrigem Lungenvolumen – du atmest aus und hältst den Atem mit leeren Lungen an. Die Hypoventilation bei hohem Lungenvolumen, wie sie jahrzehntelang von Schwimmern oder Läufern wie Zátopek praktiziert wurde, führt zu einem Anstieg der Kohlendioxidkonzentration. Weitere Studien der Universität Paris haben jedoch gezeigt, dass Hypoventilation bei niedrigem Lungenvolumen sowohl einen Anstieg der Kohlendioxidkonzentration (hyperkapnischer Effekt) als auch einen Abfall des Sauerstoffgehalts (hypoxischer Effekt) in Blut und Muskeln hervorrufen kann, was einen Aufenthalt in der Höhe simuliert, um einen Anstieg von EPO zu fördern.[9] Wenn die Technik des Luftanhaltens nach dem Ausatmen richtig angewandt wird, kann ein ähnlicher Abfall des Sauerstoffgehalts im Blut erreicht werden wie in Höhen über 2.000 Metern.

Leistungssteigerung auf dem Spielfeld

In vielen Sportarten wie Rugby oder Fußball ist die Fähigkeit, wiederholt zu sprinten und sich zu erholen, eine wichtige Fitnessvoraussetzung. Xavier Woorons von der Universität Lille führte eine vierwöchige Studie mit 21 durchtrainierten Rugbyspielern durch, um die Auswirkungen eines wiederholten Sprinttrainings bei einer durch willentliche Hypoventilation bei geringem Lungenvolumen ausgelösten Hypoxie zu untersuchen.[10]

Die Spieler absolvierten so lange wiederholt im Abstand von 30 Sekunden 40-Meter-Sprints, bis sie bei einem Sprint unter 85 Prozent ihrer Höchstgeschwindigkeit fielen. Dann wurden die Probanden anhand ihres Leistungsniveaus in Paare sowie nach dem Zufallsprinzip in Gruppen eingeteilt: Eine Gruppe führte das wiederholte Sprinttraining wie üblich durch, die andere machte Sprints mit Ausatmen und Atemanhalten (oder intermittierendes Hypoxie-Training). Woorons und seine Kollegen stellten fest, dass die Anzahl der Sprints, die die Hypoxie-Trainingsgruppe absolvierte, am Ende der Studie signifikant höher war. Nach vier Wochen hatte sich diese Gruppe von 9,1 Sprints auf 14,9 Sprints verbessert, während die normal Trainierenden nur eine leichte Verbesserung von 9,8 auf 10,4 Sprints zeigten. Die Maximalgeschwindigkeit änderte sich nicht, nur die Fähigkeit, das Tempo länger durchzuhalten, was zeigt, dass es sich um eine wirksame Strategie zur Verbesserung der Fähigkeit zu wiederholten Sprints bei Mannschaftssportlern handelt.

Bewusstes Atemanhalten für kurze, intermittierende Zeiträume kann die Lebenserwartung erhöhen.

Mehr als Leistung

Wenn wir verstehen, wie der Körper in einer sauerstoffarmen Umgebung reagiert, indem wir bewusst die Luft anhalten, hat das nicht nur Vorteile für unsere körperliche Leistungsfähigkeit.

Stammzellen zum Beispiel – die eine entscheidende Rolle bei der Verlangsamung des Alterungsprozesses spielen – überleben in einer sauerstoffarmen Umgebung nachweislich länger und erneuern sich.[11] Bewusstes Atemanhalten induziert nachweislich auch p53, den sogenannten „Wächter des Genoms"[12], der als wichtigstes Protein für die Tumorsuppression gilt.[13] Ein Funktionsverlust von p53 unterstützt das Tumorwachstum bei den meisten epithelialen Krebsarten, die nach Angaben des *National Cancer Institute* 80-90 Prozent aller Krebsarten ausmachen.[14] (Epithelgewebe findet sich überall im Körper: in der Haut sowie in der Hülle und Auskleidung von Organen und inneren Gängen wie dem Magen-Darm-Trakt). Bewusstes Atemanhalten, nicht unbewusste Atemanhalte-Muster, kann auch zu einer erhöhten Produktion von Stickstoffmonoxid beitragen, das neben den bereits erwähnten Vorteilen die körpereigenen Abwehrmechanismen gegen oxidative Schäden unterstützen kann. Das zeigt deutlich, wie sehr Atemarbeit deine körperliche Gesundheit bis hinunter zur Zellebene verbessern kann.

Wieder einmal bestätigt die Forschung, was verschiedene Überlieferungen seit Jahrhunderten behaupten. Außerdem haben Forschende herausgefunden, dass bewusstes Atemanhalten für kurze, intermittierende Zeiträume die Lebenserwartung erhöhen kann, weil es die Gesundheit der Stammzellen erhält.[15] Zudem kann es dazu führen, dass der Körper Stammzellen freisetzt, um größere Schäden zu reparieren und Krankheiten wie Parkinson vorzubeugen bzw. sie zu lindern.[16] Atemanhalten kann auch allgemein die Gehirnfunktion erhalten[17] (beim Menschen ist dies allerdings nur theoretisch möglich; Studien wurden bisher lediglich an Salamandern durchgeführt) sowie die Resistenz gegen bakterielle Infektionen erhöhen.[18]

Der Zusammenhang zwischen Atmung und Immunabwehr war kaum bekannt, bis ein Mann, der von der Kraft der Atmung überzeugt war, sich vornahm, die wissenschaftlichen Lehrbücher neu zu schreiben – und sein Ziel erreichte.

Wim „The Iceman" Hof

„Atme ein, atme aus. Lass dich einfach treiben. EIN, AUS, EIN, AUS. In den Bauch, in die Brust und lass es raus. Wie eine Welle. So ist es gut, ganz ein ... lass es raus ... mach einfach weiter, atme weiter. Ganz ein ... lass es raus ... Gib alles. Atme in deinen Hintern, wenn es sein muss. Letzte Runde ... ganz ein ... und rauslassen. Ab jetzt Atem anhalten. Lass den Körper machen, wozu der Körper fähig ist ... Entspanne bis zum Tiefsten, egal, was es braucht ..."

Das war meine erste Begegnung mit Wim Hof; er unterrichtete in einem gestopft vollen Saal in London. Wim war eine erfrischende Bereicherung in der Welt der Atemarbeit. Er brachte Leben in die Bude und holte die Atemarbeit aus der Esoterik-Ecke in den Mainstream. Hier in diesem überfüllten Raum saßen vor allem harte Kerle: Rugbyspieler, Fitness-Trainer, Sportverrückte und A-Typen in Trainingsklamotten; Menschen, die ihren Körper und ihren Geist gern bis an die Grenzen treiben und immer auf der Suche nach etwas sind, womit sie die Nase vorn haben.

Genau das macht der niederländische Draufgänger Wim. Er verschiebt die Grenzen des Menschenmöglichen. In gewisser Weise ist er wie ein moderner Swami Rama, nur zugänglicher. Er behauptet, alles, was er kann, kannst du auch. Und er zeigt den Leuten, wie.

Den Spitznamen „Iceman" hat sich Wim Hof nach etlichen Stunts und mehreren Weltrekorden verdient. Er ist live im Fernsehen durch einen überfrorenen See geschwommen und dann sofort wieder hineingesprungen, um einen Zuschauer zu retten, der ins eiskalte Wasser gefallen war. 2007 hat er den Mount Everest bis auf 7.400 Meter Höhe bestiegen, ohne Thermowäsche, zusätzlichen Sauerstoff oder Schutzbrille, nur in Shorts und offenen Sandalen. In ähnlicher Aufmachung bestieg er außerdem den Kilimandscharo und lief einen Halbmarathon oberhalb des Polarkreises barfuß. Nachdem er fünfzig Meter unter dem Polareis geschwommen war, vereiste seine Netzhaut, er musste gerettet werden und wäre fast gestorben. Als alle dachten, er könne nur Kälte ertragen, lief er einen Marathon in der Namib-Wüste an der Südwestküste Afrikas – ohne währenddessen Wasser zu trinken.

„Du nutzt Stress, um das Ziel zu erreichen", sagt er. Sein Lehrer? Die kalte und harte Natur. Sein Geheimnis? „Atme, du Arschloch!"

Wim nutzt die Tummo-Atemtechnik, die tibetische Mönche praktizieren, um sich aufzuwärmen, dazu Atemanhalten und Kälteexposition. Er hat die von ihm so genannte „Wim-Hof-Methode" entwickelt, die weltweit eine große Anhängerschaft gefunden hat. Diese Methode kombiniert Atemarbeit und Kälteeinwirkung, um den Körper zu zwingen und einem Schock auszusetzen. Du hyperventilierst 30 tiefe Atemzüge lang und hältst den Atem dann so lange wie möglich an. Nach ein paar Runden springst du ins Eiswasser und kontrollierst dabei deine Atmung. Bei seiner Methode geht es darum, auf kontrollierte Weise die natürliche Sympathikus-Stressreaktion des Körpers zu nutzen, um die Grenzen des Menschenmöglichen zu verschieben.

Wim Hofs Geschichte ist die eines Menschen, der das Unmögliche durch Atmen möglich gemacht hat. Eine der tiefgreifendsten Anwendungsformen dieser Technik, mit der man sich sogenannte „übermenschliche Kräfte" verschaffen kann, betrifft das autonome Nervensystem und die Immunantwort. Wim behauptete, er könne sein autonomes Nervensystem willentlich beeinflussen und auf seine Immunität einwirken. Also wurde ihm unter den wachsamen Augen niederländischer Forschender ein Endotoxin injiziert. Dann wandte er seine Atemtechnik an und dämpfte, wie er behauptete, seine Immunreaktion, so dass er nicht krank wurde und keine unerwünschten Symptome entwickelte.[19]

Erstaunt überlegten die Wissenschaftlerinnen und Wissenschaftler, ob Wims Gene von denen des Durchschnittsmenschen abweichen und er deshalb Endotoxinen in seinem Blut widerstehen kann. Aber Wim behauptete das Gegenteil und sagte, das könne jeder. Daher wurde eine weitere Studie mit 30 gesunden Männern durchgeführt; 18 trainierten nach seiner Methode, die übrigen zwölf waren eine Kontrollgruppe, die nicht trainiert wurde. Allen Teilnehmern wurde das Endotoxin verabreicht –

die Kontrollgruppe zeigte die typischen Symptome der Immunantwort (Fieber, Übelkeit, Kopfschmerzen und Schüttelfrost), während diejenigen, die mit Wim trainiert hatten, keine akuten Symptome zeigten, weniger Entzündungen hatten und sich schnell erholten.

In gewisser Weise versucht Wim Hof, die Extreme nachzuerleben, die wir in der Natur aushalten müssten. Diese würden akute Stressreaktionen auslösen, die unseren Körper zu Dingen befähigen, die wir nie für möglich gehalten hätten.

Das moderne Leben des Menschen ist ziemlich luxuriös. Wenn uns kalt ist, drehen wir die Heizung auf; wird uns zu heiß, schalten wir die Klimaanlage ein. Durch den technischen Fortschritt und die Entwicklung unseres Gehirns wurde unsere ganze Art von der natürlichen Kraft abgekoppelt, die uns dahin gebracht hat, wo wir heute sind. Oft leben wir im Halbschlaf – oder im halbwachen Zustand. Mit extremeren Atemübungen und indem wir uns, bei gleichzeitiger innerer Ruhe, kontrolliert körperlichen Stresssituationen aussetzen, können wir unseren Körper zu einem Reset und zur Anpassung zwingen, was sowohl unseren Körper als auch unseren Geist verändert.

Atmen fürs Immunsystem – Die Wim-Hof-Studie

Wenn Toxine in deinen Körper gelangen, lösen sie eine angeborene Immunantwort aus, die sich zur Infektionsabwehr bereitmacht. Wenn die Immunantwort einsetzt, werden kleine Proteine ausgeschüttet, die sogenannten Zytokine, und du erlebst physiologische Veränderungen: Fieber, Übelkeit, Schüttelfrost, Kopfschmerzen und so weiter.

Die Kombination aus bewusster intermittierender Hyperventilationsatmung und starkem Atemanhalten verändert die Körperchemie, löst eine Stressreaktion aus und überflutet den Körper in der Folge mit Adrenalin. Dies führt nachweislich zu einem Anstieg von Interleukin 10 – einem wichtigen Signalprotein, das als entzündungshemmendes Zytokin wirkt und die Freisetzung weiterer, zu Entzündungen führender Zytokine hemmt. Auch wenn die Entzündungsreaktion unterdrückt wird, löst das erhöhte Adrenalin einen Anstieg der weißen Blutkörperchen im Blut aus, die dann zur Bekämpfung des Toxins zur Verfügung stehen.

Das Immunsystem arbeitet also trotz der gedämpften Entzündungsreaktion im Hintergrund. Das zeigt, dass du dein autonomes Nervensystem bewusst hacken und eine akute Stressreaktion nutzen kannst, um Toxine oder Infektionen zu bekämpfen, ohne akute Symptome zu entwickeln. Im Ergebnis erholst du dich schneller. Es ist noch weitere Forschung nötig, aber für Menschen mit Entzündungs- oder Autoimmunerkrankungen könnte dies eine vielversprechende Alternative zur konventionellen Behandlung sein.

Laufen auf dem nächsten Level

Helen hielt mühelos ihr Tempo und schwebte auf die Ziellinie zu. Schweiß rann ihr übers Gesicht, das von der Anstrengung gerötet war, aber es ging ihr offenbar gut. Ihr Lauf war gleichmäßig, ihre Atmung ruhig. Und sie strahlte. Sie hatte es geschafft – sie hatte den Derby Halbmarathon absolviert und 5.000 Pfund für die *Alzheimer's Society* gesammelt. Und sie hatte ihre persönliche Bestzeit um ganze 15 Minuten unterboten.

Wie hat sie das gemacht? Helen, Grundschullehrerin und Mutter von zwei Kindern, hatte einen einfachen Plan zur Atemarbeit für Läuferinnen und Läufer befolgt, den ich ihr gegeben hatte, um ihre Gesundheit und ihr Wohlbefinden zu verbessern. Im Mittelpunkt stand dabei die sogenannte *rhythmische Atmung*.

ÜBUNG 37

Rhythmische Atmung fürs Laufen

Zur rhythmischen Atmung gehört selbstverständlich, dass du mit dem Zwerchfell atmest und mit reiner Nasenatmung läufst, wie weiter oben in diesem Kapitel besprochen. Als Nächstes musst du einen Rhythmus finden, der deine Atmung mit deiner Schrittfrequenz in Einklang bringt. Das kann eine hilfreiche Methode sein, um beim Laufen in deinen Flow zu kommen, zentriert und konzentriert zu bleiben. Achte aber darauf, dass es ein Ungerade-gerade-Muster ist, um die Belastung beim Aufprall zu verringern. Wenn du zu Beginn jeder Ausatmung immer auf demselben Fuß landest, muss eine Seite deines Körpers beim Laufen die größten Belastungen und den stärksten Aufprall abfangen.

Das liegt daran, dass die Wucht des Aufpralls, wenn dein Fuß auf dem Boden auftrifft, das Zwei- bis Dreifache deines Körpergewichts beträgt. Die Stoßbelastung ist am größten, wenn dein Fuß zu Beginn der Ausatmung auf dem Boden auftrifft, weil sich dein Zwerchfell beim Ausatmen entspannt und deine Rumpfstabilität dadurch sinkt. Weniger Stabilität zum Zeitpunkt des stärksten Aufpralls öffnet Verletzungen Tür und Tor, vor allem, wenn es wiederholt auf derselben Seite passiert. Rhythmisches Atmen in einem Ungerade-gerade-Muster hingegen sorgt dafür, dass die Stoßbelastung beim Laufen auf beide Körperseiten verteilt wird, um das Verletzungsrisiko zu verringern.

Es gibt zwei rhythmische Atemmuster, die ich empfehle. Bei beiden ist die Einatmung länger als die Ausatmung. Warum? Weil sich dein Zwerchfell und andere Atemmuskeln beim Einatmen zusammenziehen, was deiner Körpermitte Stabilität verleiht. Beim Ausatmen entspannen sich diese Muskeln, und die Stabilität nimmt ab. Im Hinblick auf die Verletzungsvorbeugung ist es am besten, wenn du öfter in dem Moment auf dem Boden auftriffst, in dem dein Körper am stabilsten ist: beim Einatmen.

Beginne mit einem 3-2-Muster rhythmischer Atmung, das für die meisten leichten bis mittelschweren Läufe geeignet ist. Atme drei Schritte lang ein und zwei Schritte lang aus.

Um den Dreh herauszubekommen, übe am besten zunächst auf dem Boden:

- Leg dich auf den Rücken, beug die Knie und stell die Füße flach auf den Boden.

- Leg eine Hand auf deinen Bauch und achte darauf, dass dein Zwerchfell beteiligt ist, sodass du spüren kannst, wie dein Bauch sich hebt und senkt.

- Atme drei Zähler lang durch die Nase ein und tappe mit den Füßen auf dem Boden auf, um Schritte zu imitieren.

- Ein *(links)*, zwei *(rechts)*, drei *(links)*, aus *(rechts)*, zwei *(links)*, ein *(rechts)*, zwei *(links)*, drei *(rechts)*, aus *(links)*, zwei *(rechts)* und so weiter.

Wenn du das Tempo steigern oder eine Steigung hinauflaufen musst, dann schalte auf ein 2-1-Muster um: Atme zwei Schritte lang ein und einen Schritt lang aus. Das hilft auch, beim Intervalltraining und bei Sprints verletzungsfrei zu bleiben.

Atemanhalten für den Sport

Die Rechteck-Atmung ist ein guter Ausgangspunkt, um die Dauer deines Atemanhaltens zu steigern. Sie ist eine Verwandte der Box-Atmung (Übung 31) und hilft dir, dein Zwerchfell einzusetzen, während du zugleich das Atemanhalten bei hohem und niedrigem Lungenvolumen lernst. Ein- und Ausatmung bleiben konstant, aber die Dauer des Atemanhaltens wird mit der Zeit immer länger. Diese Übung wirkt sich außerdem auf deine Fähigkeit zur Fokussierung aus, was ein weiterer Vorteil ist.

- Sitz in bequemer Haltung oder leg dich flach auf den Boden.

- Entspanne die Schultern.

- Leg beide Hände auf den Unterbauch.

- Atme vier Zähler lang durch die Nase ein und spüre, wie dein Bauch sich hebt.

- Halte den Atem fünf Zähler lang an. Bleib ruhig und entspannt. (Versuch, beim Atemanhalten nicht die Muskeln anzuspannen.)

- Atme vier Zähler lang durch die Nase aus und spüre, wie dein Bauch sich senkt.

- Halte den Atem fünf Zähler lang an. Bleib ruhig und entspannt.

- Wiederhole das Ganze insgesamt fünf Minuten lang.

- Belasse das Ein- und Ausatmen bei vier Sekunden, versuch aber, das Atemanhalten jede Woche um einen Zähler zu verlängern. Übereile diese Übung nicht. Dein Körper braucht Zeit, um sich anzupassen.

Beispiel:

- **Woche eins:** Übe EIN vier Zähler, HALTEN fünf Zähler, AUS vier Zähler, HALTEN fünf Zähler. Fünf Minuten täglich.

- **Woche zwei:** Übe EIN vier, HALTEN sechs, AUS vier, HALTEN sechs. Fünf Minuten täglich.

- **Woche drei:** Übe EIN vier, HALTEN sieben, AUS vier, HALTEN sieben. Fünf Minuten täglich.

- **Woche vier:** Übe EIN vier, HALTEN acht, AUS vier, HALTEN acht. Fünf Minuten täglich.

Vielleicht verspürst du den Drang, mehr zu atmen, aber versuche, dem zu widerstehen. Es liegt nur am Kohlendioxid, das sich in deinem Körper ansammelt. Unser Ziel ist es, deine Toleranz zu erhöhen, also versuche, ruhig zu bleiben und durchzuhalten. Wenn du dich noch mehr herausfordern willst, kannst du das Ganze im Gehen üben.

Tiefer tauchen für das eine Prozent mehr

Es gibt einen Zusammenhang zwischen den positiven Auswirkungen von Höhe auf die Atemökonomie und der Physiologie tiefseetauchender Bevölkerungsgruppen auf der ganzen Welt. So ein letzter kleiner Tieftauchgang könnte das abschließende eine Prozent sein, das dir noch fehlt. Die Ama, wie die Muscheltaucherinnen in Japan genannt werden, und die Bajau, indigene Subsistenzfischer auf den Philippinen und in Malaysia, tauchen immer wieder tief im Meer und verbringen bis zu 60 Prozent ihrer Zeit unter Wasser. An einem neunstündigen Arbeitstag können sie bis zu fünf Stunden unter Wasser verbringen, ohne zu atmen.[20] Diese tauchenden Populationen haben Gemeinsamkeiten mit Bevölkerungsgruppen, die in großen Höhen leben, etwa den Sherpas in Nepal, die für ihre effiziente Atmung bekannt sind. Sie haben große, starke Lungen, eine hohe Lungenkapazität, viele rote Blutkörperchen (wegen der Produktion von EPO in sauerstoffarmer Umgebung) und eine überdurchschnittlich große Milz. Die Rolle der Milz bei der Sauerstoffversorgung könnte der Schlüssel zu einer besseren Sauerstoffversorgung sein, vor allem bei sportlichen Leistungen.

Deine Milz speichert etwa 25-30 Prozent deiner konzentrierten roten Blutkörperchen. Seehunde gehören zu den beeindruckendsten Tauchern im Tierreich und speichern etwa die Hälfte ihrer roten Blutkörperchen in der Milz. Das heißt, sie verschwenden keine Energie darauf, das viele zusätzliche Blut durch den Körper zu pumpen, wenn es nicht gebraucht wird. Wenn du lange die Luft anhältst (oder auch nur ein hartes Training absolvierst), zieht sich deine Milz ähnlich wie bei einem Seehund zusammen, um zusätzliches sauerstoffreiches Blut in den Kreislauf abzugeben und Energie bereitzustellen. Mit Atemanhalte-Training kann diese Kontraktion angeregt werden, damit mehr sauerstoffreiches Blut zur Verfügung gestellt und damit eine Leistungssteigerung ermöglicht wird.

Bei den Sherpas und den Apnoetauchern der Bajau sind ihre Gene für größere Lungen und eine größere Milz verantwortlich – dank der Zeit, die ihre Vorfahren hoch in den Bergen oder unter Wasser verbracht haben. Aber es kommt nicht unbedingt auf die Größe der Milz an – entscheidend ist ihre Kontraktionsfähigkeit, damit die roten Blutkörperchen in den Blutkreislauf gelangen können; und das kann man trainieren, um seine Leistung zu steigern. Es erfordert eine etwas fortgeschrittenere Atemanhalte-Technik, die das Tiefseetauchen imitiert, aber bequem zu Hause durchgeführt werden kann. Diese Übungen finden auf dem Trockenen statt und sollten nicht im Wasser, in der Badewanne oder in der Schwangerschaft durchgeführt werden.

Es gibt zwei Arten von Atemanhalte-Trainings, die ich gern einsetze und die zu leicht unterschiedlichen Resultaten führen. Das erste Training hilft dir, deine Toleranz für hohe Kohlendioxidkonzentrationen zu verbessern, um die EPO-Produktion anzuregen und deine Atemnot-Uhr zurückzustellen. Das zweite Training verbessert deine Fähigkeit zum Aufenthalt in niedrigem O_2, stärkt die Milzkontraktion und erhöht die Langlebigkeit der Stammzellen. Tiefseetaucher nennen diese Übungen CO_2- und O_2-Tabelle; sie imitieren das Tauchen, können aber auch zu Hause durchgeführt werden. Taucherinnen und Taucher trainieren das Atemanhalten meist mit voller Lunge, aber ich trainiere das Atemanhalten nach den Tabellen lieber bei leerer Lunge, weil man dann ähnliche Ergebnisse in kürzerer Zeit erzielt.

Bei beiden hältst du acht Mal den Atem an. Bei der CO_2-Tabelle bleibt die Dauer des Atemanhaltens gleich, aber die Erholungszeit zwischen den einzelnen Runden verringert sich jedes Mal. Bei der O_2-Tabelle bleibt die Erholungszeit gleich, aber die Dauer des Atemanhaltens erhöht sich mit jeder Runde. Du kannst deine Tabelle selbst berechnen, wie in der folgenden Übung gezeigt, es gibt aber auch Apps, die dir das abnehmen.

ÜBUNG 39

Leistungstauchen

Schritt 1: Berechne dein maximales Atemanhalten

Berechne deine maximale Atemanhalte-Dauer bei leerer Lunge (geringem Lungenvolumen). Dazu brauchst du eine Stoppuhr.

* Such dir einen bequemen Platz und setz oder leg dich hin.

* Atme zwei Minuten lang ganz ruhig, um Körper und Geist zu entspannen. Achte darauf, nicht zu viel zu atmen.

* Nach diesen zwei Minuten atme einmal normal ein und einmal normal aus, dann lass die Stoppuhr laufen, um deine maximale Atemanhalte-Dauer zu ermitteln. Bleib ruhig, dann setzt dein Körper dein Denken außer Kraft und bringt dich dazu zu atmen, sobald du musst.

* Notiere deinen Wert, denn den brauchst du für deine O_2- und CO_2-Tabellen-Übungen.

Schritt 2: Entscheide dich für das Training, mit dem du arbeiten möchtest – Training 1 (Hohes CO2) oder Training 2 (Niedriger O2)

Diese Tabellen sind nicht dazu da, deine Grenzen zu verschieben. Sie sollen dich konditionieren, und das erfordert Geduld und Zeit. Hier geht es um kleinste Schritte sowie um langsame und stetige Fortschritte in sicherer Umgebung.

Was du beachten solltest:

- Übe im Sitzen oder im Liegen.

- Übe nicht im Wasser oder in der Badewanne.

- Übe nicht öfter als einmal täglich.

- Versuche nicht, mehrmals am Tag maximal lang den Atem anzuhalten.

- Achte darauf, dass du in den Erholungsrunden nicht zu viel und zu schwer atmest, denn dies verringert den Kohlendioxidgehalt und wirkt dem Übungsziel entgegen.

Training 1: Hohes Kohlendioxid
Menschen, die beim Sport früh in Atemnot geraten, sollten sich auf CO_2-Tabellen konzentrieren. Dabei geht es darum, den Kohlendioxidgehalt in Blut und Gewebe während der Übung langsam ansteigen zu lassen. Es gibt acht Atemrunden und achtmal Atemanhalten. Die Dauer des Atemanhaltens bleibt gleich (die Hälfte deines Maximums), aber die Erholungszeit zwischen den einzelnen Atemanhalte-Phasen wird kürzer. Beginne mit 20 Atemzügen und geh bis auf sechs Atemzüge herunter. Da zwischen den Atemanhalte-Phasen weniger Zeit bleibt, um das Kohlendioxid aus dem Körper zu lassen, steigt der Kohlendioxidgehalt in deinem Körper mit jeder Wiederholung an. Dieser langsame Anstieg steigert deine Kohlendioxid-Toleranz und erhöht dein EPO. Übe zwei Wochen lang jeden zweiten Tag und versuch es dann mit der O_2-Tabelle. Mach das nicht am selben Tag wie dein maximales Atemanhalten.

Die Atmung in den Erholungsrunden sollte natürlich und entspannt sein. Atme nicht zu viel, denn das wirkt dem Trainingsziel entgegen.

Beispiel: Wenn du deine maximale Atemanhalte-Dauer mit einer Minute berechnest, wird deine Atemanhalte-Dauer für die CO_2-Tabelle auf 50 Prozent davon eingestellt, also auf 30 Sekunden.

Runde 1:
Atme 20 Atemzüge lang normal, dann atme aus und halte den Atem 30 Sekunden lang an.

Runde 2:
Atme 18 Atemzüge lang normal, dann atme aus und halte den Atem 30 Sekunden lang an.

Runde 3:
Atme 16 Atemzüge lang normal, dann atme aus und halte den Atem 30 Sekunden lang an.

Runde 4:
Atme 14 Atemzüge lang normal, dann atme aus und halte den Atem 30 Sekunden lang an.

Runde 5:
Atme 12 Atemzüge lang normal, dann atme aus und halte den Atem 30 Sekunden lang an.

Runde 6:
Atme 10 Atemzüge lang normal, dann atme aus und halte den Atem 30 Sekunden lang an.

Runde 7:
Atme 8 Atemzüge lang normal, dann atme aus und halte den Atem 30 Sekunden lang an.

Runde 8:
Atme 6 Atemzüge lang normal, dann atme aus und halte den Atem 30 Sekunden lang an.

Training 2: Niedriger Sauerstoff
Mit diesem zweiten Training soll die maximale Dauer deines Atemanhaltens erhöht werden, indem du den Atem in jeder Runde etwas länger anhältst. Die Erholungszeit bleibt die gleiche. Das trainiert die Milzkontraktion, hilft bei der Erhaltung und Freisetzung von Stammzellen und induziert p53. Du beginnst mit 20 Atemzügen entspannter Nasenatmung mit Zwerchfell. Steigere die Dauer deines Atemanhaltens in jeder Runde, bis du in der letzten Runde bei 80 Prozent deines Maximums angekommen bist. Die Atmung in den Erholungsrunden sollte wieder natürlich und entspannt sein. Atme nicht zu viel.

Beispiel: Wenn du deine maximale Atemanhalte-Dauer mit einer Minute berechnest, wird deine maximale Atemanhalte-Dauer für die O_2-Tabelle auf 80 Prozent davon eingestellt, also 48 Sekunden, an die du dich dann heranarbeitest.

Runde 1:
Atme 20 Atemzüge lang normal, dann atme aus und halte
den Atem 13 Sekunden lang an.

Runde 2:
Atme 20 Atemzüge lang normal, dann atme aus und halte
den Atem 18 Sekunden lang an.

Runde 3:
Atme 20 Atemzüge lang normal, dann atme aus und halte
den Atem 23 Sekunden lang an.

Runde 4:
Atme 20 Atemzüge lang normal, dann atme aus und halte
den Atem 28 Sekunden lang an.

Runde 5:
Atme 20 Atemzüge lang normal, dann atme aus und halte
den Atem 33 Sekunden lang an.

Runde 6:
Atme 20 Atemzüge lang normal, dann atme aus und halte
den Atem 38 Sekunden lang an.

Runde 7:
Atme 20 Atemzüge lang normal, dann atme aus und halte
den Atem 43 Sekunden lang an.

Runde 8:
Atme 20 Atemzüge lang normal, dann atme aus und halte
den Atem 48 Sekunden lang an (80 Prozent deines Maximums).

Denk dran, deine Grenzen nicht zu weit hinauszuschieben, indem du entweder bei der CO_2-Tabelle deine Atemanhalte-Dauer auf über die Hälfte deines Maximums festlegst oder bei der O_2-Tabelle den Atem beim letzten

Mal länger als 80 Prozent deines Maximums anhältst. Denk dran, dass diese Übungen deine Lungen trainieren, und betrachte sie deshalb als Sport; das heißt, fordere deine Lungen an den Tagen, an denen du diese Übungen machst, nicht mit weiterem körperlichem Training; denn du brauchst dazwischen Zeit zur Erholung.

Überprüfe alle paar Wochen, wie lange du den Atem maximal anhalten kannst, und passe die Tabellen entsprechend an. Wenn du möchtest, kannst du auch nachsehen, wie sehr sich dein Wert beim „Kohlendioxid-Toleranztest" (Übung 12) verbessert.

In diesem Kapitel haben wir darüber gesprochen, wie du deine Atmung nutzen kannst, um dir einen Vorteil zu verschaffen, egal ob du Profisportler bist oder deine persönliche Bestzeit unterbieten willst. Wir haben herausgefunden, wie wichtig die Nase dabei ist und wie du sie wie eine eingebaute Smartwatch nutzen kannst, um innerhalb deiner aeroben Schwelle zu trainieren. Du weißt jetzt auch, wie du die Dauer deines bewussten Atemanhaltens steigern kannst, um in deiner Sportart noch ein bisschen besser zu werden. Und du hast von Wim Hof erfahren, welche Vorteile das Atemanhalten über den Sport hinaus bringt, denn er hat gezeigt, dass es eine starke Verbindung zwischen Atmung und Immunabwehr gibt.

Wim Hofs Geschichte ist die eines Menschen, der das Unmögliche durch Atmen möglich gemacht hat. Und ich habe auf meiner Reise gelernt, dass die Atmung dies in mehrfacher Hinsicht kann.

KAPITEL 10

Transzendente Zustände erreichen

Himmlische Kanutouren GmbH

„Ich saß in einem Kanu in einem verzauberten Tunnel, anders kann ich es nicht sagen. Es war so ein Tunnel, wie die, durch die man bei einer Baumstammfahrt in einem Freizeitpark fährt, bevor es wieder ins Helle hinausgeht."

Das sagte Ryan, ein britischer Regisseur und Kameramann. Er beschrieb die Erfahrung, die er während der Atemarbeit bei mir gemacht hatte.

„Ich konnte ein Licht vor mir sehen, aber ich musste nicht darauf zu paddeln. Es war, als würde mich eine Strömung sanft vorwärtstreiben. Im Näherkommen hörte ich Stimmen: „Weiter, genau so, du bist fast da." Als ich durch die Tunnelöffnung ins Weite hinauskam – wusch! – befand ich mich in völliger Stille. Es schien mir, als sei ich auf einem riesigen unterirdischen See angekommen, erleuchtet von hellem Sternenlicht. Es herrschte eine überwältigende Stille, und doch hatte der Raum etwas Magisches. Es war, als funkelte und leuchtete er. Ich verspürte tiefen Frieden, wie ich ihn noch nie in meinem Leben empfunden habe. Doch dieses Gefühl kam mir auch seltsam vertraut vor – so vertraut, dass ich emotional wurde.

Das Wasser strich wie Seide am Paddel entlang. Wir fuhren entspannt weiter, geduldig und ohne Erwartungen. Ich sage „wir", denn wie aus dem Nichts tauchte hinter mir, unmittelbar hinter meiner linken Schulter, ein weiteres Kanu auf, wobei mir bei seinem Auftauchen klar wurde, dass es schon die ganze Zeit bei mir gewesen war. Darin saß ein Mann. Sein Gesicht konnte ich nicht sehen, aber er trug eine schwarze Lederjacke und hatte langes gelocktes braunes Haar. Er zog vorbei. Es war seltsam. Ich hatte das Gefühl, dass ich ihn schon mein Leben lang kenne, vielleicht sogar länger.

‚Entschuldigung, wo sind wir?', fragte ich. ‚Willkommen, Mann', sagte er. ‚Du bist angekommen. Wir haben auf dich gewartet. Das ist der Ort, an dem das Universum zusammenkommt, an dem du den Sinn der Welt erkennen kannst. Herzlichen Glückwunsch.'

Ich weiß, ich weiß. Das klingt verrückt. Aber in diese andere Welt versetzt zu werden, in diese riesige, von Sternenlicht durchflutete Höhle, in der das Wasser glitzerte, war mit die stärkste, beruhigendste und erfüllendste Erfahrung, die ich je gemacht habe. Sie hat mir ein besseres Verständnis dafür vermittelt, wer ich bin, und eine Verbindung zu einem tiefen Teil von mir eröffnet, den ich bisher versteckt hatte. Und nicht nur das – sie hat mir das Gefühl gegeben, mit etwas Größerem verbunden zu sein, das in meinem Wachleben eine Rolle spielt, und sie hat mir eine Klarheit vermittelt, wie ich sie noch nie hatte.

Das Gefühl, das ich in dieser Welt erlebt habe, ist für mich zum wichtigsten Bezugspunkt geworden. Dadurch kann ich täglich tiefe meditative Zustände erreichen. Wenn ich etwas schaffen möchte, brauche ich oft Anhaltspunkte – und ich bin Perfektionist und setze mich gern selbst unter Druck. Bis dahin hatte ich nie meditieren können. Es ist mir immer schwergefallen, einfach nur zu sein, und ich habe schlichtweg aufgegeben. Aber diese Erfahrung bei der Atemarbeit, so merkwürdig sie auch war, hat mir geholfen zu verstehen, was ‚Sein' bedeutet und wie sich Frieden wirklich anfühlt. Ich konnte üben, mich mit diesem Gefühl zu verbinden und es in meinem Wachleben und bei meiner kreativen Arbeit wieder zu erleben."

Klingt abgefahren? Das Merkwürdige ist, dass solche Geschichten gar nicht so ungewöhnlich sind. Am Ende meiner Atemarbeitssitzungen sagen die Leute häufig, dass sie skurrile Visionen hatten, dass sie ihren Körper verlassen haben und in eine andere Welt gereist sind, dass sie etwas

Größeres wahrgenommen haben als in ihrem normalen Wachleben oder dass sie eine tiefe heitere Gelassenheit erfahren haben, wie sie sie noch nie empfunden haben.

Mir fallen viele Situationen ein, in denen Leute aus meinen Gruppen sagten, sie hätten die Emotion, die andere Teilnehmende durchlebten, so gefühlt, als wäre es ihre eigene. Unzählige Male habe ich Menschen erzählen hören, sie hätten Verbindung mit geliebten Menschen aufgenommen, die bereits verstorben sind. Und immer wieder sagt jemand am Ende einer Gruppensitzung so etwas wie: „Es hat so gutgetan, als du am Ende der Sitzung meinen Kopf gehalten hast und noch jemand gekommen ist und meine Füße gehalten hat" – obwohl weder ich noch jemand aus meinem Team so etwas getan haben. Vielleicht hast du bei deiner täglichen Unendlichkeitsatmung sogar auch schon etwas Unerklärliches erlebt …

Verbindung mit Shakespeare

Atme ein, und ein Teil der Welt wird Teil von dir. Atme aus, und ein Teil von dir wird Teil der Welt. Atmen reicht über deinen Körper und deinen Geist hinaus und verbindet dich mit allem, was lebt. Beim Einatmen strömt Luft durch deine Lunge und dein Herz, und beim Ausatmen strömt sie weiter, damit jemand anderes sie atmen kann. Und natürlich atmen nicht nur Menschen die Luft um dich herum ein – deine Katze atmet sie, der Hund deines Nachbarn atmet sie, der Baum draußen atmet sie, die Pflanze in deinem Zimmer atmet sie und auch die Meere. Wenn du atmest, verbindest du dich ganz eng mit allem, und in gewisser Weise berührt dein Herz mit jedem Atemzug das Herz Millionen anderer. Es ist, als gäbe es ein unsichtbares Netz aus Atem, das uns alle miteinander verbindet.

Wenn ich sage, dass Atmen uns aufs Engste mit allem anderen verbindet, dann ist das keine Übertreibung. Wenn du jetzt ein- und ausatmest, hast du gerade dieselben Luftmoleküle geatmet, die auch unzählige andere Menschen ein- (und aus-) geatmet haben, von Oprah Winfrey bis William Shakespeare. Ja, genau – im Laufe nur eines Tages atmest du dieselben

Sauerstoffmoleküle ein wie alle anderen Lebewesen, die je auf der Erde gelebt haben. Mit jedem Atemzug bist du mit jedem Tier, jeder Pflanze und jedem Menschen verbunden, die auf der Erde leben und jemals gelebt haben. Also atme noch einmal tief ein. Das macht uns eindrücklich bewusst, dass wir mit allem verbunden sind, was uns umgibt. Der Mechanismus, der uns am Leben erhält – Atmen – verbindet uns auch mit unseren Mitgeschöpfen und unserem Planeten.

Du atmest dieselbe Luft wie alle anderen auch, seit Urzeiten.

Atme ein.

Wenn du atmest, verbindest du dich ganz eng mit allem.

Du hast gerade dieselbe Luft geatmet wie alle anderen auch, seit Urzeiten.

Für alle Mathe-Freaks unter uns, folgendermaßen wird das möglich:

Mit jeder Einatmung atmest du etwa 25 Trilliarden Moleküle ein. (Das ist übrigens eine 25 mit 21 Nullen, also ziemlich viel.) Zum Vergleich: Heute leben 7,75 Milliarden Menschen. Wenn jeder Mensch 7 Milliarden Nachkommen hätte – also 7 Milliarden × 7 Milliarden –, wären wir immer noch ums 500-fache weniger.

Wie lange bleiben diese Moleküle also in der Atmosphäre und verteilen sich dort? Das zu berechnen ist sehr viel komplexer, aber bleib dran. Die Luft ist (grob gesagt) eine Mischung aus vier Stickstoffmolekülen auf ein Sauerstoffmolekül. Ein Mol Luft – ein Mol ist die Basiseinheit für die Menge eines Stoffes – hat eine Masse von etwa 28,9 Gramm. Die gesamte Atmosphäre unseres Planeten hat eine Masse von etwa 5×10^{21} Gramm. Ein Mol einer beliebigen Substanz enthält etwa 6×10^{23} Moleküle. Die Erdatmosphäre enthält also rund $1,04 \times 10^{44}$ Moleküle. Kannst du noch folgen?

Bei Körpertemperatur und atmosphärischem Druck hat ein Mol eines beliebigen Gases ein Volumen von etwa 25,4 Litern. Das Luftvolumen, das ein durchschnittlicher Mensch ein- oder ausatmet, beträgt etwa ein Liter. William Shakespeare, Napoleon, Oprah Winfrey – wer du willst – atmet folglich pro Atemzug etwa $2,4 \times 10^{22}$ Moleküle aus.

Nehmen wir eine beliebige Gestalt aus der Vergangenheit. In 45 Jahren atmet diese Person bei einer durchschnittlichen Atemfrequenz von etwa 25 Atemzügen pro Minute etwa $2,1 \times 10^{31}$ Moleküle aus. Das bedeutet, dass von 5×10^{12} Molekülen in der Atmosphäre ein Molekül von dieser Person ausgeatmet wurde.

Aber wir atmen bei jedem Atemzug etwa $1{,}4 \times 10^{22}$ Moleküle ein. Auch wenn wir hier nur mit groben Schätzungen arbeiten, ist die Wahrscheinlichkeit sehr hoch, dass wir etwa $2{,}8 \times 10^9$ Moleküle einatmen, die diese Person geatmet hat.

Ein schwer zu definierendes Wort

Starke Gefühle der Verbundenheit mit einer anderen Welt, wie bei Ryans Erlebnis während der Atemarbeit, werden oft als „spirituell" bezeichnet. Das Atmen wird seit jeher mit Spiritualität verbunden; wobei dieses Wort auf das Lateinische *spiritus* und dieses wiederum auf das zugehörige Verb *spirare* zurückgeht, das „atmen" bedeutet. Im Buch Genesis, dem ersten Buch der hebräischen Bibel und des christlichen Alten Testaments, wird beschrieben, wie Gott Adam, dem ersten Menschen, Leben einhaucht. Im Yoga ist der Atem die Kraft, die das Leben erhält, und die Menschen nach dem Glauben der Hindus Brahman, der höchsten Wirklichkeit oder dem höchsten Gott, näherbringt.

Allerdings ist „Spiritualität" ein notorisch schwer zu definierendes Wort und außerdem mit allen möglichen Annahmen und Überzeugungen behaftet. Für manche Menschen ist das in Ordnung, für andere weniger. Mit am einfachsten und umfassendsten lässt sich der Begriff „spirituell" wohl als „mit der nicht-materiellen Welt zu tun habend" definieren – mit Dingen, die nicht physisch sind und die man nicht anfassen kann. Dazu gehört auch das Gefühl oder das Empfinden, dass das Menschsein mehr beinhaltet als unsere sinnliche Erfahrung, dass es eine Welt jenseits unserer Dimension gibt und dass die gesamte Natur in göttlicher Weise mit ihr verbunden ist.

Aus der Quantenphysik wissen wir, dass auf subatomarer Ebene eine ganze Welt existiert, die wir nicht sehen oder anfassen können. Die Wissenschaft zeigt uns zunehmend, dass die Welt komplexer und geheimnisvoller ist, als wir meinen. Für die meisten Menschen ist die Vorstellung einer spirituellen Erfahrung weit weniger verwirrend und hilft, die Welt zu verstehen. Tatsächlich haben die Menschen seit Anbeginn der

Zeit spirituelle Erfahrungen, manchmal spontan, andere Male angestoßen durch Zeremonien, Rituale oder einfach durch den Aufenthalt in der Natur.

Bei spirituellen Erfahrungen sprechen Menschen häufig von einem starken Gefühl der Verbundenheit mit etwas Größerem, davon, dass sie alles spüren, dass sie für einen Moment irgendwo jenseits von Raum und Zeit sind. Das kann mit vielen positiven Emotionen einhergehen: Liebe, Freude, Glückseligkeit, Gefühlen von Güte und Einssein, einem tiefen Empfinden von Sinn. Durch diese spirituellen Erfahrungen verändern und verwandeln sich Menschen, haben tiefe Intuitionen, werden kreativer, verstehen sich selbst besser, entwickeln mehr Vertrauen zum Leben, heilen, lösen Probleme, lindern ihre Depressionen und machen sich Flow-Zustände zunutze. Solche Erfahrungen können Menschen helfen, einen großen Umbruch oder schmerzhaften Verlust, etwa den Verlust eines geliebten Menschen, zu akzeptieren und wieder nach vorne zu schauen. Bei mir war das auf jeden Fall so.

Eigentlich kann man solche Erfahrungen nennen, wie man will. Aber die meisten Menschen – auch die, denen der Begriff „spirituell" unangenehm ist oder die ihn verwirrend finden – haben das Gefühl, dass sie eine solche tiefe Verbindung von Zeit zu Zeit brauchen, sei es, um ein Gefühl der Sinnhaftigkeit oder Akzeptanz zu verspüren oder ein Ziel vor Augen zu bekommen oder einfach, um einen Aspekt der Welt besser zu verstehen. Wir alle müssen wieder damit in Kontakt kommen, warum wir uns für den einmal eingeschlagenen Weg entschieden haben. Manchmal brauchen wir eine Möglichkeit, Abstand zu gewinnen und uns zu vergewissern, dass der Weg, den wir gewählt haben, für uns der richtige ist. Mir fallen viele Situationen ein, in denen Klientinnen und Klienten von mir durch die Atemarbeit eine kraftvolle Erfahrung gemacht und erkannt haben, dass ein Bereich ihres Lebens – vielleicht eine toxische Freundschaft oder ein Job, den sie nicht mehr lieben – ihnen nicht guttut.

Weltweit gibt es Milliarden Menschen, die sich traditionellen Religionen zugewandt haben oder in diese hineingeboren wurden, und deren Spiritualität dadurch gefördert wird. Und „spirituell, aber nicht religiös" ist zu einer beliebten Selbstbezeichnung für Menschen geworden, die ein starkes Empfinden für diese über das Physische hinausgehende Verbindung haben, organisierte

Religion aber nicht als den einzigen Weg zu spirituellem Wachstum verstehen. Manche legen sich eine *à la carte*-Einstellung zu Religion zu und picken sich aus anderen Glaubensrichtungen, Überzeugungen und Traditionen beliebige Praktiken und Lehren heraus. Und viele Menschen führen ein zutiefst spirituelles Leben oder machen intensive spirituelle Erfahrungen, ohne es zu wollen und ohne sie als „spirituell" zu bezeichnen. Das Entscheidende ist, dass wir alle etwas in uns haben, das eine Verbindung zu etwas jenseits unserer materiellen Welt, jenseits unseres individuellen menschlichen Erlebens sucht. Wir alle haben ein angeborenes Verlangen, uns im Laufe unseres Lebens damit zu verbinden oder wieder zu verbinden, und die Atempraxis kann ein Weg sein, diese Verbindung schneller wiederherzustellen.

Nach innen schauen, um nach außen zu blicken

Bei einigen Praktiken wie Atemarbeit und Meditation blickst du durch die Innenschau letztlich auch nach außen. Du kannst eine Heilquelle entdecken, dich mit deiner tieferen Intuition verbinden und Sinn und Ziel in deinem Leben finden. Der Zugang zu diesen Zuständen, die manche als transzendent bezeichnen würden, lässt sich durch Techniken des Reizentzugs oder der Reizüberflutung erleichtern. Langsames Atmen, Meditation, Gebet, Hypnose, Fasten und anderes können diesen Effekt erzielen. Seit Jahrtausenden üben sich unter anderem Mönche, Nonnen und Yogis darin, so viele Reizquellen wie möglich auszuschalten und zugleich die Intensität derer, die sich nicht ausschalten lassen, zu verringern. In neuerer Zeit nutzen Menschen Isolationstanks oder Schweige-Retreats, um diese Zustände zu erreichen. Reizentzug fördert die Innenschau und das Verständnis dafür, dass der Teil unseres Denkens und Empfindens, der uns unser Identitätsgefühl gibt und nach Dingen strebt – das Ego – die Ursache für einen Großteil unseres Unglücks ist und uns von anderen trennt. Nach einer Zeit des Reizentzugs fällt das Ego weg, und wir erleben Glückseligkeit und ein erweitertes Bewusstsein.

Auf der anderen Seite kann eine radikale Reizsteigerung ebenfalls eine Verbindung zu einem kraftvollen und transzendenten Zustand herstellen, indem sie das Ego und seine Abwehrmechanismen schwächt oder eliminiert.

Zu den Aktivitäten, die in vielen Kulturen zu diesem Zweck eingesetzt werden, gehören beschleunigte Atmung, rhythmische Stimulation (durch Musik, Trommeln, Rasseln, Tanzen, Singen und Chanten), Schlafentzug, Hitze- und Kälteeinwirkung und Pflanzenmedizin.

Diese Praktiken oder Medizinzubereitungen bewirken vorübergehende Veränderungen der neuronalen Aktivität. Dabei kann es sich um eine Veränderung deiner Neurochemie, der Funktionsweise deiner Neurotransmitter, der Rezeptoren im Gehirn oder der Gehirnwellen handeln, wie in den Kapiteln 6 und 8 erläutert. Diese Veränderungen können dazu führen, dass dein Gehirn weniger eingeschränkt ist, dass neue Verbindungen gestärkt und geschaffen werden und dass die Konzentration bestimmter Stoffe steigt oder sinkt, was Veränderungen in unserem Bewusstsein und unserer Sichtweise ermöglicht. Spirituelle Erfahrungen haben daher im Allgemeinen Auswirkungen auf unsere Emotionen, unser Sehen und unser Körpergefühl.

Spirituelle Glückseligkeit

Yogis glauben, wenn der physische Atem in der Meditation oder Atemarbeit zum Stillstand kommt, was sie *Kumbhaka* nennen, können sie einen Zustand der Glückseligkeit erreichen, der die Vitalität und positive Energie in Körper und Geist erhöht. Sie betrachten dies als die letzte Stufe der spirituellen Vereinigung oder *Samadhi*.

Kumbhaka ist weder ein absichtliches Anhalten des Atems noch ein unbewusstes Atemanhalte-Muster. Es ist ein spontanes Innehalten der Atmung, das im durch Meditation oder Atemarbeit erreichten *Samadhi*-Zustand eintritt. Ich habe das in Sitzungen erlebt: Klientinnen und Klienten hören auf zu atmen und berichten danach, dass sie völligen Frieden und Glückseligkeit erfahren haben. Es heißt, dass Yogis im *Kumbhaka*-Zustand erleuchtete Erkenntnisse erhalten und Krankheiten heilen, die Gesundheit stärken und die Lebenserwartung verlängern können.

Nicht-alltäglich: Grofs Forschung

Wie du sicher schon gemerkt hast, sind die Erfahrungen, von denen ich spreche, unterschiedlich intensiv. Am einen Ende des Spektrums verspürst du vielleicht ein stärkeres Gefühl der Verbundenheit mit den Menschen in deinem Umfeld als sonst, begleitet von positiven Emotionen, am anderen könntest du eine heilsame, lebensverändernde Erfahrung machen, die dich auf einen völlig neuen Lebensweg führt.

Ein Mann, der sich sehr dafür interessiert, was genau passiert, wenn wir solche Erfahrungen machen, ist der tschechische Psychiater Stanislav Grof. Er hat eingehend erforscht, wie man zu Heilungszwecken und zum Erkenntnisgewinn mit unterschiedlichen Methoden gefahrlos tiefe Erfahrungen herbeiführen kann. Diese Erfahrungen bezeichnet er als „nicht-alltägliche" Bewusstseinszustände und hat in 60 Jahren 160 Artikel über seine Erkenntnisse veröffentlicht.[1]

Im Gegensatz zu anderen, konventionelleren Therapieformen konzentrierte sich Grof auf einen erfahrungsgemäßen und nicht intellektuellen, verbalen oder analytischen Zugang zum Unbewussten. Seine klinischen Forschungen, zunächst von 1960 bis 1967 am Psychiatrischen Forschungsinstitut in Prag, dann an der *Johns Hopkins University*, waren äußerst vielversprechend. Grof beobachtete und berichtete über den bemerkenswerten therapeutischen Nutzen der stark halluzinogenen Droge LSD für eine tiefgreifende Heilung bei Psychiatriepatienten, Krebspatienten und Drogenabhängigen, und er zeigte auch ihre umfassenden kreativen Vorteile für Menschen aus Kunst und Wissenschaft, die neugierig auf eine Erforschung der Tiefen ihres Bewusstseins waren. Doch nachdem der Freizeitkonsum stark zugenommen hatte, wurde LSD 1966 in den USA verboten, und Grofs klinische Forschung kam zum Erliegen.

Daraufhin wandte Grof seine Aufmerksamkeit Kulturen zu, die Mittel und Wege gefunden hatten, ähnliche Erfahrungen ohne den Einsatz psychedelischer Substanzen hervorzurufen. Er beschäftigte sich mit Trommeln, Meditation, Fasten und Singen und stieß bald auf eine besonders direkte und leicht zugängliche Methode, in einen nicht-alltäglichen Bewusstseinszustand zu gelangen: das Atmen. Er stellte fest, dass schnelles, gleichmäßiges Atmen unbewusste Erfahrungen an die Oberfläche bringen sowie zu kathartischer emotionaler Entladung und Bewusstseinsveränderung führen kann. Diese Art der Atmung, die er als *holotropes Atmen* bezeichnete, konnte Zustände herbeiführen, die die innere Heilung förderten und ein tiefes Erkunden der menschlichen Psyche ermöglichten. Es war eine weitere Form der bewussten energetischen Atemarbeit und kam etwa zur gleichen Zeit auf wie Leonard Orrs *Rebirthing*.

Auf einen unbeteiligten Beobachter kann holotropes Atmen ziemlich seltsam wirken. Es wird durch den Mund geatmet, es wird viel geschrien, es gibt merkwürdige Körperhaltungen und verquere Bewegungen, die den Teilnehmenden helfen sollen, Traumata zum Ausdruck zu bringen und loszulassen, an die sie mit anderen Mitteln kaum herankommen. Die Skurrilität der Praxis ist ein Hinweis darauf, wie hartnäckig bestimmte Traumata sein können, und ich habe aus erster Hand erfahren, wie wirksam sie sein kann. Solange die Praxis in Begleitung eines qualifizierten Therapeuten oder einer Therapeutin durchgeführt wird, kann sie kraftvolle Veränderungen bewirken. Ich möchte dir erklären, wie.

Das Ego wegatmen

Schnelles Atmen durch den Mund über einen längeren Zeitraum erzeugt einen Zustand der Hyperventilation. Das lässt bei dir hoffentlich die Alarmglocken schrillen. Wir haben uns bereits damit beschäftigt, dass alltägliche Mundatmung und Hyperventilation extrem dysfunktional sind, da sie den Körper aus dem Gleichgewicht bringen und eine Stressreaktion auslösen. Sie gehören zu den Dingen, bei denen ich dir gesagt habe, dass du sie um jeden Preis vermeiden und in Ordnung bringen solltest. Aber wenn man sie sparsam und bewusst zu Heilungszwecken einsetzt und sie in Anwesenheit ausgebildeter therapeutischer Fachkräfte durchführt, passiert etwas ganz Besonderes. Wir gelangen in einen Zustand, der uns hilft, einen Teil der Kontrollmuster in unserem Kopf loszulassen, die unsere Lebenserfahrungen diktieren. Außerdem können wir Traumata heilen, uns selbst besser verstehen, die Verbindung zwischen Körper und Geist, einschließlich unserer Stressauslöser, resetten, und die Gedankenmechanismen stoppen, die unsere Atmung einschränken. Aber wie? Daran forschen Norm und ich immer noch.

Wir wissen, dass sich beim Hyperventilieren als Erstes der pH-Wert des Körpers verändert. Du erzwingst eine Senkung des Kohlendioxidgehalts, und das Blut wird basisch. Bewusst und umsichtig eingesetzt, verringert diese Reduzierung des Kohlendioxids die Verfügbarkeit von Sauerstoff in deinem Gewebe und deinen Zellen, obwohl du mehr atmest.

Einige Forschende glauben, dass diese Art des schnellen Atmens wie eine Art Expositionstherapie funktioniert, bei der Gehirn und Körper in einen gestressten Panikzustand versetzt werden – allerdings in kontrollierter Umgebung und bei ruhigem Bewusstsein. Dadurch kann das Gehirn kognitiv lernen, mit Stress und Panik umzugehen, ohne schwarzzumalen. Manchen Menschen könnte das helfen. Aber aufgrund meiner praktischen Erfahrung glaube ich, dass in diesen Sitzungen noch etwas viel Tiefgreifenderes passiert.

Nach etwa zehn bis 20 Minuten Hyperventilation durch bewusste, energetische Atemarbeit beginnen wir, das sogenannte *Default Mode Network*, also das Ruhezustandsnetzwerk des Gehirns zu deaktivieren.

Das *Default Mode Network* (DMN) ist eine Gruppe von Gehirnregionen, die sich im frontalen und präfrontalen Kortex befinden. Es verbindet Teile der Denk-, Entscheidungs- und Interpretationsfunktionen des Gehirns – darunter die Fähigkeit zur Selbstreflexion, zu mentaler Projektion, zum Denken an Vergangenheit und Zukunft sowie die Fähigkeit, andere zu „interpretieren" – mit tieferen und evolutionär älteren Hirnregionen, die an Emotionen und Gedächtnis beteiligt sind. Das DMN gilt als Sitz des Egos und als Zentrum für starres, gewohnheitsmäßiges Denken und Obsessionen. Es leuchtet sogar auf, wenn man der zugehörigen Person eine Liste von Adjektiven vorlegt, die mit ihrer Eigenidentität zu tun haben, und reagiert ähnlich bei der Selbstreflexion, beim Abrufen von Erinnerungen und sogar, wenn wir Likes in den sozialen Medien erhalten. Wenn keine Aufgabe ansteht, wird das Ruhezustands-Netzwerk aktiviert (daher der Name) und macht dann Dinge wie Tagträumen oder Ähnliches. Studien deuten darauf hin, dass Depressionen mit einem überaktiven DMN zusammenhängen. Wenn dein DMN sehr aktiv ist und du grübelst, analysierst du dich zu sehr durch die Brille deiner negativen Vorurteile, bist nicht mehr im gegenwärtigen Moment und zweifelst ständig an Vergangenheit und Zukunft.[2]

Der Eintritt in einen Zustand unterhalb des Üblichen, sei es durch Reizentzug, Reizüberflutung, Atemtechniken oder auf andere Weise, verringert nachweislich Durchblutung und elektrische Aktivität im DMN. Wenn die Aktivität im DMN stark abfällt, verschwindet vorübergehend das Ego, und die üblichen Grenzen, die wir zwischen uns und unserer Umwelt, zwischen Subjekt und Objekt, wahrnehmen, lösen sich auf.[3]

Wie ich bereits angedeutet habe, bist du, sobald du dein Ego umgangen hast, von deinen üblichen psychischen Schutzmechanismen befreit: den Glaubenssätzen und Mustern, die dich, oberflächlich betrachtet, „ausmachen". Da du aufhörst, dich mit negativen Denkmustern zu beschäftigen, entspannt sich der zwanghafte Teil deines Gehirns, der sich ständig den Kopf zerbricht, und du erlebst eine Transzendenz von Raum und Zeit. In diesem Zustand bist du frei, dein Unbewusstes zu erforschen, und verbindest dich mit einer Welt jenseits deiner Sinneswahrnehmung. Wenn dein Gehirn wie ein Haus ist, dann bekommst du in diesem Zustand faktisch die Schlüssel zum versperrten Keller. So hast du Zugang zu alten, verdrängten Erinnerungen oder längst vergessenen Erfahrungen; es gibt keine hinderlichen Schranken mehr. Damit erhältst du die Möglichkeit, diese Erinnerungen und Erfahrungen mitsamt ihrer energetischen Aufladung in deinem Körper zu verarbeiten und zu integrieren.

EEG-Untersuchungen haben außerdem gezeigt, dass das Gehirn während der bewussten Atemarbeit mit Hyperventilation Theta- und Delta-Wellen aussendet, was auf die Aktivierung kreativer und visionärer Fähigkeiten hindeutet.[4] Ebenso kommt es durch diese Art der Atemarbeit offenbar zu einer verstärkten Stimulation der Nervenzellen.

Das Wichtigste, was man über das Ego wissen muss, lautet: Je größer es ist, desto mehr halten wir uns für ein eigenständiges Wesen, das von allem um sich herum getrennt ist. Je schwächer unser Ego ist, desto stärker ist unser Gefühl der Verbundenheit mit unserem Umfeld. Wir brauchen das Ego – es hat sich entwickelt, damit wir am Leben bleiben. Aber wir müssen es auch im Zaum halten, um zu verstehen, dass wir in Wirklichkeit eng mit allem verbunden sind.

Jenseits der Zeit

Tick, tack. Was ist gestern passiert? Was wird morgen passieren? Die Menschen sind besessen von der Zeit. Doch Zeit ist ein gedankliches Konstrukt. Wenn wir in der Zeit feststecken, in der Vergangenheit oder der Zukunft, fällt es uns schwer, in der Gegenwart zu agieren. Aber was kennzeichnet den Lauf der Zeit in unserem Kopf?

Wissenschaftlerinnen und Wissenschaftler am *Kavli Institute for Systems Neuroscience* in Trondheim, Norwegen, haben ein Gehirnzellen-Netzwerk entdeckt, das unser Zeitgefühl innerhalb von Erfahrungen und Erinnerungen darstellt.[5] Wir wissen zwar, dass die Sekunden auf einer Uhr immer in dem Rhythmus ticken, den wir für die Zeitmessung festgelegt haben, doch Uhren sind von Menschen geschaffene Geräte. Als soziale Wesen haben wir beschlossen, unsere Aktivitäten nach einer vereinbarten Zeiteinheit zu koordinieren. Aber unser Gehirn nimmt die vergehende Zeit nicht in den standardisierten Einheiten von Stunden und Minuten wahr. Die Signatur der Zeit in unseren Erfahrungen und Erinnerungen wird im Gehirn anders abgebildet.

Wenn mit unseren Erfahrungen und Erinnerungen auch unsere Atmung abgebildet wird, könnte die Atmung dann eine Rolle bei der Zeitwahrnehmung des Gehirns spielen? Es scheint so. Bei Hunderten von Klientinnen und Klienten habe ich beobachtet, dass ein Mensch, dessen Atem stockt, Angst hat, den nächsten Atemzug zu tun, weil er den nächsten Schritt nicht machen will. Manchmal hält jemand seinen Atem fest, weil er nicht loslassen will – er oder sie hat nicht genug Vertrauen, um die Vergangenheit loszulassen. Diese Menschen benutzen ihre Atmung, um sich selbst in der Zeit gefangen zu halten.

Faktisch bekommst du die Schlüssel zum Keller.

Warum sind diese Erfahrungen so seltsam?

Warum ist Ryan in einer sternenübersäten Grotte gelandet? Es gibt ein paar Theorien, warum bestimmte spirituelle Erfahrungen so traumähnlich und jenseitig sind. Ein faszinierender Grund könnte mit derselben Ursache zusammenhängen, warum wir beim Einschlafen in eine andere Welt versetzt werden. Einige Wissenschaftlerinnen und Wissenschaftler vermuten, dass dies auf einen natürlich vorkommenden Stoff namens Dimethyltryptamin (DMT) zurückzuführen ist.[6] DMT, eine organische Verbindung, die in vielen Tieren und Pflanzen vorkommt, ist der Hauptbestandteil vieler Formen von Pflanzenmedizin, die von zahlreichen Kulturen seit Zehntausenden von Jahren zur Heilung, zur Problemlösung und für eine tiefe Verbindung mit ihren Nächsten und der Natur verwendet wird.

Manche Fachleute glauben, dass dieser Stoff im Tiefschlaf produziert wird und uns das Gefühl vermittelt, in eine andere Realität einzutreten. Und so wie Träume sinnvoll sein können und uns oft Lebensbereiche zeigen, über die wir tiefer nachdenken sollten, oder uns eine besonders nützliche Erkenntnis vermitteln, haben einige Menschen, Völker und religiöse Kulturen versucht, mit DMT in einer kontrollierten Umgebung „Wachträume" hervorzurufen. Deshalb wird DMT oft als das „Molekül des Bewusstseins" bezeichnet. Laut einem Bericht der BBC hat das *Imperial College London* dazu Forschungen unternommen.[7]

Es gibt immer mehr Hinweise darauf, dass die Lunge und das menschliche Gehirn DMT selbst herstellen können und dass es möglicherweise bei der Atemarbeit ausgeschüttet wird. Untersuchungen an Ratten haben gezeigt, dass ihr Gehirn bei starkem Stress große Mengen DMT ausschüttet.

Das Gleiche gilt für Menschen, die in Todesnähe ebenfalls große Mengen DMT ausschütten. Es könnte also sein, dass die absichtlich hervorgerufene Stressreaktion bei der Hyperventilation den Körper dazu zwingt, DMT zu produzieren. Allerdings sind weitere Forschungen nötig, um herauszufinden, wie hoch der Stresspegel sein muss, damit DMT in Mengen ausgeschüttet wird, die eine spirituelle Erfahrung hervorrufen können.

Eine weitere Verbindung zur möglichen Freisetzung von DMT während der Atemarbeit ergibt sich aus Forschungsergebnissen, die zeigen, dass hohe DMT-Konzentrationen das Überleben von Gehirnzellen bei geringem Sauerstoffgehalt begünstigen. In einer Studie, in der Gehirnzellen eine hohe Dosis DMT verabreicht wurde, stieg die Wahrscheinlichkeit, dass sie bei einem Sauerstoffgehalt von 0,5 Prozent – im Gegensatz zu unserem normalen Sauerstoffgehalt von 20 Prozent – überleben, ums Dreifache.[8] Das deutet darauf hin, dass wir diese DMT-Ausschüttung möglicherweise durch Hyperventilation auslösen können, wodurch das Kohlendioxid sinkt und die Freisetzung von Sauerstoff aus dem Hämoglobin in die Zelle gestoppt wird. Sauerstoffarme Bedingungen können auch durch bewusstes Atemanhalten geschaffen werden.

Das Bedürfnis nach dem Transzendenten

Einfach ausgedrückt bedeutet Transzendenz ein Hinausgehen über unsere alltäglichen Erfahrungen und unsere üblichen Sorgen um uns selbst, die das Produkt eines aktiven Egos sind.

Das wachsende Interesse an Atemarbeit und am Potenzial gefühlter Transzendenz als Hilfe bei Depressionen, PTBS und anderen psychischen Leiden, die unser Leben beeinträchtigen, deutet auf eine Öffnung des westlichen Denkens hin. Da unser Ego bei spirituellen Erfahrungen geschwächt ist, können wir uns – wenn auch nur für einen Moment – über uns selbst erheben und uns als integralen Bestandteil unserer gesamten Art, des Planeten und des Universums begreifen, und zwar nicht nur so, wie es jetzt ist, sondern wie es schon immer war und immer sein wird.

Bei meiner ersten Erfahrung mit Atemarbeit – die Erfahrung, die mich für immer verändert und auf diesen Weg geführt hat – habe ich eine sehr kraftvolle spirituelle Erfahrung erlebt, ein Gefühl tiefer Verbundenheit und Transzendenz, begleitet von der intuitiven Wahrnehmung, dass Tiff an meiner Seite war. Wenn du mich heute fragen würdest, ob ich glaube, dass sie „wirklich" da war, könnte ich es immer noch nicht sagen. Aber wie so viele vor mir, finde auch ich allmählich heraus, dass es eigentlich egal ist, ob sie da war oder nicht. Ich habe wahrgenommen, dass sie da war, in Echtzeit, und das Resultat war eine transformierende Erfahrung, die mich auf einen neuen, glücklicheren Weg geführt hat.

ÜBUNG 40

Große Visionen für Manifestierung und Heilung

Bleib am Ende deiner zehn Minuten „Unendlichkeitsatmung mit Ton und Affirmationen" (Übung 28) noch ein paar Minuten in einem entspannten Zustand sitzen. Verbinde dich wieder mit deinen Intentionen, deinen Affirmationen (Übung 1). Lass deine Atmung in einen natürlichen, langsamen Rhythmus kommen und lass in diesem Theta-Zustand deiner Fantasie freien Lauf. Denk an das Leben, das du führen, an die Person, die du sein, oder an das, was du in der Welt bewirken möchtest. Vielleicht gibt es eine Fertigkeit, die du schon immer beherrschen, eine Person, die du schon immer kennenlernen, einen Ort, den du schon immer besuchen wolltest. Vielleicht willst du ein Mensch sein, der alle um sich herum aufmuntert. Vielleicht hast du im Moment aber auch keine Ahnung – und das ist ganz genauso in Ordnung.

* Such dir einen bequemen Platz und setz oder leg dich hin.

* Stell einen Timer auf zehn Minuten oder wähle ein Musikstück von etwa dieser Dauer.

* Gönn dir etwas Zeit, um dich in deinem Körper zu verankern.

* Nimm deinen Körper wahr; lass ihn weich werden. Lass alle Spannung in Gesicht, Kiefer und Nacken los.

* Nimm deinen Geist wahr: Achte auf deine Gedanken, Urteile und Meinungen.

- Spüre deinen Herzschlag in der Brust und sprich deine Affirmationen.

- Beginne mit deiner Unendlichkeitsatmung.

- Atme durch die Nase ein und spüre, wie dein Bauch sich hebt.

- Atme durch die Nase aus. Entspann dich und lass los.

- Atme ohne Pause gleich wieder ein. Öffne dich und werde weit.

- Atme aus. Entspann dich und lass los.

- Mach in diesem Fluss der Unendlichkeitsatmung weiter.

- Aktives Einatmen, passives Ausatmen.

- Immer wenn dir danach ist, trommle mit den Händen auf die Knie und summe dabei. Mach dies dreimal und kehre dann zur Unendlichkeitsatmung zurück. Denk dran, wenn eine Emotion hochkommt, erlaube dir, sie zu fühlen. Wenn es dir unangenehm wird, mach eine Pause.

- Wenn der Timer signalisiert, dass die zehn Minuten um sind, komm wieder bei dir an und verankere dich in deinem Körper.

- Atme ein paar Mal langsam, tief und entspannt durch.

- Spüre wieder deinen Herzschlag, leg vielleicht sogar die Hände aufs Herz.

- Fühle die Wertschätzung für dein schlagendes Herz, das Leben und die Vitalität in deinem Körper.

- Fühle Dankbarkeit für alles, was dir Sicherheit gibt und das Gefühl vermittelt, geliebt zu werden – die Menschen in deinem Leben, die Ressourcen und Möglichkeiten, die dir zur Verfügung stehen.

- Kehre jetzt wieder zu deinem Herzschlag zurück und wiederhole deine Affirmationen, wie immer sie lauten: *Ich bin stark, ich bin liebevoll, ich werde unterstützt. Ich bin stolz. Ich entscheide mich dafür, ich selbst zu sein.*

- Sprich sie nicht nur in Gedanken, spüre sie wirklich in deinem Körper.

- Jetzt möchte ich, dass du dir dich selbst in deiner Idealversion vorstellst.

- Versetz dich in dieses Bild hinein.

- Wo bist du?

- Was machst du?

- Was siehst du?

- Welche Kleidung trägst du?

- Wie stehst oder sitzt du?

- Was hörst du?

- Was riechst du?

- Was schmeckst du?

- Lass deinen Gedanken freien Lauf.

- Schau mal, ob du erste Eindrücke von dir in deiner Idealversion bekommen kannst.

- Kannst du den Boden unter dir spüren?

- Kannst du deinen Herzschlag als diese Idealversion spüren?

- Bleib dran.

- Träume groß!

- Mit wem bist du zusammen?

- Wie fühlst du dich?

- Bleib bei diesem Gefühl, wenn möglich.

- Stell dir dich selbst vor.

- Du bist auf dem nächsten Level.

- Du bist unglaublich.

- Stell es dir vor deinem inneren Auge genau vor.

- Spüre es.

- Jetzt möchte ich, dass du für diese Vision dankbar bist.

- Spüre das Gefühl der Dankbarkeit.

- Du bist ein Volltreffer.

- Wie unglaublich und wie dankbar du bist!

- Spüre es durch und durch.

- Atme noch einmal tief durch die Nase ein. Spüre, wie dein Bauch sich hebt.

- Und atme langsam durch den Mund aus.

- Noch einmal. Atme tief durch die Nase ein.

- Und durch den Mund aus. Öffne dabei die Augen.

- Schreib deinen großen Traum oder deine Vision auf und schildere sie so detailliert, wie du nur kannst.

Bezieh dabei auch die Gefühle mit ein, die diese große Vision bei dir in Körper und Geist auslöst. Du kannst sie als neue Intention mit Blick nach vorne nutzen. Du kannst auch im Tagesverlauf bewusst Ausschau nach Erlebnissen halten, die solche Gefühle auslösen. Das hilft, deinen Körper und Geist umzuprogrammieren, damit sie sich der Möglichkeit öffnen, dass deine große Vision wahr wird.

Das Buch ist zwar fast zu Ende,

dein Training aber nicht.

Glückwünsche sind angesagt. In den letzten drei Kapiteln hast du gelernt, wie du deine Atmung nutzen kannst, um in allen Bereichen deines Lebens Erfolge zu feiern, von der Arbeit bis zum Sport. Du hast auch gelernt, wie du deine Atmung nutzen kannst, um transzendente Zustände zu erreichen und dich mit deiner Umwelt stärker verbunden zu fühlen. Zu Beginn dieses Buches habe ich gesagt, dass du durch Atmen körperlich, mental und emotional wachsen kannst. Jetzt hast du alles Wissen und alle Werkzeuge, damit das gelingt. Du verstehst die Mechanik deiner Atmung – die Bedeutung von Nase und Zwerchfell, die Funktion des Nervensystems und die Rolle des Gleichgewichts im Körper. Du weißt, wie deine Atmung dir helfen kann, mit schwierigen Emotionen umzugehen, die Vergangenheit loszulassen und sogar deine Verbindung zu den Menschen in deinem Umfeld zu vertiefen. Und du weißt, wie du deine Atmung im Hinblick auf verschiedene Situationen optimieren kannst: wenn du dich entspannen, konzentrieren, dir einen Energieschub verpassen, deinen ersten Marathon laufen oder visionäre Zustände erreichen möchtest.

Um die Früchte einer besseren Atmung zu ernten, solltest du weiterhin jeden Tag zehn Minuten üben. Falls noch nicht geschehen, solltest du die 40 Tage „Unendlichkeitsatmung" unbedingt abschließen. Nach Ablauf der 40 Tage kannst du mit der Unendlichkeitsatmung weitermachen, um eine bessere Integration von Körper, Geist und Gefühlen zu erreichen. Du kannst die zehn Minuten aber auch nutzen, um deinen Atem so zu erforschen, wie du es gerade brauchst. An manchen Tagen ist das vielleicht einfach das „Atmen im magischen Verhältnis" (Übung 11), an anderen Tagen hingegen kannst du die zehn Minuten nutzen, um deinen Flow zu finden oder deine sportliche Leistung zu verbessern. Nachdem du nun eine solche Bandbreite an Übungen kennengelernt hast, solltest du auf deinen Geist hören, in deinen Körper und deinen Atem hineinspüren und eine Übung auswählen, die deinen Bedürfnissen entgegenkommt.

Wie wir in diesem Buch gemeinsam erkundet haben, ist die Atmung ein kraftvolles und leicht verfügbares Instrument, das dir hilft, deinen Zustand zu verändern, Stress abzubauen, Schmerzen zu lindern oder einfache Emotionen zu bewältigen, wann immer du es brauchst. Vor allem denk immer dran, „Im Zweifel ausatmen"! (Übung 14). In schwierigen Zeiten können dir die Übungen in diesem Buch Kraft geben und dich stärken, deine Gedanken und Gefühle selbst in die Hand zu nehmen und die Vergangenheit loszulassen. Und je öfter du darauf zurückkommst, je mehr du dich darin vertiefst, desto besser bist du auf alles vorbereitet, was das Leben in Zukunft für dich bereithält.

Wenn du deine Atemarbeitspraxis noch weiter ausbauen möchtest, dann besuch uns auf www.breathpod.me oder auf meinen Social-Media-Kanälen @breathpod, wo ich Atemarbeit unterschiedlicher Art und nach verschiedenen Ansätzen zusammenführe und sowohl online als auch persönlich anbiete, um Menschen aus allen Lebensbereichen zu helfen, sich frei zu entfalten.

Nur eins bleibt noch zu sagen …

Reise mit leichtem Gepäck

Als bei Tiff Krebs diagnostiziert wurde, richtete sie ein Blog ein, um ihre Erfahrungen auf ihrer Reise festzuhalten.[1] Es war ein witziges, ehrliches, inspirierendes und oft auch erkenntnisreiches Tagebuch einer Person, die versuchte, in ihren wahrscheinlich letzten Lebensmonaten den Mut nicht sinken zu lassen. Einen ihrer letzten Einträge hat sie nie gepostet. Aber er enthielt ein Körnchen Weisheit, das mir erst jetzt wieder einfällt, da ich dieses Buch fast zu Ende geschrieben habe: Reise mit leichtem Gepäck. Was, wenn du dich erinnerst, meine Intention bei meiner allerersten Atemarbeitssitzung war.

Das ist genau das, worum es in diesem Buch *eigentlich* geht. Es geht darum, dein ganzes Gepäck loszulassen, damit du mit Leichtigkeit durchs Leben gehen kannst. Es geht darum, deinen ganzen Stress und deine Ängste, alle deine toxischen Glaubenssätze und traumatischen Erinnerungen abzuschütteln. Es geht darum, das Päckchen abzulegen, die Kontrolle zu übernehmen, wenn du musst, und diese Kontrolle dann auch wieder loszulassen – dein Päckchen zu leeren, alles auf einmal oder Stück für Stück.

Das Leben kommt allerdings immer noch dazwischen. Manchmal bekommst du in letzter Minute einen eiligen Auftrag. Manchmal schläfst du einfach nicht gut, und das schlägt dir auf die Stimmung. Manchmal merkst du, dass dir dein Abendessen, egal, was es war, nicht gut bekommt. Aber mit den Fertigkeiten, die du jetzt hast, kannst du das alles gelassen überstehen. Und dank des Schlechten kannst du das Gute viel mehr schätzen.

Natürlich wirst du auch Erfahrungen machen, die schwerer zu verkraften sind. Auf deinem Weg durchs Leben wirst du emotional verletzt werden. Du wirst aus dem Gleichgewicht kommen. Vielleicht erleidest du Verluste und Umbrüche oder empfindest tiefe Trauer. Aber jetzt weißt du, wie du dich durch diese Traumata hindurchfühlen und deinen Atem nutzen kannst, um diese schwierigen Gefühle zu integrieren. Das bedeutet, dass du dich davon erholen, nach vorne schauen und Trost finden kannst. Du musst deine Gefühle nicht mehr unterdrücken. Du musst nicht zulassen, dass sie sich in deinem Körper festsetzen. Du musst nicht mehr starr in einer bestimmten Zeit steckenbleiben, nur um dich sicher zu fühlen. Du kannst jetzt mit deinen Emotionen arbeiten. Du kannst immer weiterkommen.

Natürlich hängt dein Glück nicht nur davon ab, was heute oder morgen geschieht. Es hängt auch davon ab, was vorher war. Deshalb haben wir gemeinsam erkundet, wie du über deine Vergangenheit nachdenken und die Kratzer, Schrammen und tieferen Wunden bereinigen kannst, damit auch sie vollständig heilen können. Wie du jetzt weißt, haben viele Probleme, die uns heute begegnen, ihren Anfang in der Vergangenheit. Deshalb ist es so wichtig, dass wir diese tiefergehende Arbeit machen, über das Ringen mit dem aktuellen Stress und den alltäglichen Ängsten hinaus.

Wir leben in einer verrückten, aber spannenden Zeit. Wir leben in einer Welt der Smartphones, der virtuellen Realität, des Metaverse, der kommerziellen Raumfahrt. Fast alles, was wir wollen, können wir uns direkt nach Hause bestellen. Und immer mehr Menschen sorgen für sich, körperlich und emotional. Geist und Körper, unsere psychische Gesundheit und unser körperliches Wohlbefinden sind uns stärker bewusst. Das ist wunderbar, und die Atmung ist eines von erstaunlich vielen Instrumenten, die uns dabei helfen.

Aber es gibt auch Probleme, und deshalb ist es wichtiger denn je, dass wir unser Päckchen ablegen – sogar, dass wir anfangen, es zu leeren. Es gibt globale Probleme: Wir haben unseren Planeten vernachlässigt und müssen jetzt die Konsequenzen tragen. Und es gibt Probleme vor unserer Haustür wie ständige Ungerechtigkeiten und die Krise der psychischen Gesundheit. Die Wahrheit ist: In einer sich ständig verändernden Welt wie der unseren wird es immer Herausforderungen geben. Und die Probleme, vor denen wir als Menschheit stehen, spiegeln meist unsere Probleme als einzelne wider. Wenn wir nicht für uns selbst sorgen, können wir auch nicht gut für andere und die Erde sorgen. So entstehen oft Probleme. Wie Eltern, die erst ihre eigene Sauerstoffmaske anlegen, bevor sie ihrem Kind helfen, müssen wir daran denken, dass wir zuerst uns selbst helfen müssen, um anderen helfen zu können.

Wir alle haben in uns die Fähigkeit, etwas zu bewirken. Menschen sind zu ganz erstaunlichen Dingen fähig, wie sich jeden Tag im Kleinen wie im Großen zeigt. Wir tun spontan Gutes. Wir entwickeln im Job eine Spitzenidee. Wir bringen einen unbekannten Menschen zum Lachen. Wir erholen uns von Unannehmlichkeiten. Und dann gibt es noch die ganz großen Dinge: Weltrekorde brechen, in den Weltraum fliegen, die höchsten Berge der Erde besteigen. Menschen sind unglaublich.

Veränderung beginnt bei dir. Hier und jetzt beginnt sie bei dir. Sei die Veränderung, die du dir in der Welt wünschst. Du hast die Kraft, weiterhin etwas zu bewirken, indem du deine tägliche Atempraxis über dieses Buch hinaus fest in deinen Alltag einbaust, damit du deine Gedanken und Gefühle auch weiterhin im Griff hast, anstatt dich von ihnen beherrschen zu lassen. Indem du dir selbst die Erlaubnis gibst, in dich hineinzuschauen und dich mit dem auseinanderzusetzen, was du gerade durchlebst und was du im Laufe deines Lebens schon durchlebt hast, kannst du etwas ganz Besonderes tun. Es fühlt sich vielleicht nicht so an, aber das ist tatsächlich genug.

Ich möchte dieses Buch mit einem Zitat von einem meiner Lieblingsphilosophen beschließen. Er ist mein persönlicher Held und Tag für Tag eine Inspiration für mich, Jiddu Krishnamurti:

Was du bist, ist die Welt. Und ohne deine Transformation kann es keine Transformation der Welt geben.

Ich hoffe, dieses Buch hat dir Freude gemacht. Reise mit leichtem Gepäck.

Literatur und Anmerkungen

Kapitel 1: Atmen, Denken und Fühlen

1. J. Dispenza, Ein neues Ich. Wie Sie Ihre gewohnte Persönlichkeit in vier Wochen wandeln können, Koha Verlag, Dorfen 2012.

Kapitel 2: Was deine Atmung über dich aussagt

1. M. Thomas et al., „Prevalence of dysfunctional breathing in patients treated for asthma in primary care: cross sectional survey." *BMJ* (Clinical research ed.) 322: 7294 (5. Mai 2001), 1098–100. DOI: 10.1136/bmj.322.7294.1098.

2. D. Poddighe et al., „Non-allergic rhinitis in children: Epidemiological aspects, pathological features, diagnostic methodology and clinical management." *World Journal of Methodology* 6/4 (26. Dezember 2016), 200-13. DOI: 10.5662/wjm.v6.i4.200.

3. „The latest data on air quality and health where you live and around the globe." *State of Global Air 2020 report.* https://www.stateofglobalair.org/resources/report/state-global-air-report-2020

4. M. L. Noback et al., „Climate-related variation of the human nasal cavity." *American Journal of Physical Anthropology* 145/4 (August 2011), 599–614.DOI: 10.1002/ajpa.21523.

5. H. J. Schünemann et al., „Pulmonary function is a long-term predictor of mortality in the general population: 29-year follow-up of the Buffalo Health Study." *Chest* 118/3 (September 2000), 656–64. DOI: 10.1378/chest.118.3.656.

6. Brian K. Rundle et al., „Contagious yawning and psychopathy." *Personality and Individual Differences* 86 (November 2015), 33–7. DOI: 10.1016/j.paid.2015.05.025.

Kapitel 3: Mund zu und immer schön langsam

1. A. Ruth, „The health benefits of nose breathing." *Nursing in General Practice* (Januar 2015), 40-2.

2. S. Naftali et al., „The air-conditioning capacity of the human nose." *Annals of Biomedical Engineering* 33 (April 2005), 545–53. DOI: 10.1007/s10439-005-2513-4.

3. R. L. Rothenberg, *Restoring Prana: A Therapeutic Guide to Pranayama and Healing Through the Breath for Yoga Therapists, Yoga Teachers and Healthcare Practitioners*, Singing Dragon, London 2019, S. 115.

4. M. H. Cottle, „Nasal breathing pressures and cardio-pulmonary illness." *Eye, Ear, Nose and Throat Monthly* 51/9 (September 1972), 331–40. PMID: 5068888.

5. „The Nobel Prize in Physiology or Medicine 1998", Nobel Prize Outreach AB 2022, Pressemitteilung vom 12. Oktober 1998, https://www.nobelprize.org/prizes/medicine/1998/7543-the-nobel-prize-in-physiology-or-medicine-1998/

6. A. Cohan, „Nitric oxide, a ‚miracle molecule', could treat or even prevent coronavirus, top doctors say." *Boston Herald* 26. Juli 2020. https://www.bostonherald.com/2020/07/26/nitric-oxide-a-miracle-molecule-could-treat-or-even-prevent-coronavirus-top-doctors-say/

7. P. J. Barnes, „NO or no NO in asthma?" *Thorax* 51/2 (Februar 1996), 218-20. DOI: 10.1136/thx.51.2.218.

8. Uppsala University, „Nitric oxide a possible treatment for COVID-19, study finds." *ScienceDaily* (3. Oktober 2020). https://www.sciencedaily.com/releases/2020/10/201002111724.htm

9. D. Akaberi et al., „Mitigation of the replication of SARS-CoV-2 by nitric oxide in vitro." *Redox Biology* 37/101734 (Oktober 2020). DOI: 10.1016/j.redox.2020.101734.

10. G. F. Karliczek et al., „Vasoconstriction following neuroleptanesthesia. Hemodynamic studies after open heart surgery." *Acta Anaesthesiologica Belgica* 30 (1979), 213-31.

11. K. Upadhyay-Dhungel, A. Sohal, „Physiology of nostril breathing exercises and its probable relation with nostril and cerebral dominance: A theoretical research on literature." *Janaki Medical College Journal of Medical Science* 1/1 (2003), 38–47. DOI: 10.3126/jmcjms.v1i1.7885.

12. Paramahansa Yogananda, Autobiographie eines Yogi, O. W. Barth Verlag, München 1995, S. 257.

13. M. A. Russo et al., „The physiological effects of slow breathing in the healthy human." *Breathe* 13/4 (Dezember 2017), 298–309. DOI: 10.1183/20734735.009817.

14. I. M. Lin et al., „Breathing at a rate of 5.5 breaths per minute with equal inhalation-to-exhalation ratio increases heart rate variability." *International Journal of Psychophysiology* 91/3 (März 2014), 206–11. DOI: 10.1016/j.ijpsycho.2013.12.006.

15. L. Bernardi et al., „Effect of rosary prayer and yoga mantras on autonomic cardiovascular rhythms: comparative study." *BMJ* 323/7327 (Dezember 2001), 1446-9. DOI: 10.1136/bmj.323.7327.1446.

16. V. Müller, U. Lindenberger, „Cardiac and respiratory patterns synchronize between persons during choir singing." *PLOS ONE* 6/9 (September 2011). DOI: 10.1371/journal.pone.0024893.

17. Interview mit K. P. Buteyko, geführt 1982. https://buteyko.ru/eng/interw.shtml

Kapitel 4: Weniger Stress, besserer Schlaf und Schmerzmanagement

1. „Stressed nation: 74% of UK ‚overwhelmed or unable to cope' at some point in the past year." Mental Health Foundation 2018. https://www.mentalhealth.org.uk/about-us/news/survey-stressed-nation-UK-overwhelmed-unable-to-cope

2. M. Connolly, M. Slade, „The United States of Stress 2019." *Everyday Health* (23. Oktober 2018). https://www.everydayhealth.com/wellness/united-states-of-stress/

3. S. W. Porges, „Orienting in a defensive world: mammalian modifications of our evolutionary heritage. A polyvagal theory." *Psychophysiology* 32/4 (Juli 1995), 301–18. DOI: 10.1111/j.1469-8986.1995.tb01213.x.

4. S. Bhaskar et al., „Prevalence of chronic insomnia in adult patients and its correlation with medical comorbidities." *Journal of Family Medicine and Primary Care* 5/4 (Oktober–Dezember 2016), 780–4. DOI: 10.4103/2249-4863.201153.

5. S. S. Campbell et al., „Alleviation of sleep maintenance insomnia with timed exposure to bright light." *Journal of the American Geriatrics Society* 41/8 (August 1993), 829-36. DOI: 10.1111/j.1532-5415.1993.tb06179.x\.

6. „The science and practice of perfecting your sleep." Huberman Lab Podcast mit Dr. Matthew Walker (2. August 2021). https://hubermanlab.com/dr-matthew-walker-the-science-and-practice-of-perfecting-your-sleep/

7. L. Borelli, „A life hack for sleep: the 4-7-8 breathing exercise will supposedly put you to sleep in just 60 seconds." *Medical Daily* (5 May 2015). https://www.medicaldaily.com/life-hack-sleep-4-7-8-breathing-exercise-will-supposedly-put-you-sleep-just-60-332122

8. A. V. Benjafield et al. „Estimation of the global prevalence and burden of obstructive sleep apnoea: a literature-based analysis." *Lancet Respiratory Medicine* 7/8 (August 2019), 687–98. DOI: 10.1016/S2213-2600(19)30198-5.

9. V. Busch et al., „The effect of deep and slow breathing on pain perception, autonomic activity, and mood processing – an experimental study." *Pain Medicine* 13/2 (Februar 2012), 215–28. DOI: 10.1111/j.1526-4637.2011.01243.x.

10. „Six ways to use your mind to control pain." *Harvard Health Publishing*, Harvard Medical School (April 2015). www.health.harvard.edu/mind-and-mood/6-ways-to-use-your-mind-to-control-pain

Kapitel 5: Deine Emotionen verstehen

1. J. Murube, „Hypotheses on the development of psychoemotional tearing." *The Ocular Surface* 7/4 (Oktober 2009), 171–5. DOI: 10.1016/S1542-0124(12)70184-2.

2. A. Gračanin et al., „Is crying a self-soothing behavior?" *Frontiers in Psychology* (online veröffentlicht am 28. Mai 2014). DOI: 10.3389/fpsyg.2014.00502.

3. A. J. Laan et al., „Individual differences in adult crying: the role of attachment styles." *Social Behavior and Personality* 40/3 (April 2012), 453–71. DOI: 10.2224/sbp.2012.40.3.453.

4. C. Pert, *Molecules of Emotion: Why You Feel the Way You Feel*, Simon & Schuster, New York 1999.

5. E. Y. Chou et al., „Economic insecurity increases physical pain." *Psychological Science*

27/4 (April 2016), 443–54. DOI: 10.1177/0956797615625640.

6. C. G. Abdallah, P. Geha, „Chronic pain and chronic stress: two sides of the same coin?" *Chronic Stress* (online veröffentlicht am 8. Juni 2017), DOI: 10.1177/2470547017704763.

7. L. Nummenmaa et al., „Bodily maps of emotions." *Proceedings of the National Academy of Sciences* 111/2 (Januar 2014), 646-51. DOI: 10.1073/pnas.1321664111.

8. C. Pert, *Everything You Need to Know to Feel Go(o)d*, Hay House, Carlsbad (CA) 2007.

Kapitel 6: Trauma loslassen und den Geist neu vernetzen

1. „Gabor Maté – Trauma is not what happens to you, it is what happens inside you." YouTube-Video im Channel der Skoll Foundation (23. Juli 2021). https://www. youtube.com/watch?v= nmJOuTAk09g

2. Wenn du mehr über die Arbeit von Leonard Orr erfahren möchtest, empfehle ich dir die Lektüre von *Rebirthing in the New Age*, Trafford Publishing, Victoria 2007, oder *Manual for Rebirthers: How to deepen your Rebirthing process, masterfully guide other people's process and be a successful Rebirthing professional*, Vision Libros, Madrid 2011. Oder besuche die Website https://www.rebirthing-breathwork.com/.

(Einzelne Schriften von Leonard Orr sind ins Deutsche übersetzt, z.B. L. Orr, K. Halbig, *Bewusstes Atmen: Rebirthing*, Goldmann 1992 und L. Orr, K. Halbig, *Das Rebirthingbuch: Die Kunst des Atmens*, Koha 1996; beide Titel nur noch antiquarisch erhältlich, Anm. d. Ü.)

Kapitel 8: Flow, Fokus und Energie finden

1. Mihaly Csikszentmihalyi, Flow: Das Geheimnis des Glücks, Klett-Cotta, Stuttgart 2017.

2. S. Cranston, S. Keller, „Increasing the ‚meaning quotient' of work." *McKinsey Quarterly* 1 (1. Januar 2013), 48–59. https://www.mckinsey.com/business-functions/people-and-organizational-performance/our-insights/increasing-the-meaning-quotient-of-work

3. C. Parnin, S. Rugaber, „Resumption strategies for interrupted programming tasks." *Software Quality Journal* 19 (2011), 5–34. DOI 10.1007/s11219-010-9104-9.

4. J. Hall, „The biggest culprit behind your lagging productivity: you." *Forbes* (3. Mai 2020). https://www.forbes.com/sites/johnhall/2020/05/03/the-biggest-culprit-behind-your-lagging-productivity-you/

5. D. Goleman, *Destructive Emotions: How Can We Overcome Them? A Scientific Dialogue with the Dalai Lama,* Mind and Life Institute, Bantam 2004 (dt. Ausgabe: Dialog mit dem Dalai Lama: Wie wir destruktive Emotionen überwinden können, Carl Hanser Verlag, München 2003, nur noch antiquarisch erhältlich).

6. S. K. McGowan, E. Behar, „A preliminary investigation of stimulus control training for worry: effects on anxiety and insomnia." *Behavior Modification* 37/1 (Januar 2013), 90–112. DOI: 10.1177/0145445512455661. T. D. Borkovec et al., „Stimulus control applications to the treatment of worry." *Behaviour Research and Therapy* 21/3 (1983), 247–51. DOI: 10.1016/0005-7967(83)90206-1.

7. C. R. Hirsch et al., „Approaching cognitive behaviour therapy for generalized anxiety disorder from a cognitive process perspective." *Frontiers in Psychiatry* 10 (2019), 796. DOI: 10.3389/fpsyt.2019.00796.

8. „Protect your brain from stress." *Harvard Health Publishing,* Harvard Medical School (15 Februar 2021). https://www.health.harvard.edu/mind-and-mood/protect-your-brain-from-stress#:~:-

text=%22A%20%20life%20without%20 stress%20is,for%20healthier%20%20 responses%20to%20stress

9. G. Wallas, *The Art of Thought*, Solis Press 2014.

10. „Study: 80% of people grab smartphone within 15 minutes of waking." CBS News Philadelphia, 12 April 2013. https://philadelphia.cbslocal.com/2013/04/12/study-80-of-people-grab-smartphone-within-15-minutes-of-waking/

11. S. B. Kaufman, C. Gregoire, *Wired to Create: Unraveling the Mysteries of the Creative Mind,* Vermilion by Penguin Random House, Toronto 2016.

12. A. Heeren et al., „Assessing public speaking fear with the short form of the Personal Report of Confidence as a Speaker scale: confirmatory factor analyses among a French-speaking community sample." *Neuropsychiatric Disease and Treatment* 9 (2013), 609-18. DOI: 10.2147/NDT.S43097.

13. *„My Life Is My Message": Gandhi's Life in His Own Words*, Navajivan Trust, Ahmedabad 1983 (dt.: *My life is my message: Das Leben und Wirken von M.K. Gandhi*, Gandhi-Informationszentrum Berlin ca. 1983-1984). Vollständiger englischer Text online: https://www.mkgandhi.org/own_wrds/own_wrds.htm

Kapitel 9: Verbessere deine Fitness

1. M. Slater, „Olympics cycling: marginal gains underpin Team GB dominance." *BBC Sport*, 8 August 2012. https://www.bbc.co.uk/sport/olympics/19174302

2. „Breathing for optimal sports performance." YouTube-Video von Breathpod, 18. Februar 2020. https://www.youtube.com/watch?v=MGkuxFY0lyQ

3. G. M. Dallam et al., „Effect of nasal versus oral breathing on VO$_2$ max and physiological economy in recreational runners following an

extended period spent using nasally restricted breathing." *International Journal of Kinesiology and Sports Science* 6/22 (April 2018), 22–9. DOI: 10.7575/aiac.ijkss.v.6n.2p.22.

4. J. W. Dickinson et al., „Impact of changes in the IOC-MC asthma criteria: a British perspective." *Thorax* 60 (August 2005), 629-32. DOI: 10.1136/thx.2004.037499.

5. R. Khajotia, „Exercise-induced asthma: fresh insights and an overview." *Malaysian Family Physician* 3/1 (April 2008), 21-4. PMID: 25606107.

6. P. McKeown, Erfolgsfaktor Sauerstoff: Wissenschaftlich belegte Atemtechniken, um die Gesundheit zu verbessern und die sportliche Leistung zu steigern, MVG riva, München 2018.

7. R. Shturman-Ellstein et al., „The beneficial effect of nasal breathing on exercise-induced bronchoconstriction." *The American Review of Respiratory Disease* 118/1 (Juli 1978), 65–73. DOI: 10.1164/arrd.1978.118.1.65.

8. „Profiles: Emil Zátopek." *Running Past.* http://www. runningpast.com/emil_zatopek.htm

9. P. Mollard et al., „Validity of arterialized earlobe blood gases at rest and exercise in normoxia and hypoxia." *Respiratory Physiology and Neurobiology* 172/3 (Juli 2010), 179–83. DOI: 10.1016/j.resp.2010.05.017.

10. C. Fornasier-Santos et al., „Repeated-sprint training in hypoxia induced by voluntary hypoventilation improves running repeated-sprint ability in rugby players." *European Journal of Sport Science* 18/4 (Mai 2018), 504–12. DOI: 10.1080/17461391.2018.1431312.

11. Teng Ma et al., „Hypoxia and stem cell-based engineering of mesenchymal tissues." *Biotechnology Progress* 25/1 (Februar 2009), 32–42. DOI: 10.1002/btpr.128.

12. P. C. Malshe, „Nisshesha rechaka pranayama offers benefits through brief intermittent hypoxia." *Ayu* 32/4 (Oktober–Dezember 2011), 451–7. DOI: 10.4103/0974-8520.96114.

13. T. Ozaki, A. Nakagawara, „Role of p53 in cell death and human cancers." *Cancers* 3/1 (März 2011), 994-1013. DOI: 10.3390/cancers3010994.

14. „Cancer Classification", National Cancer Institute: SEER Training Modules. https://training.seer.cancer.gov/disease/categories/classification.html#carcinoma

15. M. Mohrin et al., „Stem cell aging: a mitochondrial UPR-mediated metabolic checkpoint regulates hematopoietic stem cell aging." *Science* 347/6228 (März 2015), 1374-7. DOI: 10.1126/science.aaa2361.

16. T. B. Stoker, *Parkinson's Disease: Pathogenesis and Clinical Aspects*, Codon Publications, Singapur 2018, Kapitel 9: „Stem Cell Treatments for Parkinson's Disease". https://www.ncbi.nlm.nih.gov/books/NBK536728/

17. K. Lust, J. Wittbrodt, „Regeneration: Hold your breath!" *eLife* 4/e12523 (Dezember 2015). DOI: https://doi.org/10.7554/eLife.12523.

18. M. Kox et al., „Voluntary activation of the sympathetic nervous system and attenuation of the innate immune response in humans." *Proceedings of the National Academy of Sciences of the United States of America* 111/20 (Mai 2014), 7379–84. DOI: 10.1073/pnas.1322174111.

19. M. Kox et al., „The influence of concentration/meditation on autonomic nervous system activity and the innate immune response: a case study." *Psychosomatic Medicine* 74/5 (Juni 2012), 489–94. DOI: 10.1097/PSY.0b013e3182583c6d; „Concentration/Meditation as a novel means to limit inflammation: a randomized controlled pilot study." gesponsort vom Radboud University Medical Center (Juni 2013). https://clinicaltrials.gov/ct2/show/NCT01835457; M. Kox et al., „Voluntary activation of the sympathetic nervous system

and attenuation of the innate immune response in humans." *Proceedings of the National Academy of Sciences of the United States of America* 111/20 (Mai 2014), 7379–84. DOI: 10.1073/pnas.1322174111.

20. E. Schagatay et al., „Underwater working times in two groups of traditional apnea divers in Asia: the Ama and the Bajau." *Diving and Hyperbaric Medicine* 41/1 (März 2011), 27–30. PMID: 21560982.

Kapitel 10: Transzendente Zustände erreichen

1. Wenn du die Arbeit von Stanislav Grof näher kennenlernen möchtest, findest du auf seiner Website eine Liste seiner Werke: https://www.stangrof.com/index.php/books. Besonders empfehlen möchte ich: Holotropes Atmen: Eine neue Methode der Selbsterforschung und Therapie, Nachtschatten Verlag, Solothurn 2013; Die Psychologie der Zukunft: Erfahrungen der modernen Bewusstseinsforschung, Edition Astroterra 2002 und Kosmos und Psyche: An den Grenzen menschlichen Bewusstseins, Fischer Taschenbuch, Frankfurt 2007. Hervorragend ist darüber hinaus der Podcast der *Tim Ferriss Show*, Folge 347: „Stan Grof, Lessons from ~4,500 LSD Sessions and Beyond".

2. Xueling Zhu et al., „Rumination and default mode network subsystems connectivity in first-episode, drug-naive young patients with major depressive disorder." *Scientific Reports* 7/43105 (Februar 2017). DOI: 10.1038/srep43105.

3. M. Pollan, Verändere dein Bewusstsein. Die neuesten Erkenntnisse der klinischen Erforschung von Psychedelika zu Angst, Depression, Sucht und Transzendenz, Random House, München 2022.

4. S. Son et al., „Relationship between hyperventilation-induced electroencephalographic changes and PCO₂ level." *Journal of Epilepsy Research* 2/1 (März 2012), 5–9. DOI: 10.14581/jer.12002; I. Khachidze et al., „EEG response to hyperventilation in patients with CNS disorder." *General Internal Medicine and Clinical Innovations* 5/1 (Februar 2020). DOI: 10.15761/GIMCI.1000188.

5. A. Tsao et al., „Integrating time from experience in the lateral entorhinal cortex." *Nature*, 561 (August 2018), 57–62. DOI: 10.1038/s41586-018-0459-6.

6. C. Timmermann et al., „Neural Correlates of the DMT experience assessed with multivariate EEG." *Scientific Reports* 9/16324 (November 2019). DOI: 10.1038/s41598-019-51974-4.

7. R. Schraer, „Psychedelic therapy could ‚reset‘ depressed brain." *BBC News* (15 März 2021). https://www.bbc.co.uk/news/health-56373202

8. A. Szabo et al., „The endogenous hallucinogen and trace amine N,N-Dimethyltryptamine (DMT) displays potent protective effects against hypoxia via sigma-1 receptor activation in human primary iPSC-derived cortical neurons and microglia-like immune cells." *Frontiers in Neuroscience* 10/423 (September 2016). DOI: 10.3389/fnins.2016.00423.

Reise mit leichtem Gepäck

1. Tiffs Blog ist immer noch zu finden unter: https://ittybittycancertittycommittee.tumblr.com/

Stichwortverzeichnis

Danksagungen

Nie hätte ich gedacht, dass ich einmal ein Buch schreiben würde oder könnte. Deshalb war dies eine Reise mit Blick nach innen und eine echte Achterbahnfahrt für mich. Ohne ein ganzes Dorf an Menschen läge dieses Buch ganz sicher nicht in deiner Hand. Ich danke allen meinen Lehrern, Mentorinnen, Coaches, Atemtherapeutinnen, Ausbildern, Ärztinnen, Forscherinnen, Gurus, Yogis, Ratgeberinnen, Autoren, Freundinnen und Cheerleadern, die mich auf meinem Weg unterstützt haben. Einige waren stark eingebunden, andere waren beteiligt, ohne es zu wissen. Sogar du, der du jetzt das Buch in Händen hältst, hast deinen Teil dazu beigetragen – deshalb: danke.

Ein herzliches Dankeschön an alle Klientinnen und Klienten, die durch meine Tür gekommen sind, und an alle, die bei meinen Veranstaltungen dabei waren, sei es online oder persönlich. Ich habe so viel von euch gelernt und lerne immer noch. Es war mir eine Freude, euch dabei zu helfen, eure Herausforderungen zu meistern und in eurem Leben weiterzukommen.

Ein ganz besonders dickes Danke geht an:

Meine liebste Partnerin Nova, die mich auf dieser Reise begleitet hat. Ich bin dir zutiefst dankbar für deine tägliche Unterstützung, deine Begleitung und dafür, dass du mir wieder gezeigt hast, was Liebe ist. Danke für deine Geduld und dafür, dass du „Buch-Stu" ertragen hast, der zeitweise noch einmal in einer ganz anderen Stress-Stratosphäre unterwegs war als „Flughafen-Stu".

Harry Readhead – Mann, ich wüsste nicht, was ich ohne dich gemacht hätte. Deine Energie ist auf diesen Seiten überall zu spüren. Danke, dass du mich dazu gebracht hast, anders zu denken, die Welt aus neuen Blickwinkeln zu sehen, und dass du mich zum Schreiben inspiriert hast. Du hast mir in diesem Prozess unglaublich viel geholfen und dafür gesorgt, dass mein Atem immer ruhig blieb.

Großen Dank an Bev James. Danke, dass du immer für mich da bist, an mich glaubst und mein „Nein, ich kann kein Buch schreiben!" nicht akzeptierst. Ein besonderer Dank geht auch an das brillante Team bei BJM: An Tom Wright, Morwenna Loughman, Serena Murphy und alle anderen für ihren Input, ihre Unterstützung und ihren Rat. Außerdem an Amy Warren, die mir geholfen hat, beim Schreiben überhaupt erst einmal Fuß zu fassen.

Vielen Dank an das Profi-Team bei HQ und HarperCollins – an die Lektorinnen und Lektoren Abigail Le Marquand-Brown, Laura Bayliss, Kate Fox und Mark Bolland, die diesem Buch zu seiner jetzigen Form verholfen haben. Als Autor bekommt man nicht alle Rädchen im Getriebe zu sehen, die mitwirken, bis ein Buch in den Regalen steht, aber ich bin allen, die hinter den Kulissen ihren Teil dazu beigetragen haben, sehr dankbar. Danke, dass ihr mir vertraut und an meine Vision geglaubt habt.

Ein großes Dankeschön an Belle PR für eure Liebe und Unterstützung und an Luxley PR dafür, dass ihr an mich geglaubt und uns geholfen habt, unsere Botschaft noch weiter zu verbreiten.

Einen großen Arm voll Liebe an Harry Pearce und Protein Studios, die jeden Tag für gute Stimmung gesorgt und mir ihren Harry Potter-Schrank zum Schreiben überlassen haben.

Danke an meinen lieben Freund Dr. Norm für deinen brillanten Verstand und dein ansteckendes Lachen, das jeden Raum heller macht. Deine Ermutigung hat mich dazu gebracht, diesen unglaublichen Lehren durch eigene Nachforschungen auf den Grund zu gehen. Deine Unterstützung ist ein großes Glück für mich.

Ein dickes Danke an David Johnson und Tom Sharp für ihren kreativen Kopf und ihre inspirierende Führung sowie an das gesamte Team von Accept and Proceed.

Und zu guter Letzt möchte ich meinen Eltern, Neil und Joyce Sandeman, von ganzem Herzen danken. Ihr habt immer an mich geglaubt, mich unterstützt und mir Mut gemacht, an mich selbst zu glauben. Ich liebe euch – und den Ketchup an der Wand auch.